南京大学研究生"三个一百"优质课程建设项目重点建设课程教材

南京大学图书馆学国家一流本科专业建设教材

中国图书馆史研究导引

谢 欢 主编

南京大学出版社

图书在版编目(CIP)数据

中国图书馆史研究导引 / 谢欢主编. —南京：南
京大学出版社，2023.9
ISBN 978 - 7 - 305 - 27213 - 4

Ⅰ. ①中… Ⅱ. ①谢… Ⅲ. ①图书馆史－研究－中国
Ⅳ. ①G259.29

中国国家版本馆 CIP 数据核字(2023)第 149490 号

出版发行　南京大学出版社
社　　　址　南京市汉口路 22 号　　　　　邮　　编　210093
出 版 人　王文军
书　　　名　**中国图书馆史研究导引**
　　　　　　ZHONGGUO TUSHUGUANSHI YANJIU DAOYIN
主　　编　谢　欢
责任编辑　巩奚若　　　　　　　　编辑热线　025 - 83595840
照　　排　南京开卷文化传媒有限公司
印　　刷　南京京新印刷有限公司
开　　本　718 mm×1000 mm　1/16　印张 18.25　字数 280 千
版　　次　2023 年 9 月第 1 版　2023 年 9 月第 1 次印刷
ISBN 978 - 7 - 305 - 27213 - 4
定　　价　60.00 元

网　　　址:http://www.njupco.com
官方微博:http://weibo.com/njupco
微信服务号:njuyuexue
销售咨询热线:(025)83594756

作者简介

（按姓氏音序排）

任家乐，2013年毕业于四川大学历史文献学专业，获得历史学博士学位，美国富布赖特学者。现为成都大学研究员、硕士生导师，成都大学期刊中心副主任、《成都大学学报（社会科学版）》常务副主编、*Digital Transformation and Society* 执行主编。研究方向为近代图书馆事业史、数字文化，先后出版《民国时期图书馆学教育研究》、《民国时期图书馆与乡村社会教育研究》等学术论著4部，主持国家社科基金一般项目2项，发表SSCI、CSSCI论文20余篇。

肖鹏，中山大学信息管理学院副教授、硕士生导师，本科、硕士、博士均就读于中山大学图书馆学专业，博士期间于哈佛大学接受联合培养，曾于北海道大学做访问学者。兼任国际图联标准咨询委员会委员、中国图书馆学会阅读推广标准与评价专业组主任委员、广东图书馆学会青年人才委员会主任委员等。研究领域为图书馆学、公共文化服务、数字人文，在相关领域发表论文80余篇，主持国家社科基金项目、教育部项目、文旅部项目及其他各类课题20余项。

谢欢，2016年毕业于南京大学信息管理学院图书馆学专业，获管理学博士学位，2018年10月至2019年10月任北得克萨斯大学信息学院访问学者，现任南京大学信息管理学院图书馆与数字人文系系主任、副教授、博士生导师，中国索引学会理事、中国图书馆学会图书馆学教育委员会副主任委员。主要研究方向为中外图书与图书馆史、历史文献学、图书馆事业发展，已出版《钱亚新年谱》、《回归与传承：钱亚新图书馆学学术思想论稿》、《图书馆学导论》、《美国公共图书馆史》等学术著（译）作 7 部，在《中国图书馆学报》、《大学图书馆学报》、《中华读书报》、《中国社会科学报》等发表学术论文 40 余篇。

张麒麟，在南京大学图书馆学专业取得管理学学士（2008—2012）、硕士（2012—2015）和博士（2018—2021）学位，现为西南大学商贸学院副研究馆员。研究领域涉及全民阅读推广、学术规范和图书馆学理论，已发表期刊论文 29 篇，主持重庆市社科基金青年项目等各级课题 6 项。

周亚，先后就读于武汉大学（2006—2012）、北京大学（2012—2016）图书馆学专业，获管理学博士学位，读博期间赴伊利诺伊大学厄巴纳-香槟分校（2014—2015）接受联合培养。曾为华东师范大学信息管理系晨晖学者、副教授，现为北京大学信息管理系助理教授、研究员、博士生导师。研究领域涉及图书馆学理论、图书馆史、文献学，出版专著《美国图书馆学教育思想研究（1887—1955）》，发表论文 30 余篇，主持国家社科基金青年项目、上海市社科（地方志研究专项）等课题多项，参与国家社科基金重大项目等各类课题多项。曾获上海市第十四届哲学社会科学优秀成果二等奖、北京大学优秀博士学位论文等奖励。

目　　录

1　绪论

1.1　中国图书馆史研究内容

1.1.1　中国图书馆史研究内涵

中国图书馆史是研究什么的？在回答这一问题之前，首先需要对"图书馆史"这一"名"进行说明，古人常说"名不正则言不顺，言不顺则事不成"，由此可见"名"的重要性。

"图书馆史"一词来源于欧美，是从欧美"Library History"一词直接翻译过来，欧美的"Library History"是一个内涵非常广泛的术语，涉及对人、机构以及促进图书馆这一"专业"（Profession）发展的各项运动、事件的研究①。但是直译到了中文语境，"图书馆史"这一名称就存在歧义。从字面上看，"图书馆史"是关乎图书馆的历史，属于机构史的研究范畴，如在1958年出版的由卢震京主编，刘国钧、李小缘校订的《图书馆学辞典》中对于"图书馆史"条目的解释是②：

① Wayne A. Wiegand，Donald G. Davis. Encyclopedia of library history ［M］. New York：Garland Publishing，1994：260 - 261.
② 卢震京. 图书馆学辞典 ［M］. 刘国钧，李小缘，校. 北京：商务印书馆，1958：607.

圕史

　　欧美图书馆以巴比伦为最古，以希腊亚历山大的图书馆为最大。此外寺院学校，均有图书馆设立。中古时代，学术文化，不绝如缕。各国图书馆因迭遭战乱，陷于停顿。自文艺复兴而后，印刷术逐渐通行，书籍数量大量增加，大规模的国立图书馆相继兴起，藏书在数十百万册以上的已所在多有。在此时期的图书馆，主要作用限于保存，虽间有少数学者入内参观，但亦属罕有之事，当时亦更无所谓图书馆管理法。至于图书的分类，目录的编纂，无非备检查点核之用，直至近代，始有现代意义的对公众开放的图书馆。

又如 1993 年出版的《中国大百科全书（图书馆学·情报学·档案学卷）》中对于"西方图书馆史"（History of Librarianship in the West）和"中国图书馆史"（History of Chinese Libraries）两个条目的解释内容①也是关于西方与中国图书馆机构发展历史的介绍。

　　而在实际应用中，特别是在口语交流中，"图书馆史"还包括图书馆事业史以及图书馆学史。尤其是图书馆学史，很多人都是将"图书馆史"与"图书馆学史"等同使用的，如谢灼华先生主编的《中国图书和图书馆史》②、韩永进先生主编的四卷本《中国图书馆史》③ 中，不仅包含作为机构的图书馆的历史，还涉及图书馆学学术史。除了在中文语境，在和中文有着重要渊源的日语中也存在这个问题。日本学者武居权内在 1960 年出版的《日本图书馆学史序说》一书中也指出，图书馆学

---

　　① 《中国大百科全书（图书馆学·情报学·档案学卷）》编辑委员会. 中国大百科全书（图书馆学·情报学·档案学卷）［M］. 北京：中国大百科全书出版社，1993：503，583.

　　② 谢灼华. 中国图书和图书馆史（第三版）［M］. 武汉：武汉大学出版社，2011.

　　③ 韩永进. 中国图书馆史［M］. 北京：国家图书馆出版社，2017.

史不是图书馆史，图书馆史是图书馆自身发展的历史，而图书馆学史是探索图书馆学发展的历史。当然，只要图书馆学作为一门学问成立，就有可能存在图书馆学史。这句话换个方式可以理解为图书馆学产生之前是不可能有图书馆学史的，所以他把日本图书馆学产生之前的历史命名为"图书馆学前史"，这个命名对于我们处理中国古代关于藏书整理和管理的学问有一定的参考作用①。

从以上论述可知，除了"图书馆史"之外，还涉及另外两个术语——"图书馆学史"和"图书馆事业史"。当然，如果要进一步探究，还有图书馆思想史、图书馆学思想史、图书馆学学科史等概念，这些概念与"图书馆史"之间有什么关系？是否可以等同使用？如果不能等同，哪个概念属于上位类？现使用较多的"图书馆史"能否统摄图书馆学史、图书馆事业史？

对于这些问题，学界目前没有形成统一的认识，这在有关工具书中表现得也很明显，除了上文提到的《图书馆学辞典》、《中国大百科全书（图书馆学·情报学·档案学卷）》之外，如在周文骏先生主编的《图书馆学情报学词典》中，就只有"图书馆事业史"（History of Librarianship）一个条目②：

图书馆事业史（History of Librarianship）
　　图书馆学分支学科。研究在不同社会经济结构条件下，图书馆事业的内容、形式、方法与组织。

又如在丘东江先生主编的《新编图书馆学情报学辞典》中，也只有"图

---

① 范凡. 日本图书馆史研究概观［J］. 中国图书馆学报，2016，42（1）：41-51.
② 周文骏. 图书馆学情报学词典［M］. 北京：书目文献出版社，1991：447.

书馆事业史"一个条目①:

图书馆事业史(History of Librarianship)

图书馆学的一个分支学科(图书馆史的一部分),其研究内容包括在不同历史时期、不同社会经济结构条件下图书馆事业的内容、形式、方法与组织等。研究图书馆事业史的意义是在籍考据史实,以前瞻未来。

上述的解释很明确,"图书馆事业史"是"图书馆史"的一部分,但是该辞典却没有对"图书馆史"这一条目进行解释,而是收录了一个相关的"图书馆史编辑者"条目②:

图书馆史编辑者(Library Historian)

撰写图书馆及图书馆事业历史的研究者。国际图联设有图书馆史专业组,旨在为这些研究人员提供一个很好的交流机会,该专业组集中了图书馆历史方面的广泛论题,以及区域性、国际性和地方性的丰富经验。

2013年,丘东江先生又主编出版了新版的《图书馆学情报学大辞典》,该版较之《新编图书馆学情报学辞典》则将"图书馆事业史"条目删去,增加了"图书馆史"的条目③:

---

① 丘东江. 新编图书馆学情报学辞典 [M]. 北京:科学技术文献出版社,2006:612.
② 同①611.
③ 丘东江. 图书馆学情报学大辞典 [M]. 北京:海洋出版社,2013:836.

图书馆史（Library History）

　　研究图书馆事业、图书馆理论学说产生、发展过程的学科。按照不同国家的不同历史时期或机构，图书馆史又可以区分为各代断代图书馆史或专门图书馆，如中国近代图书馆史、北京图书馆史。

2019 年，在黄长著先生牵头，数十位图书馆学、情报学界学者参与审定的《图书馆·情报与文献学名词》中收录有"图书馆学史"（History of Library Science）和"图书馆史"（Library History）两个词条①：

图书馆学史（History of Library Science）

　　研究图书馆学产生和发展历史进程的学科。空间范畴上包括中国图书馆学史、外国图书馆学史，时间范畴上包括古代图书馆学史、近现代图书馆学史、当代图书馆学史等。

图书馆史（Library History）

　　图书馆和图书馆事业产生和发展的历史。主要内容是描述图书馆的产生与各个历史时期图书馆发展的状况，分析图书馆事业与社会各方面的关系。

　　除了在图书馆学专业领域内，在其他一些综合类的专业工具书中，如涉及"图书馆史"一词，同样也没有形成统一的认识，例如在 1990 年出版的《社会科学学科辞典》中收录有"图书馆史"条目②：

---

① 图书馆·情报与文献学名词审定委员会. 图书馆·情报与文献学名词 [M].北京：科学出版社，2019：11.
② 张光忠. 社会科学学科辞典 [M]. 北京：中国青年出版社，1990：570.

图书馆史

　　研究图书馆事业、图书馆理论学说产生、发展过程的学科。

　　图书馆史研究范围包括：（1）图书馆事业史。研究图书馆、图书馆工作过程、图书馆组织机构、图书馆管理机制等的起源和演变的历史。（2）图书馆理论史（或称"图书馆学史"）。研究各个历史阶段图书馆理论研究、学术派别，图书馆学体系、学说，图书馆著述、人物等。（3）专门图书馆史。研究公共图书馆、儿童图书馆、大学图书馆、科技图书馆等各种类型图书馆产生、发展的历史。中国图书馆史的任务，是揭示图书馆在中国各个历史时期的发展规律，为促进图书馆事业的繁荣提供理论指导。

又如在 1999 年出版的《社会科学交叉科学学科辞典》中，关于"图书馆史"的解释是①：

图书馆史（History of Library）

　　研究图书馆的历史发展的学科，是介于图书馆学与历史学之间的边缘学科。对图书馆历史的研究，是同图书馆学的研究一起兴起的。20 世纪 30 年代以来，图书馆史的论著在数量、质量方面均有显著变化。在美国，其代表性著作有斯潘塞的《芝加哥公共图书馆：起源与背景》（1943 年）、谢拉的《公共图书馆基础》（1949年）、科利尔的《1880 年以来的美国公共图书馆运动史》（1951年）、博宾斯基的《卡内基图书馆的历史及其对美国图书馆发展的影响》（1969 年）等。图书馆史的任务，是描述图书馆的产生与各个历史时期图书馆发展的状况，分析图书馆事业与社会各方面的相

---

　　① 王续琨，冯欲杰，周心萍，等. 社会科学交叉科学学科辞典［M］. 大连：大连海事大学出版社，1999：438 - 439.

互关系，从而在再现历史中把握图书馆的发展规律性和未来趋势。按照不同的国家，图书馆史区分为各种图书馆通史，如中国图书馆史、美国图书馆史等。按照不同国家的不同历史时期或机构，图书馆史又可以区分为各种断代图书馆史或专门图书馆史，如中国近代图书馆史、北京图书馆史等。

从上面两个例子可以看出，在《社会科学学科辞典》中，"图书馆史"包含图书馆机构史、图书馆学史等，而在《社会科学交叉科学学科辞典》中，"图书馆史"仅仅是关于机构的历史。

由此可见，如何正名，是值得每一位图书馆史研究人员思考的问题，对于这一问题，本书暂时倾向使用"图书馆史"这一名称，但是其内涵倾向西方定义的广义概念，即图书馆史是研究包括图书馆机构、图书馆事业以及图书馆学发展历史的一门学科，既属于图书馆学的分支，又属于历史学的分支，是一门交叉学科。

1.1.2　图书馆史与书籍史的关系

本书认定"图书馆史"这一名称可以统摄图书馆机构史、图书馆学史、图书馆事业史，那么这又涉及另外一个问题，图书馆中的核心资源——图书的历史，即所谓的书籍史（Book History/History of the Book）与图书馆史的关系。关于这两者之间的关系，有人认为图书馆史研究包含书籍史；有人认为图书馆史与书籍史是并列关系，如上文提及的谢灼华先生主编的《中国图书与图书馆史》，从书名就可知，作者将图书与图书馆史两者并列处理；还有人认为书籍史的范畴大于图书馆史。那么，这两者到底是什么关系呢？

书籍史是近年来西方历史学研究中的一个热点领域，图书馆史与书籍史之间的关系，还是值得梳理一下的。当下所说的书籍史，更多的是指"新书籍史"（本书如不作特别说明，所涉及的书籍史都指"新书籍史"）。不管是中国还是西方，都有非常悠久的书籍史研究传统，如中国的目录、版本、校勘都是关乎书籍的历史研究，而西方对于《圣经》等经典文献研究形成的"文本评断"（Textual Criticism，也有学者译为"文本校勘"① ）之学，与中国古典文献学也是异曲同工。但是，经过新目录学派（New Bibliography）学者麦克科洛（Ronald B. McKerrow，1872—1940）、弗雷逊·鲍尔斯（Fredson Bowers，1905—1991），法国年鉴学派（Annales School）学者费夫贺（Lucien Febvre，1878—1956）、罗杰·夏蒂埃（Roger Chartier）等人的推动，西方书籍史研究逐渐突破、转型成为社会史、思想史、文化史的重要分支之一。

1982 年，美国学者罗伯特·达恩顿（Robert Darnton）发表了《什么是书籍史》（"What Is the History of Books?"）一文，该文可以说是西方新书籍史研究范式的奠基之作。达恩顿在这篇文章中提出了"书籍交流圈"（The Communications Circuit）概念（图 1 - 1），指出书籍史的研究并不是孤

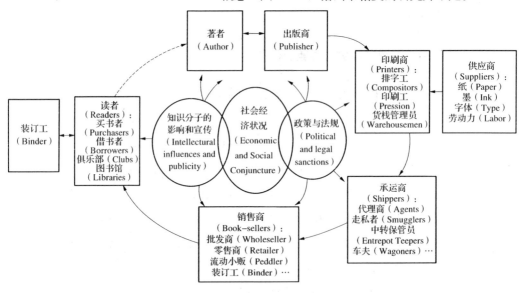

图 1 - 1　书籍交流圈（The Communications Circuit）

---

① 苏杰. 西方校勘学论著选［M］. 上海：上海人民出版社，2009：IX.

立的，认为其是与写作史、出版史、典藏史、阅读史等密切相关的。① 按照达恩顿"书籍交流圈"的概念，图书馆史无疑是书籍史的一部分。

很多西方学者也赞同达恩顿的观点，认为应将图书馆史作为书籍史的一部分进行研究，或者说要根据书籍史的研究范式重塑图书馆史研究②。通过几十年的发展，西方的新书籍史如今已发展为一个跨学科研究领域③。西方新书籍史的研究多以书籍为中心，研究书籍创作、生产、流通、接受和流传等书籍生命周期中的各个环节及其参与者，探讨书籍生产、传播形式的演变历史和规律及其与所处社会文化环境之间的相互关系，是统合关于书籍的各种研究——编辑史、印刷史、出版史、发行史、收藏史、阅读史——的全面的历史④。

就中国图书馆学界而言，书籍史一直是图书馆史研究的重要内容之一，从早期的刘国钧、郑如斯，到后来的谢灼华、曹之、程焕文、王余光、徐雁等学者，都致力于书籍史的研究。不过，中国图书馆学界的书籍史研究大都侧重于书籍本身，如对书籍载体、装帧、出版、收藏等内容的研究，缺少对书籍的文化意义和书籍背后的社会史的研究，这一点也是与西方新书籍史研究最大的区别。

就未来而言，图书馆史与书籍史特别是新书籍史应该是相互交叉的关系，不存在谁隶属于谁的问题，两者可以互相借鉴、携手发展。而从西方书籍史研究史来看，未来的中国图书馆史研究很有可能也是朝着跨学科的方向发展。

① Robert Darnton. What is the history of books? [J]. Daedalus, 1982, 111 (3):65-83.

② Jonathan Rose. Alternatives futures for library history [J]. Information & Culture, 2003, 38 (1): 50-60.

③ James Raven. What is the history of the book? [M]. UK: Polity Press, 2018: 1.

④ 戴维·芬克尔斯坦，阿利斯泰尔·麦克利里. 书史导论 [M]. 何朝晖，译. 北京：商务印书馆，2012：5-6.

1.2 中国图书馆史研究意义

历史有什么用？图书馆史的价值体现在哪里？这是从事图书馆史研究和教学的人员经常需要面对的问题，尤其是对于在高校教授图书馆史相关课程的教师，这是第一讲必须要说明的问题。而从全球来看，历史正变得前所未有的重要，在中国更是如此。近年来，各地各种类型的历史博物馆、纪念馆如雨后春笋般建立；历史题材的影视作品充斥着各大影院、电视频道；从国家到地方，各级执政者都在倡导学习历史……这些似乎都可以说明历史的价值。而信息技术特别是网络社交媒体的发展，使得很多错误的、扭曲的、荒唐的历史在网络上大肆传播，互联网将我们的生活变成了一处充斥各种错误历史信息的战场，而身处其中的我们，越来越不确定这些历史的真实性，很多人对于有些虚假的历史信息信以为真，并亲自帮助其传播（据统计，很多人都曾传播过毫无根据的历史内容，不少人都曾在没有核实基本内容的前提下分享或转发基于某种原因迎合自身喜好的历史内容)①。而在这种情况下，"坚持历史的真相已成为公民勇气的必要之举"②。各类求真委员会（组织）的成立，如追寻南京大屠杀、福岛核电站泄露的历史真相的组织。2021 年中国网民曾发起一项联署，要求世界卫生组织（WHO）调查美国德特里克堡的实验室是否与 2019 年大流行的新冠病毒有关。该项联署从发起之日起，短短 5 天之内就得到了超过 500 万网民的支持，其中还包括相当数量的外国公民，美国《外交官》杂志、布赖特巴特新闻网、《华盛顿观察家报》、CNS 新闻网、推特内容新闻网 Twitchy 等媒体也都转引这

---

① 汤姆·菲利普斯. 真相：鬼扯简史［M］. 李立丰，范佳妮，译. 上海：上海三联书店，2022：4-5.

② 林·亨特. 历史学为什么重要［M］. 李果，译. 北京：北京大学出版社，2020：7.

一联署①。这些对于历史真相追求的活动，说明在信息时代，历史反而比以往任何时候都重要。

　　哈佛大学前任校长德里克·博克（Derek C. Bok）在谈及大学教育时曾指出："大学教育不仅仅是把学生训练成称职、成功的实践者，而且是要把学生培养成不断超越、能够提高专业水平以及改进制度的人……教职员可以通过鼓励学生学习其专业的历史以及结构来扩大其视野。"② 博克的这一论断经常被他人引用，尤其是在涉及人文教育、历史教育时，而博克的这段话确实也道出了学科史教育对于学生发展的意义。图书馆史相关课程一直是图书馆学专业基础核心课程之一，在1992年首届全国高校图书馆学专业系主任联席会议确定的图书馆学专业核心课程目录、1995年教育部制定的文科教学大纲、2009年教育部制定的《高等学校图书馆学本科指导性专业规范》中都有相应说明，而在最新的2018年版的《普通高等学校本科专业类教学质量国家标准》中也明确将图书馆史相关课程列为图书馆学专业的基础课程之一，要求图书馆学专业毕业生掌握图书与图书馆学的历史③。

　　图书馆史本质是属于历史学的一个分支，学习图书馆史的根本价值在于培养人的历史思维。所谓历史思维，概而言之就是求真、批判、怀疑、想象力。从古至今，很多人都在生产伪史、制造遗忘、篡改历史或滥用、错用历史，因此历史研究者要有求真、批判与怀疑的精神，批判思维是人类理性的基础，历史思维的价值就在于其批判性。历史是揭示人性的，但不是通过抽象的哲学方法，而是通过让我们经历他人的经

　　① 环球时报. 约500万人联署！27国媒体转引！你呢？[EB/OL]. [2021-7-22]. https://m.k.sohu.com/d/545222423.
　　② Derek C. Bok. Higher learning [M]. Cambridge：Harvard University Press，1986：168-169.
　　③ 教育部高等学校教学指导委员会. 普通高等学校本科专业类教学质量国家标准 [M]. 北京：高等教育出版社，2018：868-869.

历，认识我们共有的人性，在这一过程中，想象力又至关重要①。

具体而言，图书馆史的价值与意义主要体现在如下几个方面。

1.2.1 了解真实的历史场景

历史思维的首要追求在于"求真"。上文曾提及，从古至今有很多人在生产伪史、制造遗忘、篡改历史或滥用、错用历史，例如在莫言获得诺贝尔文学奖之前，每到诺贝尔奖评选时间，国人就会提及老舍在1968年曾被提名，但因1966年老舍去世，而诺贝尔文学奖的惯例是不颁给已故之人，所以该奖最后颁给了日本作家川端康成。但是有关学者通过对瑞典档案的研究发现这是一段"伪史"，1968年瑞典诺贝尔文学奖候选人提名名单中根本没有老舍。作者进一步挖掘，发现了这一"伪史"的制造过程：瑞典大使馆的朋友的电话→日本国际笔会的一位作家→日本文艺杂志刊文→藤井荣三郎读到→告知老舍夫人及其子舒乙——在宋永毅、舒云、文洁若等人笔下，成为中文世界一个神话。简言之就是"从朋友的朋友口中听说"。不过，在对瑞典档案的研究中，意外发现了胡适、林语堂曾被提名为诺贝尔文学奖获奖候选人的信息②。

中国图书馆学同样也存在很多已"确认"的史实并不一定是"信史"的情况，其中最有名的当数"克乃文（William Harry Clemons）1913年在金陵大学开设中国最早的图书馆学课程"这一说法，很多教材及专著，如吴慰慈先生主编的《图书馆学基础》③、谭祥金先生编著的《文献信息学导论》④、郑章飞先生主编的《中国图书馆学教

---

① 罗新. 有所不为的反叛者：批判、怀疑与想象力 [M]. 上海：三联书店，2019：2-4.

② 谌旭彬. "老舍与诺贝尔奖失之交臂"的传闻被证伪 [EB/OL]. (2019-01-08) [2021-08-04]. https://xw.qq.com/cmsid/CRI201901080019300D.

③ 吴慰慈. 图书馆学基础 [M]. 北京：高等教育出版社，2004：58.

④ 谭祥金. 文献信息学导论 [M]. 广州：中山大学出版社，1996：381.

育概论》①、谢灼华先生主编的《中国图书与图书馆史》②、中国图书馆学会主编的《中国图书馆学学科史》③……都采用了这一说法。那么事实是不是这样呢？

通过对耶鲁大学神学院图书馆所藏金陵大学相关档案研究发现，克乃文于 1913 年受聘来华担任金陵大学英文教师（另一主要任务是传教），1914 年 9 月，克乃文正式接任金陵大学图书馆馆长④，因此从时间上来看就存在一些问题。克乃文 1913 年来华以后并未直接担任金大图书馆馆长一职，而是到 1914 年才正式任职，而克乃文担任馆长后确实对在金大图书馆工作的中国职员（包括半工半读的学生）进行了一些培训，但并没有直接证据说明他开过课程⑤。

顾烨青、郑锦怀两位学者也对这一说法提出了质疑并进行了历史梳理，发现该说法的源头来自对蒋复璁《珍帚斋文集》一书中相关内容的误读，不能成为定论⑥。顾烨青等人的考证颇为翔实，对于推翻克乃文 1913 年在金大首开图书馆学课程一说提供了有力的武器，不过顾氏等出于严谨，并未下百分之百的定论。在顾烨青等人的考证基础上，笔者曾认真翻阅了 1913 年前后的《金陵大学公报》（*The University of Nanking Bulletin*），该"公报"为英文版，1910 年出版第一期，主要是关于金陵大学人事、组织、规章制度、学校概况等内容的介绍。此

---

① 郑章飞. 中国图书馆学教育概论［M］. 长沙：国防科技大学出版社，2001：58.

② 谢灼华. 中国图书与图书馆史（第三版）［M］. 武汉：武汉大学出版社，2011：354.

③ 中国图书馆学会. 中国图书馆学学科史［M］. 北京：中国科学技术出版社，2014：124.

④ Harry Clemons. The university library report for 1914［A］. 耶鲁大学神学院图书馆藏，案卷号：案卷号 RG011 - 195 - 3368.

⑤ Anon. Personnel［J］. College and Research Libraries，1950，11 (04)：382 - 384.

⑥ 顾烨青，郑锦怀. 金陵大学 1913 年开设图书馆学课程之疑［J］. 河南科技学院学报，2018，38 (03)：50 - 52.

外，为了配合招生宣传，《金陵大学公报》还刊载了详细的课程名及课程内容介绍。但是，笔者并没有在《金陵大学公报》上发现任何在1913年前后和图书馆学相关的课程信息。当然，这只是一则证据，历史研究"说有易，说无难"，由于金陵大学早期的不少档案目前还无法研读，因此无法断定1913年前后克乃文是否在金大开设过图书馆学课程。就目前所见，笔者暂不认可1913年克乃文在金大首开图书馆学课程的说法。

中国图书馆学虽然只有短短一百余年的历史，但是对于这仅仅百年的历史，我们就有很多史实没有弄清，例如中国第一家公共图书馆到底创立于何时何地，关于这一个问题同样众说纷纭。有人认为创立于1895年的强学会藏书楼是中国现代公共图书馆的雏形①，有人认为1903年的绍兴古越藏书楼是中国最早的公共图书馆②，有人认为1904

① 吴晞. 图书馆史话［M］. 北京：社会科学文献出版社，2015：46 - 48.

② 关于古越藏书楼建成开放的时间目前同样有几种说法，分别是1902年、1903年和1904年。持1902年说者如倪波主编的《理论图书馆学教程》、吴慰慈主编的《图书馆学基础》、范并思等人的《20世纪西方与中国的图书馆学——基于德尔斐法测评的理论史纲》等。持1902年说者可能是因为古越藏书楼创办者徐树兰于1902年去世，他在去世前基本完成了古越藏书楼的章程规制及工程建设。由此，不少人将1902年作为落成的依据。持1903年说者数量较多，其依据是张謇在清光绪三十年（1904年）所撰的《古越藏书楼记》中写道："其事集议于庚子（1900），告成于癸卯（1903）。"〔张謇，古越藏书楼记［M］//李希泌，张椒平. 中国古代藏书与近代图书馆史料（春秋至五四前后）. 北京：中华书局，1982：111.〕持1904年说者亦多，如谢灼华先生在1964年就撰文指出古越藏书楼是1902年创建、1904年开放（谢灼华. 论"古越藏书楼"在中国近代图书馆史上的地位［J］. 图书馆，1964（1）：22 - 24.），这一观点后来也被其写入《中国图书和图书馆史》（武汉大学出版社，1987年）的教材中，影响较大。此外如吴慰慈先生编著的经典教材《图书馆学概论》、朱天俊先生为《图书馆学百科全书》撰写的"古越藏书楼"词条等都指出古越藏书楼于1904年开放。持1904年说的主要依据或许是1904年完成的《古越藏书楼书目》，但就目前来看1902年说和1904年说都缺乏足够的史料支撑，1903年说应该较为准确（这一点也可以在从古越藏书楼所在的绍兴图书馆高学安先生早年撰写《古越藏书楼成楼年代考辨》积极支持1904年说到近年来改为支持1903年说中有所体现）。

年建成开放的湖北图书馆是中国最早的公共图书馆①，还有人认为于
1910 年落成的武昌文华公书林是中国第一家名副其实的公共图书馆②，
对于这一问题，也有待图书馆学界认真研究。早在 2007 年，华东师大
范并思教授以"老槐"的名义发表了一篇博文《谁能知道我们有多少不
知道》③，博文内容如下：

谁能知道我们有多少不知道

2005 年中图学会学委会做了件非常重要的事，就是在学委会
下成立了一个图书馆史分委会。这个分委会阵营也很强，竹帛斋主
挂帅还配备了学委会第一美女做秘书。也许由我来对这个兄弟分委
员会指手画脚不妥，但毕竟与我们理论分委会也有关系，讲几句竹
帛斋主应该不会见怪。我想说的是，这个分委会如果能将本学科
20 世纪这个不太长的历史中那些没有被搞清楚的人与事都搞搞清
楚，那么他们的功劳就太大了。

当然这真的很难。不要讲什么论点的源头了，就讲大师生平。
几十年前的事，就那么几十位大师，但没有人知道我们有多少不知
道。土匪在我博文《闻道必先闻大师》后面留言，提及许多图书馆
学家不知去向。土匪提到的"不知去向"的人物有徐旭、戴志骞、
孔敏中、俞爽迷，这几位真的是我们不可不知其生平的人。戴志骞
在第一代图书馆学家中的名气不用说了，"不知去向"实在不应该；
俞爽迷是文华弟子辈中最杰出者之一，他对图书馆学应用价值的说

---

① 王国平. 中国最早的公共图书馆考［J］. 图书馆理论与实践，2015（9）：
96 -99.

② 程焕文. 中国图书馆史·近代图书馆卷［M］. 北京：国家图书馆出版社，
2017：2.

③ 感谢范并思教授授权全文发布。

明（"我们要谋图书馆的发达，先要明了图书馆对于图书应怎样去处理，对于阅览者应怎样去指导，以及一切事业应怎样去推广，怎样去改进，研究其原理，应用适当的方法，而这种学术，就是所谓图书馆学"）启蒙过我对图书馆学的认识。徐旭和孔敏中，都是早期公共图书馆理论的推动者。徐研究民众图书馆就是公共图书馆，孔是 1925 年鲍伟士来华演讲公共图书馆的主要陪同。我们讲中国公共图书馆理论史，离了他们没法讲（当然我们可以不讲）。但我们的确没有他们完整的生平。

除了"不知去向"的，还有中间一段无从知晓的。前几年我写了篇徐家麟的文章，按说，徐也是大人物了，文华毕业留美的，抗战期间回国的，1945 年研究过芝加哥学派的，新中国成立后做过武汉大学系主任的，太"牛"了。1975 年才去世的人，但他 1928 年文华毕业到 1935 年去美国留学中间那段时间在哪里、在干什么，我不清楚，甚至找了些武汉大学的老人也没问清楚。

去年曾向竹帛斋主建议，在 2007 年借纪念沈祖荣回国巡回演讲图书馆学九十年之机，搞一次"重走沈祖荣的路"的大型巡回演讲活动，宣扬现代图书馆理念。具体地说，九十年前沈先生什么时候在哪里讲，就组织学者什么时候到那里讲。竹帛先生很愿意搞这个活动，但有一个前提，我们必须知道沈先生当年发动"新图书馆运动"时的演讲路线图，而这并不清楚。不久前遇到竹帛先生还聊到此事，仍是那个字：难！竹帛先生甚至去找过老档案也没有结果。这就意味着，中国图书馆学第一人沈祖荣先生，九十年前回国发起 20 世纪中国图书馆学最重要的事件"新图书馆运动"，但我们可以知道的只有"1917 年，留学归国的沈祖荣等人在 10 个省份、50 个城市巡回演讲"，而具体的几月份到了哪个城市，我们全然无知。

这是个什么学科？我们宣称以帮别人找信息为职业能力，但对本学科如此重要的信息不能知晓。我们能考证得出目录学起源于"此儿有目录之学"，却考证不出沈祖荣演讲过的地方。我们过去讲过图书馆学自我封闭，希望它能走出去。但看看理论的状况，连自己学科中最杰出的前辈去哪里都搞不清，有什么脸面讲学科理论的输出？

不愤青了。在图书馆2.0环境下，我们应该还是可以多做点事。图书馆学史分委会应该做个网站，带 wiki 功能的那种。将所有没搞清楚生平的前辈都作词条放上去，大家以2.0方式增补。我们有很多的老先生健在，还有河边、土匪这样的图书馆史专家。而且在文献中应该也记载了，只是我们没有去看。这样行动，也许能为后人多留下点什么。

通过十余年的努力，中国图书馆史研究还是取得了很大的成绩，对范并思教授博文中提到的不少人物的研究都取得了不错的成绩，但还是有很多人、很多事"湮没"在历史的长河中，亟待图书馆史研究者的挖掘与探索，虽然历史研究不可能百分之百还原真实的历史场景，但可以让我们尽可能了解、接近真实的中国图书馆史发展场景。

1.2.2　深化图书馆学学科记忆

人类社会是一种记忆社会，历史研究是一种关乎"记忆"的研究，"没有历史就没有认同，就无力制定规划"[①]。而对学术史的研究则关乎一个学科的"记忆"，涉及对这个学科的认同。梁启超也曾经指出："治一学而不深观其历史演进之迹，是全然蔑视时间关系，而兹学系统，终未由明了。"[②]

---

① 安托万·普罗斯特. 历史学十二讲［M］. 王春华，译. 北京：北京大学出版社，2012：272-273.
② 梁启超. 中国历史研究法［M］. 北京：中华书局，2009：44.

当下中国的图书馆学虽然较之历史学、文学等学科还略显稚嫩，但是能取得今天的成就也是来之不易的。就当下中国图书馆学界而言，不少学者尤其是青年学者对图书馆学发展史的了解甚为模糊，这不得不说是让人感到遗憾的事。1997年，程焕文在《中国图书馆学教育之父——沈祖荣评传》一书中曾这样批判当时的中国图书馆学界："现在图书馆学界的新生代对历史毫无兴趣，甚至厌恶，因而图书馆史的知识几乎一贫如洗，成了盲目追逐时髦的一代。而中老年的能够有所作为而又着力作为的鲜见，这不能不说是一种遗憾。"[1] 20多年过去了，程焕文教授批评的中国图书馆学界这一现象并未得到很好的改观。任何一门学科的学者，了解其学科发展历史是其基本素养之一，因为学科发展史犹如卫星导航，可以随时让我们知道现在大致处于什么位置[2]。

美国著名图书馆学家鲍士伟（Arthur E. Bostwick）在其名著《美国公共图书馆》（*The American Public Library*）中也曾明确提出："从事图书馆事业的真正能力包含对图书馆的过去、现状及将来有一个明确的了解。"[3] 图书馆史的研究一方面有助于引导图书馆学研究人员尤其是青年学人尽快进入图书馆学某一学术传统，免去许多暗中摸索的工夫[4]；同时也有助于深化其对于图书馆学的学科记忆，增加其对图书馆学学科的感情，提升学科认同感。

---

① 程焕文. 中国图书馆学教育之父——沈祖荣评传［M］. 台北：学生书局，1997：XXXIV.

② 李零. 简帛古书与学术源流［M］. 北京：生活·读书·新知三联书店，2004：4.

③ Auther E. Bostwick. The American public library［M］. 4th ed. New York：D. Appleton and Company，1929：v.

④ 陈平原. 学术史研究随想［M］//陈平原. 学者的人间情怀：跨世纪的文化选择. 北京：生活·读书·新知三联书店，2007：26.

1．2．3　促进图书馆学与图书馆事业创新发展

历史研究除了关乎"记忆"之外，还有一个重要的功能就是"淑世"和"致用"①。钱穆在《国史大纲》中曾指出："历史智识，贵能鉴古而知今"，"惟藉过去乃可认识现在，亦惟对现在有真实之认识，乃能对现在有真实之改进"。② 通俗而言就是历史能启迪思想、增加智慧，学术史尤其如此。

当代著名法学家邓正来2003年6月24日在吉林大学所作的演讲中有这样一段话："我们所有的知识都是从我们的学术传统中生长和发展起来的，离开了学术传统，就无所谓知识增量不增量的问题。离开了先哲们经由个人努力汇合而成的学术传统，我们根据什么宣称自己的观点不是先哲已然详尽解释过的观点呢？我们又根据什么宣称我们的知识努力是一种贡献呢？有关知识传统与增量关系的'知识铁律'，要求我们必须回到经典，并通过这一努力而知道我们自己知识工作的性质和方向。"③ 这段话很好地阐释了历史"淑世"和"致用"作用的具体表现之一——促进创新。图书馆史的研究亦复如此，我们通过对图书馆史的研究，了解图书馆事业、图书馆学的发展历史、演进路径，进而找到其内在的逻辑关系及发展脉络，这些都是学术创新、事业发展的基础元素，出新必先温故，无源之水式的创新往往事倍功半，还未必讨好④。

---

① 杜维运. 史学方法论［M］. 北京：北京大学出版社，2006：297-304.

② 钱穆. 国史大纲（修订本）［M］. 北京：商务印书馆，1996：2.

③ 邓正来. 中国法学的重建：批判与建构——吉林大学教授就职演讲［M］// 邓正来. 研究与反思：关于中国社会科学自主性的思考. 北京：中国政法大学出版社，2004：326.

④ 罗志田. 经典淡出之后：20世纪中国史学的转变与延续［M］. 北京：生活·读书·新知三联书店，2013：53.

治学必须先因而后创，将前贤已知承接下来，才有可能发展创新。① 通过阅读图书馆学先辈们留下的著作，和先辈们展开对话，在进行学科自省②的同时检验我们现有的知识和观点，只有经过了先哲检验后的知识与学术观点才更容易实现创新，对于图书馆事业而言亦复如此。

1.2.4 增加图书馆学研究的人文关怀

近年来，由于信息技术在图书馆界广泛应用，图书馆业务范式向馆藏发展的数字化以及数据信息服务逐渐深化。作为支撑图书馆业务活动的图书馆学，无论是理念还是技术方法，都正在转向信息学的范式（Information-centered）。这个转向最明显的表现就是在图书馆、情报与档案管理一级学科中，情报学一枝独秀，图书馆学与档案学日趋式微。单就图书馆学而言，从各专业期刊所刊载的文章来看，"新技术"方面的文章呈现出"泛滥"趋势，而不少文章只是生搬硬套，毫无新意，且常有削足适履之窘态。对技术的过分关注使得图书馆学对于"人"、对于"理性"的关注越来越缺失，长久下去对图书馆学的良性发展极为不利。信息技术的发展为图书馆工作带来了便利，为图书馆学的研究提供了新的契机。图书馆学应当适度拓展，"不囿于图书馆这个机构的窠臼，但拓展同时我们也不能过分依附于技术的卵翼"③。前面曾提及历史是揭示人性的，加强对图书馆史尤其是图书馆学人的研究有利于增加图书馆学研究中的"人文"学术理性，增加图书馆学人文关怀。

---

① 桑兵. 治学的门径与取法：晚清民国研究的史料与史学［M］. 北京：社会科学文献出版社，2014：5.

② 傅荣贤.《中国古代图书馆学史》课程应该教什么［J］. 大学图书馆学报，2008（3）：61－64＋69.

③ 吴晞. 归去来兮 图书馆学［J］. 图书情报工作，2009，53（13）：5-6.

1.2.5　养成"存史"意识

"史"字是汉语中非常古老的一个字，甲骨文、金文中都有该字，字形基本未变，一直保持着"手托简册"样。许慎对"史"的解释是"记事者也"，其本义即在记事。中国古代的官职凡以"史"名者（如大史、小史、内史、外史等），不仅负责掌管、整理图书秘籍，而且肩负着起草文书、记录修史的职责。① 由此也引申出从事中国图书馆史的研究的另一意义——有助于培养研究主体的"存史"意识。

史料是进行图书馆史研究的基础，中国现代图书馆虽然有百余年的历史，但是留存下来的史料并没有我们想象的那么丰富，很多重要的资料都在不经意间遗失了。2013 年，笔者与叶继元教授决定编辑一本纪念文集，以纪念全国高等学校图书馆期刊工作研究会成立二十五周年（1989—2014），但是在搜集资料的过程中，发现很多资料已经寻觅不得了。由此也可以推想其他图书馆事业、图书馆学发展相关的资料情况，而这还是在未经人为破坏的情况之下——20 世纪有意识地损坏、销毁的档案、资料的数量远超我们的想象。梁启超先生曾经就清人不作清史而批评道："史学以记述现代为最重，故清人关于清史方面之著作，为吾侪所最乐闻，而不幸兹事乃大令吾侪失望。……故清人不独无清史专书，并其留诒吾曹之史料书亦极贫乏。"② 很显然，梁启超先生主要是从存史料的角度提出上述评论的。就史料角度而言，虽然说时间离得越近其史料不一定就越真实，但是"时代愈远，则史料遗失愈多，而可征信者愈少"③，则是肯定的。梁启超先生上述这段话犹如一口警钟时刻提醒我们，从事图书馆史的研究不仅仅要注意"研究"，更要注意对史

---

① 金毓黻. 中国史学史［M］. 北京：商务印书馆，1999：5 - 7.

② 梁启超. 中国近三百年学术史（新校本）［M］. 夏晓虹，陆胤，校. 北京：商务印书馆，2011：331 - 332.

③ 梁启超. 中国历史研究法［M］. 上海：华东师范大学出版社，1995：54.

料的搜集、整理与编纂。我们常说每一个人都是历史的创造者，从另外一个角度则可以说，每一个人都是历史记录的生产者与保存者，这一点对图书馆史研究人员或者说对于对图书馆史有兴趣的人来说尤其重要。通常而言，从事图书馆史研究的主体的"存史"意识都是高于图书情报学内其他领域的研究学者的。

李小缘先生是民国图书馆学人中少见的具有高度"存史"意识的学者，这或许与他长期执掌金陵大学史学研究部并从事历史研究有关。李小缘先生不仅把有关学者、机构给他的来信很好地保存下来，而且还会在来信上注明收到信件的年、月、日。李小缘先生保存下来的书信涉及的学者包括郭沫若、闻一多、朱自清、顾颉刚、钱穆等，这些书信如今已经成为南京大学图书馆的重要收藏之一。2012 年南京大学图书馆为纪念南京大学成立一百一十周年，特编纂了《南京大学藏近现代名人手迹选》，李小缘先生的藏信撑起了该书近一半的内容，其研究价值更是不容小觑。

2　中国图书馆史研究中的六大关系

2.1　"通"与"专"

所谓的"通"，借用严耕望先生的说法①，主要有两层含义：一是纵向的"贯通"，就图书馆史研究而言，虽然中国现代图书馆事业史并不是很长，但是治中国图书馆史者需要对中国近现代史以及中国百年图书馆事业发展历史有一个大概的了解。由于中国现代图书馆是西学东渐的产物，因此除了中国图书馆史外，还要对西方图书馆史特别是美国图书馆史有一定的了解，因为 20 世纪 20 年代以后，中国的图书馆事业、图书馆学研究受美国影响非常大。二是横向的"旁通"，研究图书馆史，除了图书馆学、历史学的基本知识外，最好还要具备其他一些学科的知识，如外语、教育学、社会学、心理学、统计学等，这对于提升图书馆史研究的深度与广度都是大有裨益的。以外语和教育学为例，外语就像一扇窗户，当下大部分图书馆史研究人员基本都能阅读英文文献，但是能阅读日语文献的人相对就少了许多。从 19 世纪末到 20 世纪初，我们常将这段时间称之为"西学东渐"，但是严格意义上说这个"东"是指日本，完整的"西学东渐"过程应该是"西学东渐—东学入中"。对于图书馆事业而言，也是如此，从 19 世纪末到 20 世纪初，日本的图书馆

---

① 严耕望. 治史三书（增订本）[M]. 上海：上海人民出版社，2016：8.

事业对中国的影响还是非常大的，中国图书馆学不少术语也是借鉴了日本。因此，假如想厘清这一段历史，那肯定离不开对于日语文献的研究。再如教育学，在民国时期，图书馆是作为重要的社会教育机构存在的，教育作为图书馆的重要职能之一至今未变，所以掌握教育学的有关知识对于对图书馆史的研究也是很有帮助的。

与"通"相对应的就是"专"，现在很多人都以"专家"而称，就是指他们在某一具体领域有专深的研究，如民国图书馆史专家、文献分类史专家、刘国钧研究专家、沈祖荣研究专家等。中国历史研究传统之一是崇尚"博"与"通"，从司马迁的《史记》到近现代的各类"通史"著作都属于这类范畴，传统的历史学家也都努力把自己锻造成一位"通人"。就中国图书馆史研究领域而言，上文提及的《中国图书馆史》、《中国图书馆学学科史》等论著都属于宏大叙事（Grand Narrative）作品。但是近代以来，随着学术分科的细化以及 20 世纪 70 年代以来后现代思潮的影响，传统的通史式的宏大研究范式遭到了批判，历史研究开始向"有限的时间与空间"发展，"微观史学"逐渐成为史学研究的新潮流①。微观史学的兴起不仅影响了中外历史学研究，对于图书馆史研究同样产生了不小的影响，这从近年来发表的图书馆史研究论文就能看出。翻阅一下学术期刊，我们不难发现近年来大部分中国图书馆史研究论文都属于具有专题性质的"微观"研究，时间跨度在六十年以上的研究相对较少。

不容否认，传统的通史式的宏大研究会错过或遮蔽一些"微小"的事实（这也是后现代史学攻击批判宏大叙事的重要原因之一），但是通史式的宏大研究范式在对整体的把握方面是微观史学所不具备的。专题式的微观研究较通史式的宏大研究确实更有深度，也更生动、具体，但是其毕竟只局限于某一个很小的点，容易犯"只见树木不见森林"

---

① 陈启能. 略论微观史学［J］. 史学理论研究，2002（1）：21−22＋161.

的错误。

中国图书馆史研究，必须将"通"与"专"结合起来。其实所谓的"通"与"专"并不是绝对对立的，两者是相对的、有机统一的关系。如对某位图书馆学人展开研究，应该属于"专"的题目，但是如果在研究这位人物时先编纂其年谱，这就属于"通"了，因为年谱编定以后这位人物一生的脉络便大致清晰了，这为研究其思想、治学提供了坐标。同样，在研究机构史时，针对某一图书馆或者某一图书馆院校都可以先做其编年，了解其整体发展脉络，再在这基础上研究这些机构的运作，这就是"通"与"专"的结合。

2.2 "内"与"外"

历史研究中有所谓的"内史"与"外史"，分别代表了历史研究的两种取向，这也是中国图书馆史研究需要处理的一对关系。就中国图书馆史研究而言，所谓的"内史"，就是研究图书馆系统内部的历史；而"外史"则是探讨图书馆系统与外界的关系的历史。从这一定义来看，目前大部分的中国图书馆史研究都是采用内史的研究路径。上文提及的西方新书籍史的研究范式则是典型的外史研究范式。

图书馆作为社会网络的关键节点之一，与其他社会机构都是密切联系的，我们在研究图书馆史时，除了从内史的角度探寻图书馆系统内部运行、发展历程外，更要从外史的角度，在整个社会大系统中探究图书馆与其他机构的关系。以国家图书馆出版社 2018 年出版的两本中华图书馆协会研究专著为例[1][2]，两部著作基本都是沿袭内史研究路径，将重点放在中华图书馆协会内部的组织结构、规章制度、项目管理等之

---

① 霍瑞娟. 中华图书馆协会研究 [M]. 北京：国家图书馆出版社，2018.
② 李彭元. 中华图书馆协会史稿 [M]. 北京：国家图书馆出版社，2018.

上，那么中华图书馆协会与同时期其他同类机构如中国博物馆协会、全国教育学会之间的关系如何？中华图书馆协会与教育部之间如何往来？（中华图书馆协会年会的不少提案都曾提交教育部，有些也被教育部采纳，但具体过程是怎么样？）这些都是目前对中华图书馆协会的研究中不曾关注的领域，而这些对于全面认识中华图书馆协会是必不可少的。又如对于近代图书馆学人的研究，目前我们大多数都是聚焦于学人本身，有些学人如袁同礼、李小缘、蒋复璁等与当时整个学术界往来是非常多的，对于这一部分的揭示，不仅能厘清这些学人的人际网络，而且有时还能发现其思想的来源。如笔者在对钱亚新研究的过程中，通过对顾颉刚日记的研究，发现钱亚新对于郑樵的有关评价可能是受顾颉刚的影响①。

综上可知，中国图书馆史研究不管是对于机构还是人物、事件，都应该采用内外结合的视角，这样有助于我们更加全面地认识研究对象。

2.3　"我"与"他"

中国图书馆史研究需要面对的另一对关系就是"我"与"他"（"我者"与"他者"）的关系，"我"与"他"本质上是关乎研究视角的选择。

2015 年，美国图书馆史研究执牛耳者韦恩·威甘德（Wayne A. Wiegand）教授出版了 *Part of Our Lives：A People's History of the American Public Library* 一书（该书中文版名为《美国公共图书馆史》，国家图书馆出版社，2021 年出版），该书出版后得到欧美图书馆学界、历史学界、教育学界的广泛好评，美国《图书馆季刊》（*Library*

---

① 谢欢. 钱亚新图书馆学学术思想研究 [D]. 南京：南京大学，2016：159‐160.

Quarterly)、《图书馆杂志》 (*Library Journal*)、《教育史季刊》(*History of Education Quarterly*)、《社会史》(*Social History*) 以及英国的《图书馆与信息历史》(*Library & Information History*) 等刊物都发表了书评,对该书给予了高度评价。与以往美国公共图书馆史研究不同的是,威甘德从用户的角度来研究美国公共图书馆史,这也是该书最大的特色。威甘德通过挖掘数百年来图书、期刊、报纸、公报、书信等文献中记载的用户利用图书馆的故事,发现了美国人民热爱公共图书馆的理由以及公共图书馆成为美国人民"生活的一部分"的原因。① 威甘德的研究就是典型的从"他者"角度切入的研究,相较于威甘德,不难发现当下的中国图书馆史研究基本都是从"我者"的角度出发的,我们没有从读者、社会的角度去发掘,因此有些研究就存在"自夸"之嫌,很难得到其他领域的认可。因此,未来的中国图书馆史研究需要引入"他者"的视角,因为"他者"视角的引入有利于避免从主观出发所产生的盲点②,有利于我们更加全面、客观地认识图书馆事业以及图书馆学,发现图书馆事业对于社会、个体的真正价值。

2.4 "古"与"今"

回顾中国史学发展史,关于"古"与"今"的争论时有发生,如"言必称三代"、康有为托古改制、20 世纪 50 年代关于"厚今薄古"和"厚古薄今"的讨论等。就中国图书馆史研究而言,所谓的"古"与"今"涉及两个问题。第一是研究史观的问题。历史研究中常说要有

---

① Wayne A. Wiegand. Part of our lives: a people's history of the American public library [M]. New York: Oxford University Press, 2015.

② Wayne A. Wiegand. Tunnel vision and blind spots: what the past tells us about the present: reflections on the Twentieth-Century history of American librarianship [J]. Library Quarterly, 1999, 69 (1): 23 - 24.

"同情之理解"（Sympathetic Understanding），或者说回到真实的历史现场，但是在实际的研究中，大部分人都会不自觉地带入当下的情感，以"今"驭"古"，这其中最具代表性的就是对中国古代私家藏书楼的批判。当下在提及中国古代私家藏书楼的"落后"时，都会指出私家藏书楼的封闭性，即不对外开放、不供众利用。设想一下，我们当下很多藏书者或者学者，几十年来孜孜矻矻地搜集聚藏，很多人也不愿意将自己的藏书轻易借给他人使用，何况在图书文献获得极为艰难的古代呢？有学者研究发现，"藏书楼"一词诞生时其对应的就是西方现代的"图书馆"，"藏书楼"和"图书馆"都是近代社会的新名词和新概念，其意义均存有公共、公开和共享，今人对于古代藏书不事公开和开放的批判基本上是对私有制、私权的漠视和对历史的无知①。我们常说历史研究的功用是为了"古为今用"，但是"古为今用"的前提是建立在了解真实的历史面貌基础上，因此在中国图书馆史研究中，一定要回到真实的历史场景，真正做到"同情之理解"，避免用当下的"想当然"去理解过往。我们现在觉得一些没什么研究意义的问题，在中国图书馆事业发轫期都是亟待研究的"重大课题"。

中国图书馆史研究中"古"与"今"涉及的第二个问题是选题。梁启超在《中国近三百年学术史》中写道："史学以记述现代为最重，故清人关于清史方面之著作，为吾侪所最乐闻，而不幸兹事乃大令吾侪失望。……故清人不独无清史专书，并其留诒吾曹之史料书亦极贫乏。"②这其实是对清人不作清史的批评，而这段话从另一方面也指出了当代史研究的重要性。或许是受历史研究需要与研究对象保持一定距离以便更加客观、全面认识研究对象的观念的影响，包括中国图书馆史在内的历

① 程焕文. 中国图书馆史（近代图书馆卷）[M]. 北京：国家图书馆出版社，2017：4.

② 梁启超. 中国近三百年学术史（新校本）[M]. 夏晓虹，陆胤，校. 北京：商务印书馆，2011：331-332.

史研究大都会选择与当下有一定时间距离的研究对象。这当然无可厚非，但是就笔者这几年从事图书馆史研究的感受，中国图书馆史研究除了需要继续拓展近现代的研究之外，更应注重对当代历史的研究。著名学者陈平原曾就人物研究指出，评价一位学者比较好的时间是在其逝世20年左右，届时哀痛等情感因素带来的影响已经较小，而评价尺度则明显提高，评价结果也就愈发客观公正①。陈平原提出的"20年"虽然针对的是人物，但是笔者觉得同样适用于其他历史研究，时间的逐渐流去使得检验前人及其研究成果变得更加容易②。我们可以回想一下20世纪末到21世纪初的很多历史，现在都可以进行历史检验。希望中国图书馆史研究同仁加强对当代历史的关切。

2.5　"中"与"西"

近代以来，随着西方在世界范围内的扩张，西方中心观念对包括中国在内的整个世界都产生了非常重要的影响，学术研究同样没有逃脱其影响。就目下的中国图书馆学研究而言，西方中心或者说欧美中心观念随处可见；就最基本的历史书写方式而言，中国目前包括图书馆史在内的历史书写方式都是西方的历史叙述范式。在西方人眼中，史书需要以"散文"（Pose）而不是"韵文"（Verse）的形式出现，但是在中国传统中，很多历史书写都是以骈文、散文等形式流传的，如刘勰的《文心雕龙·史传》、刘知几的《史通》等③。在图书馆界，许多因记述图书馆创建、发展中的重大事件或重要人物而产生的碑刻类文献，也都采用骈

---

① 陈平原. 与程千帆先生对话［J］. 古典文学知识，2014（1）：13-17.

② Michael H. Harris. A guide to research in American library history［M］. 2nd ed. Metuchen：The Scarecrow Press，1974：4.

③ 格奥尔格·伊格尔斯，王晴佳，苏普里娅·穆和吉. 全球史学史（第二版）［M］. 杨豫，王晴佳，译. 北京：北京大学出版社，2019：11-12.

散形式叙述。① 就本质而言，历史研究书写形式的差异并不影响到历史研究的结果，但是中国图书馆史研究未来必须处理好"中"与"西"的关系。

中国的图书馆学经过百余年的发展已经走出了一条独具中国特色的道路，以中美两国图书馆事业发展历史对比来看，美国现代图书馆事业的发展是以公共图书馆事业为龙头，美国近代很多著名的图书馆学家都曾担任过公共图书馆馆长；中国近代的图书馆事业是以高校图书馆为引擎，很多著名的图书馆学家都是高校图书馆馆长，而 21 世纪以来中国独具特色的公共文化服务发展历程更是与欧美图书馆事业发展道路不同。我们在以往的图书馆史研究中，常常喜欢与欧美对比，进而揭橥中国的不足，这其实也是一种"西方中心"的史学研究取向。不容否认，中国图书馆事业有些地方确实不如西方，但是在全球化的今天，图书馆史研究人员必须明确中国的独特性，应"以中国本身为方法，把中国和欧美都看作多元世界的构成要素之一"②，我们既可以欧美为参照来检视中国图书馆事业发展史，同时也可以中国为参照，观察欧美图书馆事业。

2.6 "实证"与"想象"

从 19 世纪德国的兰克（Leopold von Ranke），到 20 世纪中国的傅斯年，人们一直在构建"科学"的历史学，而所谓的"科学"的重要标志之一就是重视史料（特别是一手史料），在对史料进行考辨的基础上，让史料自己说话，展现历史事实，叙写"科学"的历史。兰克的这一研

---

① 赵长海，刘晓靖. 中国图书馆碑铭序记初探［J］. 图书馆建设，2019（1）：8-12＋20.

② 沟口雄三. 作为方法的中国［M］. 孙军悦，译. 北京：生活·读书·新知三联书店，2011：130-131.

究范式对全球范围的历史研究都产生了重要的影响，这一研究范式也被很多人称为"实证主义史学研究范式"。但是，史料毕竟是有限的，我们不可能穷尽所有资料，我们也无法还原全部的、真实的历史面貌，这时在历史研究过程中，就需要适当地采用一些历史的想象力了（包括兰克自己也认为历史研究是科学与艺术的结合，科学主要表现在寻求、分析史料上，艺术则体现在叙述历史上①）。因此，图书馆史研究中的另一对重要的关系就是"实证"与"想象"的关系。关于历史研究中的想象力问题，一直存在争论，有人认为，历史研究无须想象力；也有学者指出历史研究靠的是叙述，而叙述则必须依赖想象②，因此历史研究不仅需要想象力，更需要高远的想象力③。历史学自诞生之日就蕴含着想象力，"从来没有完全离开想象的历史学"④，著名的司马迁的《史记》就是一部充满想象力的史学论著，里面很多篇章，如大众熟知的鸿门宴的历史场景叙述，仿佛是司马迁就在现场一般。

中国图书馆史研究，尤其是新世纪以来的图书馆史研究，是"过去十多年来变化最大的图书馆学领域之一"⑤，促进这一变化产生的重要原因就是图书馆史研究人员深入国内外发掘第一手资料，并以此为基础重新审视图书馆史。可以说，实证主义精神已经深入中国图书馆史研究人员的灵魂。但正如上文所述，历史研究是无法穷尽所有资料的，相较于被历史"遗弃"的资料，我们现在所能接触到的只能说是沧海一粟，

① 王晴佳. 人写的历史必须是人的历史吗？：西方史学二十论［M］. 上海：上海人民出版社，2020：112.

② 同①312.

③ 胡适.《国学季刊》发刊宣言［J］. 国立北京大学国学季刊，1923，1（1）：13.

④ 赵世瑜. 眼随心动：历史研究的大处与小处［M］. 北京：北京师范大学出版社，2019：3.

⑤ 范并思，邱五芳，潘卫，等. 20世纪西方与中国的图书馆学——基于德尔斐法测评的理论史纲［M］. 2版. 北京：北京图书馆出版社，2016：380.

"但因史料的空缺而主动'湮没'一段历史，历史就真正被割断了。后人了解历史必须依靠史料，但不意味着存留的史料就是过去的全部历史"①。

目前的图书馆史料运用大部分仍然是基于纸质文本材料，而历史意识是通过多种方式表达出来的，除了常规的档案资料，还包括口述资料、文学作品、艺术品、纪念碑和建筑物等②，面对这些史料，有时就需要依靠历史研究人员的直觉或者想象力。中国图书馆史研究的想象力并不是凭空乱想，它与研究主体的知识储备、实践及经历有关，例如我们在研究古代藏书楼或者近代图书馆时，去过与没去过这些建筑遗存，对这些研究对象的把握与理解绝对有非常大的区别。到历史现场走一下，有利于我们产生很多直觉或想象力，这是仅仅依靠档案或其他文本史料所做不到的。此外，在图书馆学人研究中，更加需要想象力，因为这些人物的内心世界、自我认同、行为之后的思想状态等③都离不开研究主体的想象力，反观当下中国图书馆学人研究，在这一块还有很大的拓展空间。

案例 2-1：

钱亚新介入中国古典目录学研究心态探微

谢 欢

据现有资料，钱亚新最早涉足古典目录学研究是 20 世纪 40 年代在蓝田国立师范学院任教之时，钱亚新因在教学中的一点疑问——"难道在我国几千年来的悠久历史中，只有一些目录学、校勘学、版本学上的

---

① 罗志田. 史学离不开高远的想象力 [N]. 北京日报，2016-05-16 (16).

② 格奥尔格·伊格尔斯，王晴佳，苏普里娅·穆和吉. 全球史学史（第二版）[M]. 杨豫，王晴佳，译. 北京：北京大学出版社，2019：7.

③ 卡尔. 历史是什么？[M]. 陈恒，译. 北京：商务印书馆，2017：108.

遗产，关于图书馆学的就一无所有吗？"①——开始研究古典目录学。那么钱亚新1930年代在上海江苏省立第二师范学校、文华图专、大夏大学、河北省立女子师范学院及其附属师范学校等学校讲授图书馆学课程时为什么没有产生类似疑问呢？据笔者臆断，这或许与钱亚新的身份和处境有关。在江苏省立第二师范学校、大夏大学、河北省立女子师范学院教授图书馆学课程时，钱亚新都属于"兼职"，其主要工作还是在图书馆，其编制也隶属于图书馆。而在蓝田国立师范学院教授图书馆学时，钱亚新的身份是教育系专职教师。那么在教育系担任专职教师这个身份及处境有什么问题呢？

这便可能涉及旧派学者对于西方新学的"鄙夷"，因为在相当长的一段时期内，文史之学才被认定是真正的、正统的学术。这一"传统"的影响在当下仍然隐约可见，而民国时期在人文社科领域这一影响就更为严重，如胡适刚刚归国回到北大时被旧派学人的看不起，新文学作家沈从文被古典文学研究学者刘文典的讥讽，以撰写通俗小说成名的张恨水在写散文时却"复古地"使用文言等，研究新学或者说西学的学者遭遇传统文史学者嘲讽、鄙夷的例子比比皆是。值得一提的是，对于张恨水使用文言这一事，著名学者刘绍铭经过研究后认为张恨水是出于一种"虚荣心"，因为在当时读书人心目中，文言文才是一种身份的象征，是一种"士"的语言②，为了满足作为真正读书人的"虚荣心"，张恨水选择使用文言文。在图书馆学领域，钱亚新的恩师杜定友晚年回忆撰写《校雠新义》的动机时说："《校雠新义》是因为一句话而作的。在1923年，我被人告了一状，说'杜氏生长美洲，不谙中文'。我自问中文的根底也着实太差了，中学毕业即远赴重洋，几与中文图书绝缘。对于中国目录学及版本学，尚未得其门而入。于是发奋读书，在百忙中偷读古

---

① 钱亚新. 我是怎样研究郑樵和章学诚的 [J]. 图书馆杂志, 1987 (3)：34-37.
② 刘绍铭. 文字还能感人的时代 [M]. 香港：三联书店, 2005：210.

籍。这部《校雠新义》大半是夜间在床上写的。"① 杜定友这段话中，"偷读古籍、半夜写作"与刘绍铭揭橥的张恨水的那种"虚荣心"应该说是一致的。

笔者认为，钱亚新介入古典目录学的研究时内心也有这种"虚荣心"，或者说是寻求"真正学者"的身份认同心态作祟。现在虽然没有直接的文献证据，但是从钱亚新早期的论著中还是能看出一丝端倪。在钱亚新早期谈及目录功能的论著中，钱亚新认为目录最主要的功能是检索，即将目录作为一种检索工具来对待②。这是典型的西方现代图书馆学影响下对于目录的认识，因为西方的目录强调检索。1942 年，钱亚新发表《师范学院中的图书馆学》一文，在规划课程设置时，钱亚新指出图书馆学课程设置一定要考虑不同系科已有的相关科目，例如历史系等部分系科会设置"史部目录学"等课程。钱亚新认为，应先学习图书馆学再学目录学等相关课程，这样更加利于学生掌握，如果先学目录学等课程，不免有本末倒置之嫌。③ 这一细节很微妙地表明了在钱亚新心中图书馆学与目录学的关系。

中国传统目录学，尤其是经过郑樵、章学诚等人阐发之后的目录学对于目录的认识，已经从刘向、刘歆父子开创的以记载书籍为目的，转变为以记载书中所表现的思想为目的，目录的重心已"在学术而不在书籍之本身，与记录书籍为目的的目录有所不同"④。因此，中国传统目录最重要的功能就是"辨章学术，考镜源流"，对于排检、检索等则不是很重视，而钱亚新早期论著中却没有注意到这一点。由此也从一个侧面表明在早期，钱亚新对于包括中国传统目录学在内的中国旧学并没有

---

① 杜定友. 我与图书馆学（《治书生活》之二）[J]. 钱亚新，钱亮，钱唐，整编. 图书馆工作，1986（2）：18.

② 钱亚新. 两把锁钥——（乙）索引 [J]. 文化先锋，1944，3（7）：17.

③ 钱亚新. 师范学院中的图书馆学 [J]. 国师季刊，1942（14）：61-67.

④ 刘国钧. 图书目录略说 [J]. 图书馆学季刊，1928，2（2）：199.

深入研究，因此也就缺乏足够的了解。

　　钱亚新介入古典目录学研究时正专职任教教育系，之前虽然全职担任过文华图专教师，但在文华图专周围的同事都是学美式图书馆学的，不存在这个问题，而到了蓝田便不一样了。民国时期一所大学的教育系师生地位到底如何？钱亚新在蓝田国师时的同事钱钟书在《围城》中就曾写过："在大学里，理科生瞧不起文科生，外国语文系学生瞧不起中国文学系学生，中国文学系学生瞧不起哲学系学生，哲学系学生瞧不起社会学系学生，社会学系学生瞧不起教育系学生，教育系学生没有谁可以给他们瞧不起了，只能瞧不起本系的先生。"① 这段小说内容不免有虚构夸张的成分，但从某种程度上也能反映民国时期大学中教育系的尴尬地位。此外，《围城》中虽然没有与图书馆学有关的评价，但对于图书馆，钱钟书也借方鸿渐之口进行了辛辣的讽刺："一切图书馆本来像死用功人大考时的头脑，是学问的坟墓"，"像个敬惜字纸的老式慈善机关"②，虽然说钱钟书自身是一位去图书馆比较"勤"的人，但其辛辣的讽刺应该也代表了一批学者对图书馆的看法。图书馆都如此，那么研究"坟墓""老式慈善机关"的图书馆学自然更不被这些人看得起了。而钱亚新在蓝田国师任教时，钱基博、钱钟书父子同在校中，平常应该也有过接触。

　　上述几则材料，大致已能窥得学图书馆学出身的钱亚新在专职担任教育系教职时的一丝尴尬处境，而为了寻求"真正学者"的身份认同，向他人展示自己的学者身份，最好的方式无疑是涉足旧学，融入"旧学共同体"，而旧学之中与图书馆学最相关的便是古典目录学。特殊的处境，寻求"真正学者"的身份认同，估计便是钱亚新介入古典目录学研究时的重要心态。诚然，这种寻求认同的前提是建立在对图书馆学热爱

---

① 钱钟书. 围城 [M]. 北京：人民文学出版社，2005：72.
② 同①189.

的基础上，试问如果一个对图书馆学一点感情都没有的人，如何会以这种心态去研究与图书馆学相关的古典目录学呢？

虽然钱亚新旧学根底不如陈寅恪、钱钟书、周一良等有家学渊源或受过系统文史训练的文史学者，只能以一种新的视角来研究古典目录学。但是，不论出于什么心态，就研究结果而言，钱亚新对于古典目录学的研究在客观上为学术发展起到了积极作用。

（本文节选自《回归与传承：钱亚新图书馆学学术思想论稿》，科学出版社 2021 年版，有删改）

3 中国图书馆史主要研究方法

3.1 比较

3.1.1 比较概念及其类型

"没有一定程度的比较就不会有真正的理解"①。比较是人类的一种基本思维活动，是人类认识、理解世界的基本工具与途径之一。而比较作为一种方法（Comparative Method），就是通过对两个或两个以上对象进行精确系统的相互对比，发现它们的共同与差异、趋同或趋异②。比较方法是学术研究的基本方法之一，可以说自学术研究活动肇始，比较方法便存在，如中国传统文献学中的校勘学、版本学等。当然，比较也是延伸、拓展研究视野、发现研究问题的重要途径之一。在图书馆史研究过程中，比较法同样也是最基本且最有效的研究方法之一。

"比较"根据不同的标准可以划分为不同的类型，例如根据学科可以划分为历史比较、社会学比较、政治学比较、人类学比较等；根据研究范围又可分为整体性比较、个别比较等；而根据意图的不同又可分为

---

① 马克·布洛克. 历史学家的技艺 [M]. 张和声，译. 北京：北京师范大学出版社，2014：51

② 哈特穆特·凯博. 历史比较研究导论 [M]. 赵进中，译. 北京：北京大学出版社，2009：5.

描述性比较、分析性比较、解释性比较和认同性比较等。①

（1）描述性比较

描述性比较就是将比较作为研究的一种目的，寻找分析单位的相同点或者不同点，对为何产生区别或出现一致并没有解释，也没有进一步解释这种区别或一致的后续影响。用变量来说，前者的区别或一致是一种因变量，比较研究的目的是寻求导致区别或一致的原因，即寻找自变量；后者的区别或一致是一种自变量，比较研究的目的是寻求这种一致或区别的结果，即寻找因变量。而描述性比较研究并没有明确的自变量和因变量概念，更没有对变量间关系的探讨。描述性比较研究是一种静态的比较，或者说就异同谈异同，没有通过科学方法来解释产生异同的原因，同样也没有通过科学的方法来解释这种异同可能导致的结果。

对于描述性比较研究而言，不能抹杀其在学术发展中所起到的作用。尤其是对某些新的领域的探索，研究者往往通过将其与较为熟悉的领域进行比较来得出结论，如传统的文化人类学研究就隐含着对于"他者"和"我者"比较的意味。对于这种差别，一个最直接的解释就是二者的文化系统不同。比较政治学与行政学领域的国别研究与跨文化研究也具有同样的意味。一个深入的描述性比较研究显然要比一个牵强的解释性研究贡献更大。

（2）分析性比较

分析性比较就是在描述性研究的基础上，对经验材料进行"深加工"，根据描述对经验材料内容进行分析与综合，但最终并没有构建出因果关系及解释。分析性比较研究有两种表现形式。

① 进行类型学划分

此类方法源于韦伯的"理想类型"。韦伯的一般程序是分析性地定

---

① 刘浩然. 社会科学比较研究方法：发展、类型与争论［J］. 国外社会科学，2018（1）：122‑133.

义若干种类型，对每一种类型给予经验性的描述，根据经验指出每一种类型的变化，同时不断提醒读者这些类型实际上都找不到纯粹的表现形式，总是相互混合在一起。在描述案例的基础上，根据某一维度将经验事实划分为不同谱系。这种谱系有可能连续，也有可能不连续。前者用诸如 GDP 作为划分维度，按照发展程度将国家划分为不同类型；后者用诸如地理位置作为划分维度，将中国的省份划分为不同区域。还有一种可能是通过两个或两个以上维度进行交叉组合来划分类型，这种划分结果往往是形成一个二维甚至更高维度的矩阵。通过类型学划分来进行的比较性分析需要做到类型划分的互斥与穷尽，这就需要花费大量精力对经验材料进行收集与整理。另外，进行类型划分还需要注意信度的问题，如对类型概念例如韦伯的理想类型概念提出的权威性批评之一就是认为这些概念是"主观的"，"是研究者个人感觉和直观的产物，没有任何条件可以担保另外一个研究者或者是同一个研究者在另外一种场合会做出同样的分类"。从这个意义上说，分析性比较研究虽然基于描述，而且形似描述，但其在描述基础上做了大量的深入加工，学术贡献显然更大。

② 多重个案研究

此类分析性比较研究更多地关心每一个案例内部的关系，但对案例之间的比较却缺乏关照。这种比较研究也是比较常见的，但这种类型的研究明显是关心个案的演进逻辑，比较的意味不足。

（3）解释性比较

无论是描述性比较研究还是分析性比较研究，都只是说出了区别之所在，没有解释区别之所由，比较分析如果想在理论上做出贡献，就必须要关心解释工作。分析性比较研究其实就是解释性比较研究中的一个重要步骤，而其核心又在于对"因果性的解释"。对于因果性的解释研究，研究者首先想到的往往是统计分析，因为统计分析依靠其强大的数据计算能力可以在对其他变量进行控制的同时，对变量间的因果关系进行详细研究。不过，统计分析也存在着诸如伪相关、因果的方向性、化约论等方面的问题。实验法虽然在构建因果关系方面有着更为独到的作用,但是其在人文社会科学领域的适用范围相对有限,因此需要关注比较研究中因果关系的解释部分。

从逻辑上说,"原因"一词有以下几种用法。第一种,原因有时是在必要条件的意义上使用的,如氧气对燃烧;有时是在充分条件的意义上使用的,如下雨对地湿;有时还会在充分必要条件的意义上使用,如权利对义务。第二种,原因一词有另外一个普遍的但不精确的用法,该用法强调一个给定现象与某些结果有关联或具有共变性,那么这种给定现象可能便是原因。这种原因具有可能性,但不是必然性,不是充分或必要条件,如吸烟对癌症,这是基于统计数据的结论。第三种,作为某个现象发生过程中的关键因素,即在现有条件之下造成该结果出现或不出现的差别性事件或行为是什么。此种用法的原因往往可以称为"导火索",如引起某次火灾的原因是某住户家中插座短路。

以上三种因果用法,第一种往往在我们狭义的比较方法即定性方法中使用,第二种可以在统计方法即定量方法中使用,第三种可以在质性研究方法中使用。从这三种用法中可以再引申出另一种用法——因果机制。在人文社会科学中,任意因果链之间都会存在无穷多的因果步骤,而任何合乎逻辑的因果关系的探求都需要指出其作用是如何产生的,说明其因果机制,即因素—机制—变化。因此,一个完整的解释性研究应当包括寻找因果要素与探索作用机制。

在解释性比较分析中有一个方法越来越引起人们的注意,这就是定性比较分析方法。定性比较分析利用逻辑学的知识,对因果关系的条件尤其是作为原因的各种条件的组合关系进行分析。在现实中,存在一种可能性,即几个条件中的每一个都不会单独造成某件事情的发生,但这些条件的某种组合却可能造成事情的发生。需要指出的是,定性比较分析虽然提供了一种新的选择,可以较为"科学"地进行解释性比较分析,但其也有弱点,如在处理时间序列的数据时存在劣势、由于缺乏机制导致其并非完整的因果解释等。

比较方法作为一种基本的研究方法有其独特的价值，但是也有其弱点。例如在进行历史比较时，很多学者都会将注意力放在差异性方面，忽视了同一性，由此就会忽略相当数量的历史事实；又如，比较范围的确定不管是时间上还是空间上，都会有一定的遗漏或误差，这都是研究人员在使用比较方法时需要注意的。

3.1.2　比较方法的运用

中国近代著名史家陈寅恪在《元白诗笺证稿》中曾指出："故今世之治文学史者，必就同一性质题目之作品，考定其作成之年代，于同中求异，异中见同，为一比较分析之研究，而后文学演化之迹象与夫文人才学之高下，始得明了。否则模糊影响，任意批评，恐终不能有真知灼见也。"[①] 陈寅恪的这段话虽然针对的是文学史研究，但同样适用于图书馆史研究，而且这段话还道出了比较研究的重要性以及比较研究法的运用之道。

在具体从事中国图书馆史的研究时，如何运用比较的方法呢？

（1）熟悉研究状况。对于任何图书馆史比较研究，研究者都应该尽早、尽量彻底地熟悉比较对象，尤其是比较对象所处的时空环境，例如做民国时期北平与上海图书馆发展的对比，就需要研究者对民国时期北平、上海的政治、社会、教育环境有一定的了解。

（2）广泛搜集、占有材料。从时间上说，搜集、占有材料不仅需要包括过去的，还要包括现在的，以便于从纵向上进行比较，从而发现发展之脉络。从地域上说，不仅需要包括中国的，还要包括外国的。中国现代图书馆事业初期受日本、欧美影响非常大，而 1949 年以后又受苏联影响，因此资料上就得注意搜集国外的资料，以作横向比较。从这个

---

① 陈寅恪. 元白诗笺证稿 [M]. 北京：商务印书馆，2015：46.

角度上说，从事中国图书馆史研究，对于外语的要求也比较高，需要研究者尽可能多地掌握外语，因为多掌握一门外语，好比多打开了一扇窗户。

（3）筛选、分析材料，构建适合比较的问题，确定适合比较的事项。还是以上文提到的民国时期北平与上海图书馆发展对比为例，可以选择北平与上海地区的高校图书馆，如北平的燕京大学图书馆与上海的圣约翰大学图书馆。这两所高校都属于教会学校，因此具有可比性，而明确了燕京大学图书馆与圣约翰大学图书馆的比较研究题目之后，就可以从藏书量、馆舍、人员、经费等方面展开具体的比较。

（4）就比较所得的相同点以及不同点结合特定的历史环境进行分析、阐释。

案例 3 - 1

中国第一部现代索引著作之争

谢 欢

1930 年，钱亚新所著《索引和索引法——书籍杂志和报纸》（以下简称《索引和索引法》）一书由商务印书馆出版，该书是钱亚新走上索引研究道路后的第一部力作，也是体现钱亚新学术地位的重要代表作。该书出版后得到了广泛好评，如杜定友就认为该书是"我国关于索引和索引法第一部著作"①；杨家骆也曾指出："目下，在国内，首先以此道（即索引——引者注）绍于国人的，当推钱亚新此著"②。此后多年，学界也一直将此书视为中国现代索引研究领域的第一部专著（专著，即专

---

① 杜定友.《索引和索引法——书籍杂志和报纸》序［M］//钱亚新. 索引和索引法——书籍杂志和报纸. 上海：商务印书馆，1930：2.
② 杨家骆. 民国以来出版新书总目提要（一）［M］. 南京：中国辞典馆，1936：1-6.

门著作之简称，其内涵较之"著作"一词较小，更多的是指学术专著；而"著作"一词除学术著作外，还包括许多文学创作。在本文语境中，这两个词含义相同可互用）。1935 年 6 月商务印书馆再次印刷出版该书，名为"国难后第 1 版"；1990 年上海书店出版社出版之《民国丛书》〔第二编　文化·教育·体育（51）〕又将其收录其中；2002 年南京大学叶继元教授主编的《南京大学百年学术精品·图书馆学卷》也收录该书第一章到第三章内容；2005 年中国图书馆学会为庆祝该会成立100 周年，将中国图书馆学百年发展史上的重要文献汇辑成《百年文萃：空谷余音》一书，《索引和索引法》第二、三两章被收录其中。而台湾地区也在 1972 年将该书纳入"图书馆参考用书"之一，由文宗出版社出版。由此可见《索引和索引法》一书之影响。

　　不过该书出版 60 余年后，有学者对"《索引和索引法》作为我国第一部索引著作"提出了质疑。1993 年侯汉清在其《索引法教程》一书中提出洪业的《引得说》"是我国第一部有关索引理论和方法的专著"，"商务印书馆出版的钱亚新的《索引和索引法》一书是根据布朗（G. E. Brown）所著之《索引法手册》（Indexing，a Handbook of Instruction）编译而成的"①。2006 年《大学图书馆学报》刊发了侯汉清、王雅戈两人的《中国近代索引研究的开山之作——〈引得说〉》一文（此文之前曾刊登于《中国索引》2005 年第 4 期，因该刊为内部刊物，故此处以该文公开发表时间为准），文中侯、王两人指出"洪业先生的《引得说》是我国近代最早系统研究索引的专著。它不仅指导了哈佛燕京学社引得编纂处的索引编纂出版工作，而且影响了 1930 年代以来的我国中文古籍索引工作，在我国索引学史上占有重要的地位。该著作既重视理论研

---

　　① 侯汉清. 索引法教程［M］. 南京：南京农业大学出版社，1993：15. 转引自：平保兴.《引得说》是一本我国近代最早系统研究索引专著说质疑——兼论钱亚新《索引和索引法》之特色及其学术思想［J］. 图书馆理论与实践，2010（5）：45-47.

究，又重视实践操作，既是一本专门著作，也可以视为一本工作手册或指南，具有很强的指导作用"①。

针对上述观点，平保兴于 2010 年发表专文进行驳斥。平氏在对《索引和索引法》一书的结构、写法做了认真研读后，提出《索引和索引法》并不像侯、王二人认为的是一本编译之著，书中虽然吸收了一些西方的索引理论（包括布朗《索引法手册》中的部分内容），但是《索引和索引法》更多则是结合中国的实际，有钱亚新自己的思考所在。因此平保兴认为，钱亚新的《索引和索引法》是 20 世纪我国索引理论研究奠基之作无疑②。

笔者也曾与王雅戈就此问题进行了探讨，他们将《引得说》作为近代索引开山之作的主要原因是认为洪业的《引得说》是洪业长期使用和编纂索引的经验总结，而钱亚新的《索引和索引法》只是根据布朗的《索引法手册》编译而成，并不能算钱亚新的著作。那么中国现代索引研究的第一部专著到底是哪一部呢？笔者对这次争论中提及的《索引法手册》、《索引和索引法》以及《引得说》三书进行了研读、比较，在此基础上提出如下一些看法，希望对学界这一公案能做一解答。

出版时间

从出版时间来看，钱亚新《索引和索引法》一书初稿完成于 1928 年 6 月③，1930 年 4 月由上海商务印书馆正式出版发行。洪业的《引得说》以燕京大学图书馆引得编纂处所编《引得丛刊》之特刊的形式于

---

① 侯汉清，王雅戈. 中国近代索引研究的开山之作——《引得说》[J]. 大学图书馆学报，2006（5）：76 - 81.

② 平保兴.《引得说》是一本我国近代最早系统研究索引专著说质疑——兼论钱亚新《索引和索引法》之特色及其学术思想 [J]. 图书馆理论与实践，2010（5）：45 - 47.

③ 钱亚新. 索引和索引法——书籍杂志和报纸（初版）自序 [M] //钱亚新. 索引和索引法——书籍杂志和报纸. 上海：商务印书馆，1930：1.

1931 年 12 月出版①（该书初稿成于何时，待考）。对于洪业《引得说》一书的出版时间，有些论著中存在不同的说法，除"1931 年说"外，还有"1930 年说"②和"1932 年说"③。对于这个问题，侯汉清、王雅戈两人在《中国近代索引研究的开山之作——〈引得说〉》中通过文献梳理并援引发现的 1932 年《引得说》实物，认为《引得说》应该是出版于 1932 年而非 1930 年④。然而，侯、王两人主要考辨的是"1930 年说"与"1932 年说"，并未提及"1931 年说"，而持"1931 年说"者中则包括钱亚新。1936 年钱亚新辑成《中国索引论著汇编初稿》，并于 1937 年发表，文中提及《引得说》时所附信息为"民国二十年十二月北平燕京大学引得编纂处铅印本一册四角"⑤。《中国索引论著汇编初稿》每一类所辑录之论著都是按出版时间先后排列的，排在《引得说》前面一种文献的出版时间为 1930 年 4 月（民国二十年四月），后一种的出版时间为 1932 年 7 月（民国二十一年七月），因此就不太可能存在排版或印刷错误。而从著录的信息（尤其是定价）来推测，钱亚新应该是见过 1931 年所出《引得说》实物的，且《中国索引论著汇编初稿》完成于 1936 年，时间距离最近。此外，在 1948 年完成的《章学诚校雠通义研究》一书书稿中，钱亚新也提及"自十九年拙著《索引和索引法》出版，二十年洪业《引得说》问世"⑥，这都表明，《中国索引论著汇编

---

① 洪业. 引得说［M］. 北京：燕京大学图书馆引得编纂处，1931.

② 刘梦溪. 洪业先生著述要目［M］//刘梦溪. 中国现代学术经典·洪业 杨联陞卷. 石家庄：河北教育出版社，1996：558-560.

③ 侯汉清，王雅戈. 中国近代索引研究的开山之作——《引得说》［J］. 大学图书馆学报，2006（5）：76-81.

④ 钱亚新. 索引和索引法——书籍杂志和报纸（初版）自序［M］//钱亚新. 索引和索引法——书籍杂志和报纸. 上海：商务印书馆，1930.

⑤ 钱亚新. 中国索引论著汇编初稿［J］. 文华图书馆学专科学校季刊，1937，9（2）：254.

⑥ 钱亚新. 章学诚校雠通义研究［M］. 武汉：武汉大学印本，1994.

初稿》著录的时间不存在印刷、排版错误。虽然笔者尚未发现1931年出版的《引得说》实物，但是笔者仍赞成《引得说》出版于1931年的说法。

不管《引得说》出版于1931年还是1932年，就出版时间而言，都晚于钱亚新《索引和索引法》，如从这一点来看，《索引和索引法》一书无疑是第一部索引研究著作。当然，仅从时间这一点就得出结论，未免有失偏颇，还需对内容进行比较。

《索引和索引法》与《索引法手册》比较

侯、王两人质疑《索引和索引法》一书，主要是因为认为该书是编译之作，那么"编译"的含义是什么呢？《现代汉语大词典》对"编译"一词的解释是"编辑与翻译"，而该词典中对"编辑"一词有两种解释，其一为出版、新闻等单位的一种职务，其二则是"对资料或现成的作品进行整理、加工、编成书"①。那么《索引和索引法》到底是不是编译之作呢？为此笔者对《索引和索引法》与《索引法手册》二书内容进行了比较。

（1）章节安排

《索引和索引法》与《索引法手册》二书的主要章节内容如下表（不含序言、参考文献及索引）。

表3-1　《索引和索引法》与《索引法手册》主要章节安排

序　号	《索引和索引法》	《索引法手册》
第一章（Chapter I）	引言	Aim and Scope of an Index; Definitions
第二章（Chapter II）	索引和索引法的定义和范围	The Form of an Index

---

① 汉语大词典编辑委员会，汉语大词典编纂处. 汉语大词典（第九卷）[Z]. 上海：汉语大词典出版社，1992：952-953.

序　号	《索引和索引法》	《索引法手册》
第三章（Chapter III）	索引的功用	Outline of Indexing Practice
第四章（Chapter IV）	索引的种类——以形式分	Marking for Entry-words: Cross-Referencing
第五章（Chapter V）	索引的种类——以内容分	Drafting Index-Entries
第六章（Chapter VI）	索引法——术语和工具	Editing Entry Slips
第七章（Chapter VII）	索引法——预备	Setting Up in Type and Reading Proof
第八章（Chapter VIII）	索引法——起草	Re-Indexing. Special Kinds of Index
第九章	索引法——整理	
第十章	索引法——排版和校对	
第十一章	索引法——重排	
第十二章	结论	

　　从上表章节名来看，《索引和索引法》与《索引法手册》一书有些许类似，但具体内容又如何呢？在讨论这个问题之前，笔者还想先就二书各章节所占篇幅做一说明。

　　通过上表，不难看出，钱亚新之《索引和索引法》可以鲜明地划分成两部分，即索引理论与索引编制实践（索引法）。其中论述索引理论的有第一章至第六章、第七章部分以及第十二章，共48页，占全书正文（共97页）篇幅的49.5％；布朗的《索引法手册》一书只有第一章与第二章勉强可以算作理论阐释（因为这两章中不少内容仍是与实际操作有关），共27页，占全书正文（114页）篇幅的23.7％。由此表明，《索引和索引法》是理论与实践相结合的一部著作，而《索引法手册》正如其书名一样，是强调索引实际操作的著作，从性质上说二者有所区别。

　　（2）内容比较

　　《索引和索引法》与《索引法手册》二书在章节名称上有些类似，这的确会让人产生钱氏一书是编译而成的想法，但比较二书的具体内容，发现两者差别还是较大的：

① 研究对象范围。二书主题都与索引和索引法有关，但在具体的研究范围上，二书存在差别，《索引法手册》一书针对的是图书与期刊的索引编制，而钱著中鉴于报纸在出版界地位的逐渐增加，在图书、期刊之外，还增加了报纸索引的内容。

② 索引的定义。《索引法手册》一书主要讲述如何编制索引，对索引理论涉及较少，在书中也并未对索引下有明确的定义；而《索引和索引法》中，钱亚新将索引定义为"将一种书报或一套书报中讨论所及的人名、物名、事名、地名、时名、书名或篇名等分析而组合，用一定的方法排列它们的次序，并表明它们在书报中所在地位的表叫作索引，换言之，索引是一种检查指定范围内的书报所有特项知识的工具"①。钱亚新这一定义既克服了之前我国相关工具书中索引定义的空泛性，又对已有的一些学者的定义进行了凝练，同时结合了我国当时报刊的作用逐渐被人所重视的实际②，这个定义此后长时间被学界所认可。在给索引定义之后，钱亚新又对索引与目次、索引法与排字法、索引法与检字法之间的关系做了明确的阐释，这些内容《索引法手册》中都未涉及。

③ 索引的功用。《索引法手册》一书因以论述索引编制方法为主，所以并未过多论及索引的功用。而钱著中，钱亚新用了一章的篇幅，从普通图书、字典、百科全书、书目、杂志、报纸六个方面详细阐述了索引的功用。《索引和索引法》一书最后一章，虽名曰全书的结论，实际上其重点仍在强调索引的功用，不过是从著者、读者、出版者、官厅

---

① 钱亚新. 索引和索引法（书籍杂志和报纸）[M]. 上海：商务印书馆，1930：6.

② 谢欢. 学术创新源于浓烈的兴趣与执着的追求——钱亚新先生索引思想研究 [J]. 国家图书馆学刊，2012，21（3）：86-93.

四个角度来谈。如在讨论索引对出版者的功用时，钱亚新分析了中国当时出版界所出之书报没有索引的原因，认为导致这一现象的原因"并不是出版者轻视索引，也不是他们图省经费不去加印索引，或许是他们不知索引对于书报的功用，或许是知道索引对于书报的功用，但因加印索引要加增订购者的负担以至于书籍的销售发生不好的影响"①。而在论述索引对于官厅的功用时，钱氏提出了开展索引教育，培养专门索引人才的建议，这些论断都是钱亚新充分考虑当时中国实际情况后所得出的。

④ 索引的种类。从表3-1可知，布朗与钱亚新书中都有"索引种类"这一章节，但具体内容是否一样呢？布朗书中"索引的形式"（The Form of an Index）这一章将索引分为主题（Subject）索引、人名（Name）索引及题名（Title）索引三类，每种索引根据排列方式的不同，又分为缩排式（Indented）索引、平铺式（Repeat）索引以及浓缩式（Condensed）索引②。而钱著中在探讨索引的种类时从形式上将索引分为"固定的"和"活页的"两种，根据书籍、杂志、报纸各自的特点，又将两种索引分为"分订的、合订的或累积的"三种；从内容上，钱氏将索引分为"普通的"和"特别的"两种，以图书而言，普通的索引就是指索引的内容包括人名、地名、类名等，特殊的索引主要是指专门的人名索引或者地名索引。以杂志而言，普通的索引包括多种杂志的多个主题，而特别索引则是以一种杂志为对象，索引该种杂志中的各种内容；或以某一主题为中心，以各种杂志中与这主题有关的内容为索引对象。钱亚新认为当时编制报纸的普通索引需耗费大量人力物力，且需求不大，所以报纸索引只需特别的索引，而报纸"特别的"索引又分为

① 钱亚新. 索引和索引法（书籍杂志和报纸）［M］. 上海：商务印书馆，1930：96.

② George Edward Brown. Indexing, a handbook of instruction ［M］. New York：The H. W. Wilson co.，1921：28，40.

两类：一是以一种报纸为索引单位，二是以日期为索引线索①。从以上对索引种类的划分来看，钱著与布朗一书也是有明显差异的。

⑤ 索引的编制，即索引法部分。通过研读发现，钱亚新《索引和索引法》一书在介绍索引的编制时，诸多内容确实参考自布朗一书，这点钱亚新在自序中也有说明："本书的内容可分为两大部分，一部分是谈索引的，一部分是谈索引法的。关于索引法方面的取材，颇有采择布拉文（G. B. Brown）所著索引法 Indexing：a Handbook of Instruction 一书里的材料。"② 但是，钱亚新并不是照搬原书，而是将布朗书中内容与中国实际进行了融合，重新组织提炼：首先由于钱著较之布朗一书多了报纸的内容，所以许多涉及报纸索引的内容便是钱氏自己思考所得；其次在具体的索引编制过程中，钱氏也充分考虑了我国的实际情况，所举实例以中国图书、报刊为主。具体如在选择索引的对象时，钱亚新在参考布朗一书的基础上进一步归纳了三点，即要考虑"书籍的内容、阅者的地位以及作者的地位"③，其中特别强调编制索引时要设身处地充分考虑阅者的感受，要站在"阅者的地位"。又如选择索引款目（Entry，钱著中称为"登录字"）时如遇到西方的人名该如何处理；索引排列时，如何处理中国文字与西方文字的不同，在涉及这些问题时，钱氏都是结合当时中国盛行的排检法，如四角号码法、笔画笔法法、国音号码法等，分别用图文结合的方式做了详细的介绍。索引编制的具体步骤，钱著与布朗一书也有差别。

通过上文对钱亚新与布朗两书内容的比较，笔者认为可以对之前的问题——钱亚新《索引和索引法》一书算不算编译之作——作一解答。结合上文"编译"的解释，笔者认为《索引和索引法》不属于编译之

---

① 钱亚新. 索引和索引法（书籍杂志和报纸）［M］. 上海：商务印书馆，1930：18-34.

② 同①1

③ 同①40-41.

作！那是否称得上专著呢？笔者认为大体可以，《索引和索引法》上半部分，即索引理论部分，应该还是符合专著标准的，但是考虑到下半部分对于布朗一书的借鉴情况。笔者认为，可以将《索引和索引法》认定为一部"编著"而成的书。何谓"编著"？"编著"就是一种综合他人的著作材料，经过编辑整理，而成为体系化并阐述作者个人见解的著作方式，在篇幅上"编"和"著"大体相当，其结果仍可以称著作①。关于"著作"的含义，张舜徽曾有较好的概括："将一切从感性认识所取得的经验教训，提高到理性认识以后，抽出最基本最精要的结论，而成为一种富于创造性的理论，这才是著作。"② "著"即有作者的观点、论证等，著作的主旨"以问题或专题为中心，具有创新性和逻辑性"③，钱亚新《索引和索引法》中创新之处颇多，因此我们称钱亚新的《索引和索引法》是我国现代第一部索引著作的说法是可以成立的。

洪业《引得说》内容概述

通过对《索引和索引法》与《索引法手册》的比较，明确了《索引和索引法》作为我国第一部现代索引著作的地位，但是笔者认为还是有必要对洪业的《引得说》做一评述。《引得说》全书共有三篇组成，第一篇"何谓引得"、第二篇"中国字庋撷"、第三篇"引得编纂法"。④侯汉清、王雅戈两人认为这三篇分别代表了索引理论、索引排检方法、索引编制方法的研究⑤，其中第一篇对索引理论的研究，其诸多思想在钱亚新书中也都有所体现。笔者认为洪业《引得说》一书的最大贡献，

---

① 倪波，张志强. 文献学导论 [M]. 贵阳：贵州科技出版社，2000：121.

② 张舜徽. 中国文献学 [M]. 郑州：中州书画社，1982：32.

③ 叶继元. 学术图书、学术著作、学术专著概念辨析 [J]. 中国图书馆学报，2016，42 (1)：21-29.

④ 洪业. 引得说 [M]. 北京：燕京大学图书馆引得编纂处，1931：1，17，35.

⑤ 侯汉清，王雅戈. 中国近代索引研究的开山之作——《引得说》[J]. 大学图书馆学报，2006 (5)：76-81.

在于发明了"中国字庋撷"这一汉字排检方法。而洪业此书也有明显的局限性，即全书都是以古籍为对象，强调古籍索引的编制方法，如第三篇"引得编纂法"中有两个重要的程序"选本"和"标点"①，其重点就是介绍古籍索引编制时版本选择与古籍内容标点的问题。台湾学者郑恒雄也同样认为："《引得说》的意义，局限于中国古籍索引。"② 如果说中国近代古籍索引研究开山之作的名头，《引得说》当之无愧，而如果将其作为我国近代最早系统研究索引的专著，笔者觉得不是很妥。

综上所述，基本可以为这一学界公案——何为中国第一部现代索引著作——做一了结，钱亚新之《索引和索引法》确可以称得上是我国第一部现代索引著作！

（本文节选自《回归与传承：钱亚新图书馆学学术思想论稿》，科学出版社 2021 年版，有删改）

案例 3-2

钱亚新联合目录思想研究
——兼与毛坤联合目录思想比较

谢　欢

引言

联合目录（Union Catalog）是现代图书馆学研究及实践的重要组成部分。中国古代虽然也有四库全书总目等类似联合目录的编制活动，但真正现代意义上的联合目录的编制可能要追溯到 20 世纪 20 年代。据

---

① 洪业. 引得说 [M]. 北京：燕京大学图书馆引得编纂处，1931：36.

② 郑恒雄. 中文资料索引及索引法 [M]. 台北：文史哲出版社，1980：3.

现有文献，迄今我国最早的联合目录可能是 1929 年出版的《北平各图书馆所藏中文期刊联合目录》。① 1949 年以后，各地虽然也陆续编制了一些联合目录，但都是小范围的，且数量极其有限。20 世纪 50 年代以后，特别是伴随着 1956 年图书馆为科学服务的方针的制定，联合目录的编制与研究出现了一个高潮。钱亚新与毛坤是当时的两位代表性人物。

钱亚新联合目录研究与实践

（1）钱亚新联合目录研究背景

1956 年 1 月 14 日，周恩来在中共中央关于知识分子问题会议上所作的《关于知识分子问题》报告中提出"向科学进军"② 的计划，图书馆界旋即围绕着图书馆如何"向科学进军"、如何为科学研究服务在《人民日报》、《光明日报》以及《图书馆工作》、《图书馆学通讯》等报刊上展开了热烈的讨论，并最终于 1956 年 7 月 5 日至 13 日在北京召开的全国图书馆工作会议上确定了图书馆工作的两项基本任务：一是为科学研究服务；二是普及文化教育服务。为科学研究服务的重要举措之一就是编制专题目录、联合目录③。1957 年 7 月，国务院科学规划委员会召开第四次扩大会议，会上草拟了"全国图书协调方案"，并经同年 9 月 6 日国务院全体会议第五十七次会议批准。"方案"规定在国家科委领导下成立图书小组，图书小组的首要工作之一便是编制联合目录。1957 年 11 月，全国联合目录编辑组成立。④ 钱亚新正是在这一大背景下介入联合目录的研究及编制实践。

---

① 钱亚新. 联合目录 [Z]. 南京：省市图书馆工作人员进修班，1957：2.

② 周恩来. 关于知识分子问题的报告 [N]. 人民日报，1956 - 01 - 30 (1 - 2).

③ 新华社. 图书馆要为科学研究服务 [N]. 光明日报，1956 - 07 - 15 (1).

④ 全国图书联合目录编辑组. 我国联合目录事业的发展 [J]. 图书馆，1964 (3)：26 - 29.

（2）钱亚新联合目录研究与实践概述

钱亚新对于联合目录的研究集中于 20 世纪 50 年代，其研究成果主要体现在《联合目录》这一讲义之中，该讲义是钱亚新为第一届"全国省市图书馆工作人员进修班"所编写。1957 年 3 月 15 日中央文化部社会文化事业管理局、北京大学、武汉大学等六个单位联合举办的第一届"全国省市图书馆工作人员进修班"在南京图书馆正式开学，学员主要是来自省市以上公共图书馆的采编、书目参考部门的负责人员、业务骨干以及省辖市图书馆的领导干部，共计 78 人。这些学员绝大部分都是水平较高、经验较多的干部。进修班学习内容包括采访编目、书目以及参考工作等。担任进修班授课的教师都是全国图书馆界的著名专家学者，如丁志刚、王重民、邓衍林、刘国钧、汪长炳、杜定友等①。而钱亚新也受聘担任讲课教师，其所讲的内容就是"联合目录"，这也反映出业界对于钱亚新在联合目录领域研究的认可，如杜定友就认为《联合目录》"条理清楚、论点正确、论证充分，正如《索引和索引法》一样，有不少开拓性的意见"②。

《联合目录》讲稿共有三大部分：甲、联合目录的认识（论述联合目录的类型、发展简史、特点、作用、意义）；乙、联合目录的编制（组织、编制、出版）；丙、联合目录的发展方向。遗憾的是，《联合目录》讲稿并未公开出版（初版为内部铅印本，其内容后被 1983 年书目文献出版社编辑出版的《图书馆学目录学资料汇编》全文收录），但据笔者不完全统计，该书可能是我国第一部系统阐释联合目录基础理论知识及编制方法的著作。1958 年出版的由卢震京所编，刘国钧、李小缘

---

① 纪维周. 南京举办"省市图书馆工作人员进修班"[J]. 图书馆工作，1957（4）：49.

② 钱亚新. 我是怎样研究联合目录的？——（写作生活之四）[J]. 黑龙江图书馆，1987（4）：52-55.

合校的《图书馆学辞典》中的条目"联合目录"①，内容基本上也都是摘自钱亚新《联合目录》这部讲义，这从另一个侧面反映钱亚新联合目录研究的影响。

除了《联合目录》之外，钱亚新关于联合目录研究的另一重要成果便是《苏联的几种联合目录简介》②。该文介绍了《全苏各大型图书馆所藏科技国外新书联合目录》、《1949—1953年全苏各大型图书馆所藏文学国外新书联合目录》、《1949—1953年全苏各大型图书馆所藏国外艺术新书联合目录》三种联合目录，并对参与编写上述三种联合目录的单位、人选以及这三种联合目录的选题、选书、著录、索引等方面进行了评述，总结了其中值得我国借鉴的经验，为当时我国联合目录的编辑工作提供了指导。

钱亚新联合目录研究评述——兼与毛坤联合目录思想比较

考察1966年以前我国联合目录事业的发展历史，关键是抓住两个时间节点。第一，1929年，北平图书馆出版了《北平各图书馆所藏中文期刊联合目录》，这有可能是我国第一部现代意义上的联合目录。而20年代末期至30年代可以称为我国联合目录事业的发轫期，在发轫期除了《北平各图书馆所藏中文期刊联合目录》之外，还出现了《北平各图书馆所藏丛书联合目录（1930）》、《北平图书馆所藏中国算学书联合目录（1936）》等有限的几种联合目录。在这一时期，对于联合目录的研究相对较少，主要还是以介绍西方的为主，如严文郁的《德国联合目录概述》③、蔡可成翻译的《普鲁士各邦图书馆之联

① 卢震京. 图书馆学辞典［M］. 刘国钧，李小缘，校. 北京：商务印书馆，1958：568-573.

② 钱亚新. 苏联的几种联合目录简介［J］. 图书馆学通讯，1957（6）：71-73.

③ 严文郁. 德国联合目录概述［J］. 图书馆学季刊，1934（3）：345-355.

合目录》①、怡斋译介的《联合目录》② 等。不过在发轫期有一篇文章需要说明一下，那就是王禄申于 1934 年发表的《联合编目和联合目录》，文中王氏认为联合目录的主要功用就是供阅者检查某馆是否有某书，同时文中也简要地阐述了联合目录的格式③，不过就整体而言，该文所论述的"联合目录"与后来所理解的"联合目录"还是有一定的区别。

第二，1956 年到 1966 年这 10 年是我国联合目录事业发展的第一个高潮，如果就这 10 年再细分的话，不管是研究还是实践成果主要集中在前五年（1956—1960 年）。综观整个 20 世纪 50 年代，就联合目录研究成果而言，笔者认为最具代表性的只有两部：一是钱亚新的《联合目录》讲义，二是毛坤先生的《试论联合目录》（刊于《图书馆学通讯》1957 年第 6 期）。同一年，钱、毛两位同班同学就同一问题各自发表了代表性的研究成果，这不失为图书馆学史上的一则佳话。然细细比较二人成果，发现还是有诸多差异的。

（1）对于联合目录的基本认识

① 联合目录定义

钱亚新指出"联合目录"就是选定两个以上图书馆所藏书刊综合编成的目录，这个定义看似简单，但钱亚新还是强调其中需要注意的：首先是"选定"二字，这表明参加编制联合目录的图书馆和著录的书刊是经过一定筛选的，并不是所有馆藏、所有书刊都要予以著录；其次是"两个以上"，联合目录必须要有两个以上图书馆参加才能叫联合；最后是"综合编成"，最终的联合目录是要经过一定的"综合"，是将各馆所藏的书刊汇编而成。应该说该定义很好地揭示了联合目录的本质。毛坤

---

① 福克斯. 普鲁士各邦图书馆之联合目录［J］. 中央时事周报，1934（9）：42-46.

② 毕沙普. 联合目录［J］. 怡斋，译. 图书馆学季刊，1937（2）：150-151.

③ 王禄申. 联合编目和联合目录［J］. 天津市市立通俗圖月刊，1934（4/5/6）：31-36.

则认为"联合目录是将若干个图书馆所藏的书刊，合并编排而成的一种统一目录，以便于读者参考和图书馆彼此互相利用"[①]。毛坤这个概念中的"若干个""合并编排"与钱亚新定义中的"两个以上""综合、选定"本质差别不大，可以说两人对于联合目录的理解基本是一致的，但是毛坤在定义中还直接揭示了联合目录最主要的作用。

②联合目录种类及特点

就联合目录的种类及其主要特点而言，钱亚新在《联合目录》中有系统的阐述，并根据地区、内容、出版物类型等的不同分类将联合目录划分为世界性的、全国性的和地方性的，普通的和专科的，书刊合一的、图书的和期刊的。并将联合目录与普通书目、登记性书目、读者目录、推荐书目、专题（专科）书目从目的要求、选书标准、著录范围、编制方法的重点四个角度进行了比较，如表3-2所示。

表3-2　各种目录主要特点比较

目录类型	目的要求	选书标准	著录范围	编制方法上的重点
普通书目	著录特定范围或特种类型的图书资料	选择有关该范围内或该类型的各类图书	不论存亡，不论馆藏	注重在图书的评介
登记性书目	报道全国出版图书，依出版时间登记	包括特定时期内的所有出版物	不论馆藏	注重著录出版事项、印数、价格
读者目录	推荐优良图书，指导阅读	反映馆藏可供读者阅读的图书	限于馆藏	注重目录组织
推荐书目	推荐某一主题图书，指导某一类型读者循序渐进地阅读	选择有关的最优良图书	论存在，如系图书馆编制的；论馆藏	注重图书提要和排列方法

① 毛坤. 试论联合目录［J］. 图书馆学通讯，1957（6）：1-7.

目录类型	目的要求	选书标准	著录范围	编制方法上的重点
专题（专科）书目	介绍某一专科的图书，供该科学者参考	选择范围以有关该科的图书为限	限于某图书馆的，论馆藏	注重要包括齐全或选择精到
联合目录	通过馆际借书获得本馆所无而他馆所有之书，以满足读者或专家的需要	不是选择全部有关的图书，而是选择具有科学、应用和艺术价值的图书	只论馆藏，并必须指出所藏之馆	注重汇总工作

从上表可以看出，钱亚新认为联合目录的"目的要求"在于通过馆际借书互通有无，以满足一般读者和科学工作者需要；在选书标准上较之读者目录则严格，较之推荐书目等则宽松一些；在著录范围方面上述有些书目可以不论馆藏，但是联合目录必须要论馆藏，同时还需要指出各书入藏的图书馆；在编制方法方面，联合目录重点在于汇总，并强调记载参加单位，以发挥其联合的作用。钱亚新认为，上述这四点是联合目录的主要特点。就联合目录的分类而言，钱亚新的划分并无什么问题，不过通过比较归纳的联合目录的特点来看，则有不足。从上表可知，钱亚新参与比较的联合目录主要是图书联合目录，且为了结合时代需要过分强调联合目录为科学研究服务的功用，同时对于专科性的联合目录也未予以充分的考虑，因此存在局限。毛坤的《试论联合目录》对于这部分内容并未有相关论述。

③ 联合目录作用

对于联合目录的作用与意义，钱亚新认为联合目录主要目的在于"著录各馆所藏某类图书情况，知其有无，以便借阅，并作为馆际借书互通有无的一种工具；便于图书馆书刊采购；为参考工作提供资料"。而联合目录的意义则表现在"促进全国图书馆事业的合作化；提高目录工作的质量；促进图书馆节俭办馆；为贯彻'百花齐放、百家争鸣'方针创造条件"。① 上述"节俭办馆"与"方便书刊采购"有相通之处，而为贯彻"双百方针"则略显牵强，具有鲜明的政治烙印。毛坤并未像钱亚新那样细分联合目录的作用与意义，而是直接归纳了联合目录所具备的 13 种功用：便利读者和科研工作者参考利用；便利馆际互借；联合目录内容条目多而完备，适于征引选择；揭示和报道孤本及罕见书刊；促进对孤本及罕见书刊的保护；便利图书馆馆藏的采购、补充；使人知道哪种书刊可以另行处理、销号；便于新编书刊目录者参考；供著作家及出版家参考；增进读者、作者、出版者、发行者、图书馆员之间关系；便利图书馆间交换工作；启发人民阅读和利用书刊兴趣；在编制联合目录过程中还有利于增加政府对于图书馆事业的重视、增进馆际间关系、增进馆员间的关系、促进各馆分类法编目等方法的统一②。

从以上论述可以看出对于联合目录的最主要功用——揭示报道各馆馆藏、促进图书馆馆际合作（包括馆际互借等）——以及一般的如促进图书馆馆藏建设、便于读者利用参考等，在钱亚新与毛坤的论述中都有所体现。不过，毛坤对于联合目录的认识视野较之钱亚新宽广，除了上述这些还指出了联合目录在出版、馆藏珍贵文献保护、图书馆工作标准化等方面的作用，这是钱氏所不及的。

（2）关于联合目录发展史的研究

《联合目录》与《试论联合目录》中涉及联合目录发展史的篇幅虽然都不多，但从有限的篇幅来看，钱亚新与毛坤两人对于联合目录发展历史都是有深入研究的，但是两人的侧重点也有所不同。

钱亚新与毛坤两人都是以一种"全球眼光"来考察世界联合目录发展史的，但就现有成果来看，毛坤对世界其他国家特别是欧美国家

---

① 钱亚新. 联合目录 [Z]. 南京：省市图书馆工作人员进修班，1957：7-10.
② 毛坤. 试论联合目录 [J]. 图书馆学通讯，1957（6）：1-7.

联合目录事业发展情况的了解较之钱亚新深刻、系统。从《试论联合目录》看，毛坤对德国、美国、荷兰、英国等国联合目录发展情况非常了解，而钱亚新虽然对世界联合目录发展史也有一些概要性的了解，但是其重点主要是对美国及苏联的研究。不过在"一边倒"的时代背景下，钱亚新对苏联联合目录的译介①对我国当时图书馆界还是有很大影响的。

对中国联合目录发展史的研究，就现有成果来看，钱亚新略优于毛坤，毛坤《试论联合目录》一文中在概述我国联合目录发展史时忽略了可能是我国最早的联合目录——1929 年出版的《北平各图书馆所藏中文期刊联合目录》，对 1929 年到 1950 年代我国联合目录发展情况并未有叙述。钱亚新曾对 1929 年到 1957 年 5 月我国所有的联合目录进行过详细统计，其晚年自述道："我在写讲稿（《联合目录》）前尽量收集了中外联合目录 30 多种，参考书若干种。进一步研究联合目录的外形体制和内容实质，发现它们的编制方法和著录项目等与一般目录大有不同。"② 通过研究，钱亚新详细著录了每种联合目录的名称、编者、参加单位数、内容（所收文献种数、分类、排列、索引）、出版形式等，这对于了解我国联合目录发展史有着重要的参考价值。

（3）联合目录的编制

① 编制联合目录之前的准备

编制联合目录，首先需要考虑的就是组织问题，组织问题的关键在于谁来领导。对于这一点，钱亚新与毛坤都有所考虑。毛坤比较希望确定一中心机关来主管编制事宜，而这个中心机关最好是某图书馆。钱亚新则倾向于由行政机构来领导联合目录的编制问题，他列举了三种组织方式：第一，由某地区某一单位（主要图书馆）领导；第二，由某学术

① 钱亚新. 苏联的几种联合目录简介 [J]. 图书馆学通讯，1957（6）：71—73.
② 钱亚新. 我是怎样研究联合目录的？——（写作生活之四）[J]. 黑龙江图书馆，1987（4）：52－55.

机构领导；第三，由行政机构来领导。结合当时实践，钱亚新认为由行政机构领导更契合我国国情，因为行政机构在协调各方以及人、财、物的支持上都具有另外二者不具备的优势。应该说，钱亚新对联合目录组织领导这一认识较之毛坤更贴近我国的国情。

组织工作中除了领导问题之外，还涉及工作计划。钱亚新认为工作计划首先应明确编制目的、读者对象、题目和范围、人力、时间、物资、经费；其次，考虑到编制联合目录的具体问题如选书标准的确定、编制方式的选择等。毛坤的考虑显然没有钱亚新细致，他认为编制联合目录前除了领导问题之外主要考虑的问题包括确定范围、稀有本与通行本选择问题、选编问题、加入图书馆的质量问题。

② 联合目录的著录问题

就著录内容而言，钱亚新认为图书与期刊应区别对待。图书应包括顺序号、书名和著者、出版项、稽核项、丛书或机关团体项、版本和版次项、注释或译文、参加单位、索书号九项内容；而期刊应包括顺序号、刊名、刊期、编者、出版项、创刊年月和停刊年月、历史情况、参加单位及其所藏卷期和出版年月八项内容。不管是图书还是期刊，在著录时还需要考虑参照（参见）著录、著录行格、缩写、标点符号及其他符号的问题。对于这些问题，钱亚新建议参照中外文图书编目统一条例操作。

毛坤认为，联合目录的著录首先要根据联合目录的功用确定著录的详略（这一点在钱亚新的论著中没有明确说明），在具体的著录内容方面毛坤只是简要地罗列了著者、书名、版本、图卷、注释、馆藏及册页卷期、参照数项内容，远没有钱亚新论述的详细。

③ 联合目录编制后期相关问题研究

联合目录编制后期的工作主要包括汇总、排列、编制辅助索引、撰写序列以及最后的出版发行等。对于这些问题，钱亚新都有过详细的论述：汇总时要做好"复查、排片、校对、改错"四项工作；排列时要根据图书与期刊的不同，采用分类、字顺或主题排列，选取的标准就是便于读者检索利用；索引是钱亚新一直都提倡的，所以，对于联合目录而言，他同样提倡编索引；对于书本式的联合目录，肯定需要撰写序例（序言、辑例），其主要目的是指导读者使用，因此需要在序例中详细说明联合目录的编辑原则、收录范围、目录排列方法等。对于上述问题，毛坤主要考虑了排检及校对印刷的问题，毛坤虽未明确指出采取哪种排检法，但是认为一定要便于检索，而最后的校对也一定要精细，且联合目录编制不能拖沓，一定要在规定的时间内完成。不过毛坤提到了一个及时增订的问题，对于这一点，钱亚新并未明确提及。

（4）联合目录发展走向

钱亚新在《联合目录》讲义中提出了联合目录未来发展方向：建立全国性的联合目录网，并确定联合目录中心单位；建立联合目录网中心馆的联合目录部；确定和改进编制联合目录的方式方法并加以宣传推广，实现联合目录编制的组织化、标准化、经济化、机械化。钱亚新呼吁快速编制中外文期刊联合目录、中外文图书联合目录、全国和各地区报纸联合目录，同时还拟定了《编制中文图书联合目录计划表》。钱亚新的讲义是1957年5月印制的，同年11月全国联合目录编辑组成立，现在虽然没有明确材料证明该编辑组的成立与钱亚新有直接的关系，但是钱亚新在全国省市图书馆工作人员进修班讲述这些内容时，应该还是会有一些影响，因为该进修班的举办是20世纪50年代我国图书馆学教育史上的一件大事，上文也提及了该进修班的规格之高。而钱亚新提出的全国性的联合目录网设想、编制全国性的中外文书刊联合目录、设立相关区域中心，与后来的CALIS有着很高的一致性，由此也不得不佩服钱亚新的超前思想。对于联合目录发展走向问题，现有的毛坤著作中并未见到相关阐释。

结语

联合目录是图书馆学研究及实践的重要组成部分，数字时代联合目录的编制仍然有需求，信息技术的发展也为我们编辑联合目录提供了便利。我们在编制联合目录时，还是需要注意选择文献、精确校对，因为现有的一些网络联合目录是有一些不足的，它们不能精确地反映馆藏信息，影响读者使用。而这些内容，钱亚新、毛坤在《联合目录》、《试论联合目录》两篇文章中都有详细论述，值得我们重新去阅读。

本文主要是根据钱亚新与毛坤出版的论著进行的比较，但对毛坤的研究主要是基于其一篇论文，对钱亚新则是一部讲义，因此存在一定的局限。很多内容在论著中不可能详细阐释，而这并不代表钱、毛二人没有研究。从比较来看，钱亚新与毛坤对于联合目录应该都是有着深入的研究的，但是毛坤可能更偏重于理论，对国际联合目录事业了解较多；钱亚新更多的则是注重实际，基于编制南京地区外文科技期刊联合目录的经验，其研究对于实践更有指导意义。应该说，钱、毛两者互有补充，所以如果想要了解20世纪50年代我国联合目录研究及编制实际，这两部论著是一定不能忽视的。

（本文选自《钱亚新联合目录思想研究——兼与毛坤联合目录思想比较》，刊于《图书馆建设》2017年第10期，有删改）

案例 3-3

中西两杜

（Melvil Dewey and Ding U Doo）

杜定友

钱亚新　　钱亮　　钱唐　　整编

姚明辉先生曰："西洋图书分类专家有杜威，而中国有杜定友。中西两杜，抑何巧也。"（《图书分类法》序，1925，上海图书馆协会）

汤森女士曰："当英国有她的培根爵士与美国有她的杜威，中国有杜定友。"（"While England has her Lord Bacon and America has her Dewey, China has Ding U Doo." Miss Lillian Thomson, Librarian, Shanghai University. 见：《杜氏丛著书目》1936，上海图书馆服务社）

侯国宏先生诗曰："杜老东方之杜威。"

近得读《杜威传》（*Melvil Dewey*, by Fremont Rider, 1944, A. L. A.）。这本书是最近才收到的。在1949年以前，定友先生还没有机会读过，我读过，觉得两杜先生的事业、行径、精神、身体乃至两杜夫人，也彼此十分相像，何其巧也！现在把《杜威传》依照原文次序，摘录几段，每段注明页数及重要词句，以便复按。关于定友先生的事，据我所知，也依次分段记注，以证明姚、汤二氏的话儿，一点儿也不错。

[D] 他原名：Meville Louis Kossuth Dewey。后来省去Louis一字，又省去Kossuth一字，最后又改Melville为Melvil。有一个时期，甚至改Dewey为Dui。（p. 3）

[友] 他原名：杜定有，后来改为定友，省了四笔。原号：楚云、础云、云郎、寄尘、英，后来都不用了，改号丁又。他的签字式把"定友"合一，省了三笔。他的西文名字原名：Bismark Ding You Doo，后来改为Ding U Doo。

[按] 一开始，他们彼此就不约而同了。这些名字的纷更，都是几

十年前的事，绝对没有互相影响。不过，在这一点上，我们可以看到他们的思想根源在"简约"二字。他们在图书馆学上的成就与此有关，图书馆学本来是千头万绪的，只有以简驭繁，才能有成。以 Dewey 改作 Dui，以 You 改作 U，在文字学上，他俩同具胆识！

[D] 他的父亲是一个商人，有几亩田，开一爿铺子，以做皮鞋为生。他幼年在家，也学得了做皮鞋的技术。(p. 4)

[友] 他的父亲也是商人，没有田，开一间照相店。他在少时，也学得了照相术。他的祖父是一个皮鞋匠。

[按] 他们的家庭都与皮鞋业有关，天下竟有这样凑巧的事。他们都是小商人家庭出身，从小就学习劳动，这是完全相同的。

[D] 他从 15 岁起一直到大学，都不断地写日记，而且相当详尽，从他的日记当中可以看到：一个孩子，在很大程度上，独立自主长大成人的来由。(revealing a picture of a lad, who was, to an unusual degree, the father of the man. p. 4)

[友] 他从 16 岁起一直到 36 岁（大学毕业后十年），不断地作生活年纪。他一生的为人处世，也有很多地方是在少年时代已经决定的了。

[按] 他们写日记的年岁也差不多，而且都有"三岁定八十"的倾向。杨学游在《楚云之一生》读后感说："读完此书后，恍然大悟，其人格之伟大，盖有自来也。"

[D] 他 12 岁时，由做工节省下来的十块钱，就去买一本《韦氏大辞典》。在 1869 年的日记里，很矜持地说："已经藏有 85 本书了。"(p. 5)

[友] 他在小学时代，已由写作得来的钱，订阅《东方杂志》、

《欧战周报》，也自幼好藏书，手不释卷。

[按]"好书"是他们二人的天性，后来从事图书馆业也是性之所近。但杜先生自从事图书馆实际工作后，将所有私人藏书都赠与图书馆，此后不再藏书，以戒贪婪之念。

[D] 他在青年时代已体会到：面对人生要有高度的严肃性。他说："世界既是这么长，人生既是这么短。那么，只有诚心诚意，埋头苦干，还可以看到一点成绩。"（p. 11）

[友] 他也是一生认真办事、埋头苦干的。他说："人生在世，贵能有成"，"生命是自己创造的"。昼夜工作，唯恐不及。

[按] 杜先生的容貌比他的实际年龄苍老得多，看起来至少相差十年。他也常常自认为他比同年的人多活了十年，因为几十年来，每天都多做了几小时的工作。他们俩对于人生的积极性好像是天生的。别人多感到人生如朝露而趋于消极享乐主义，他们却因生命短促而加倍努力、拼命地干，其伟大在此。

[D] 因为经济困难，他的大学教育费不得不从半工半读得来。（p. 13）

[友] 他自 19 岁以后，就能经济自立，在大学也是半工半读。

[按] 他们都是穷苦人家出身，但努力自学，处境完全相同。

[D] 虽在大学时代，很容易交朋友，但是他的知己可说绝无仅有。（p. 14）

[友] 他的朋友很多，知己也很少。

[按] 他们对于人生的严肃性、工作的紧张性、时间的匆促性、事业的专一性、著作的多产性，使他们疏于交游。而且成为一个世界知名的专家，他们的个性不免带有多少怪僻而不易近人。

[D] 他在学校的功课并不怎样优异，但很"可以过得去"。同学们都觉得他有点怪，但尊敬他的能力和诚恳。(p. 16)

[友] 他在校不追求第一，但考试总在七八十分，热心校务，曾一人身兼九职。同学们都借重他的才能，但感情并不浓厚。

[按] 他们都热心负责、认真办事、公而忘私，所以同学们都需要他们，但不很喜欢他们。他们都是干才，不屑读死书。

[D] 他说："我常常理解到，有许多工作需要我去做的，但我一生只能做一件 (I could do only one with one life)。我决定我一生最大的用处，不在乎自己去做许多事，而在乎鼓励别人去做。我想平均每年能够引导一个人做一件重要的事，那么五十年就有五十件事，胜我个人多矣。"(p. 18)

[友] 他也主张"一人一能"，认为一个人能够专心做好一件事，比东拉西扯对国家更有贡献。他曾说过："我的门生中有当次长、司长、厅长的，比我一个人当部长好。"他还有五十年写五十种书的计划，以广泛宣传国学。

[按] 他们的专业思想是一致的，图书馆的工作本来就是利他的，他们一生所做的都是帮助别人的工作，鼓励读者钻研学问，而自己只是个"无名英雄"。他们对于奖掖后进是不遗余力的。

[D] 他的《十进图书分类法》是图书馆学上一大贡献。他22岁正在大学念书的时候就已经起草了，这是很难得的事。(p. 27)"十进法"自1876年出版以来历次再版，由42页增至近两千页。(p. 31)

[友]《杜氏图书分类法》也是其大学毕业论文的一部分，当时他的年纪23岁。1922年初版，原名《世界图书分类法》，经七次修改，由64页至近千页。

［按］分类法之不断修改，表示他们对于一事锲而不舍、不断改进的精神。不比其他分类法往往仅昙花一现。不过，"杜威法"有编纂委员会的协助，而定友先生是独立支持的。他们对于图书馆学的贡献是多方面的，但以分类法最为突出，"中西两杜"实由于此。

［D］他创办了世界上第一间图书馆学校，没有经过当局的允许，没有经费，没有教员，没有设备，只有学生和一颗赤诚的心。这个学校，后来虽然成为哥伦比亚大学的一个重要部门，但当初他建议设立的时候被延搁了三年，终被否决。经过四十年的奋斗，才有今天的成绩。(p. 41)

［友］他也创办了中国第一个图书馆管理员养成所，又在国民大学创设图书馆学系，但都是短期的。他历次想办一间图书馆专门学校，都被否决。

［按］他们都想培养人才，但环境恶劣，当他们建议设立时，当局都认为是不急之务，真是辜负他们一片苦心也。

［D］他很顽强地坚持"照章办理"（He had stubbornly insisted that rules are rules），比如：教授借书逾期，他一样照章处罚。他常被人认为高傲固执、无忍耐性、不肯通融。我们不必责问原因何在，孰是孰非，但他在大学教授中，不很得人心，这是事实 (p. 46)。

［友］他几次离开大学图书馆也是因为他和教授们不很融洽，主要的原因也是在严格执行规则。

［按］他们俩好像是一个母亲所生的，但也是职务所规定的。图书馆如果不遵守规则，还处理得了吗？其实循规蹈矩的人、公事公办的人，到处都不受欢迎，又何独中西两杜呢？

[D] 许多同学听过他的演讲，几年之后，对于他所讲的分类法、编目法也许全忘记了，但有一件事永矢不忘——他对图书馆的热诚。他并不是在讲学，他是在"传教"。图书馆，在他看来是一种主要的工具，靠这个工具一个人可以建立起一个更好的内心世界。（the essential tool，with which man might build for him a better world. p. 49）

[友] 他也是一个很好的演说家，凡听过他演讲的无不受其感动，印象深刻，历久不忘。其感人之深也就在他对图书馆事业的忠诚。

[按] 梁家勉先生常称定友先生为图书馆界的"老牧师"。他能讲，能写，能跑，能做，为图书馆事业奔走呼号。没有这样的人才，没有这样的忠诚，中国图书馆事业将受到损失。以他这样的才干，在宦海中不难出人头地，但是，他为了图书馆事业，抛弃了一切，这就是传道精神。

[D] 他说："一个很够资格的图书馆馆长和图书馆本身有同等的重要性。图书馆工作已经提升为专门职业阶层之一了。"（A well-qualified librarian is of much importance as the library itself and the librarian's office has risen to the rank of a profession. p. 50）

[友] 他说："管书的本来是一个书童，现在经过二三十年的奋斗，才凑于专家之列。好像从前的儒医并不需要进什么专门学校，也可以替人看病，现在大家才认识，医师是专门家。"

[按] 一种专门学问在社会上得到认识，是要经过无数人的牺牲和悠长的时间才能实现的。两杜先生的牺牲奋斗精神、长期宣传的工作，替图书馆奠下了不朽的基础。现在大家都知道了图书馆是专门学术，这是不成问题的，而不知几十年前，这是两杜先生的血汗换来的。

[D] 图书馆学校在建立之初，碰到了各方面的困难。不过，这是不是责任单在杜威一方面呢？在这里，好像和杜威一生所经过的许多同样事件一样，他肩负的责任有多少，是很难分辨的。最明白的就是他往往跑在时代的前头，他不愿或不能静候着时境的来临。(p. 55)

[友] 他一生中也遇着不少的困难，甚至被人咒骂控告。他也有先见之明，所想所做的都比人走快一步，但当时却被人否决了。比如：1922年他提出统一分类编目法，弄到不欢而散。现在大家不是要求统一吗？比如：开架式、明见式、简化字、横排字、机关学校化、学术主义化、生活集体化等，他不是早就提倡实行了吗？

[按] 两杜先生因为对于图书馆学有精深的研究、富有革命创造的精神，看到很多问题为他人所未见，发人所未发。因此，往往跑在时代和群众的前头，弄到自己焦头烂额，陷于孤立。现在我们回想起来，对于新生事物不加爱护，未免辜负两老了。

[D] 从离大学到逝世之前，他始终工作着，创立了图书馆专业并且建立了图书馆学 (to create not only a library profession but a library economy)。因为要便于图书馆工作，这六十年来，他花了不少的时间与精力，对于图书馆各种工具他竭力改善，其他专家如果创作或改善一件就已经很好了，而杜威却全做到了。(p. 57)

[友] 他从大学起也一直为图书馆工作着，对于中国图书馆学的建立也有不少的贡献。现在中国图书馆界通行的专门术语、各种制度、卡片表格，有很多出自他手。在理论和实务上，他涉及的方面很广，特别在工具表格的改良有独之到处。

[按] 几十年前，大家还未普遍认识到图书馆是一门专门的学问，不知道图书馆是由专家来办，是经过他们努力提倡才获得了改变。至少，他们是专家，这是无可否认的。在图书馆萌芽时期，一切都有赖于

他们的设计推行。筚路蓝缕，以启山林，尤其是在工具方面，两杜先生都有同样兴趣，贡献尤多。

［D］1876 年，美国图书馆协会成立。当我们说，杜威与美国图书馆协会的产生有深切的关系，我们并不是说，这是他"创立"的，到底谁先创立，则众说纷纭。也许各方不约而同，是同时发动的，但毫无疑义，杜威把握着这个意思，根据各方面的来信与谈话，而促其实现。（p. 63、67）

［友］1924 年，他接到河南图书馆的何日章来信，请他召开全国图书馆联合会。他"根据各方面的来信与谈话"召开会议，响应的有十七省之多。当各省代表齐聚上海时，北方三省"不约而同"，有中华图书馆协会的成立，于是"众说纷纭"。经过他和北方代表袁同礼多方协商，才合为一，"而促其实现"。若不是他的力量和牺牲精神（放弃主席，而当副部长），中国图书馆界不免有"南北政府"之争。

［按］中美两国图书馆协会的成立，两杜先生有同样的处境，真是无独有偶。但在《中华图书馆协会成立史》上，竟没有提到杜先生的名字。

［D］他首先创办图书馆用品机构，即"Library Bureau"之前身。（p. 62）

［友］他首先创办"中国图书馆服务社"（China Library Service）。这"服务社"的名称与形式，在国内也是由他首倡的。

［按］他们办"社"，并不是为了营利，而是为了方便图书馆界的工作及推行图书馆用品标准化。但因此杜先生被诬为"营私舞弊"，真是冤哉枉也。

[D] 在国、州、市图书馆协会，他若不是发起人，那么最低限度是领导人。(p. 71)

[友] 1922年，他发起广东图书馆学研究会，是中国图书馆地方协会的先声；1924年发起上海图书馆协会及筹办全国协会；1927年发起广州图书馆协会；1945年发起广东图书馆协会，历任会长。

[按] 他每到一个地方，虽然当一个图书馆的馆长，但在他心中，却是整个图书馆事业。所以一定要团结图书馆工作者，共同努力。

[D] 世界有一种《图书馆学刊》是他主办的。(p. 72)

[友] 中国有一种《图书馆杂志》是他主编的。

[按] 他们都认识到办理刊物是宣传和提高图书馆学的利器。

[D] 他的智力过人，精力充沛，常常泛滥出主旨以外的园地——他一生除从事图书馆外，尤致力于英文简化运动（Simplified Spelling），推行米突制（Metric System）及"平湖公寓"（Lake Placid Club，一个慈善合作、教育互动和卫生修养的组织），他还当过十一年州教育委员。(p. 83、90)

[友] 他昼夜纷忙，顾此顾彼，不知疲倦。他在1931年提出《中国新形声字母》，1934年推行简化字，也提倡过"勤俭新村"，也当过两年省教育委员。

[按] 他们的业余兴趣也极相仿，真是巧极了。我还得重复说一遍：在1949以前，定友先生还未读过《杜威传》。"中西两杜"，佳偶天成。关于简化字，外国人也注意到了。1926年3月1日，美国 *Gaylord Triangle* 月刊有一段新闻说："杜定友编的图书分类法与杜威不同，我们还要问，他是否也在中国推行中文简化字？"

[D] 每天 24 小时，年年月月，起居饮食，无时无地，无不挂念着图书馆……在我们专业界，他是一个锲而不舍的表率（He is the clearest example in our profession of a man, who cannot shake off his business）。他对于图书馆事业的倡导，对于图书馆学的贡献是世界知名的。(p. 103)

[友] 他也是三句不离本行的。因为发表的文字提及"图书馆"三字太多了，就发明一个合体字"圕"。他自认为与图书馆"结婚"，形影不离。他在中国图书馆学上的贡献也是公认的。

[按] 他们对于图书馆事业之所以锲而不舍，是由于认识到这是有益人类的事业，他们不患个人的得失，忘我地为图书馆劳动。这关系到一个人的人生观。一般不安于位、见异思迁的人，口头上说是要做更大更好为人类谋幸福的事，而实际上是为个人打算，他们根本没有什么事业心的确立。

[D] 他异常地为他人着想，但在某些事情上却又极度冷酷而欠圆滑（thoughtful of others to an unusual degree, he was, in other of his dealings, utterly cold and tactless）。因此，虽然他的内心是仁慈的，经常替人做了许多好事，虽然他一生所为都具有高尚的动机，但有时候，他所做的事，虽是最好的朋友也不能了解他、原谅他。至于身体方面，他个子相当高和结实，经常戴眼镜，双目炯炯有光，居常沉默，但举动极为敏捷，他的身形就显示出他的精力。(p. 123)

[友] 他也很能为朋友着想，有时还冒着生命的危险，"翻尸认友，身探圕圕"（见：《我与圕》）。但他所做的事，有些朋友也不能了解他、原谅他！至于身体方面，周天问所写的他的小传里说："他个子瘦削……双目却闪动着聪敏与明慧的光辉……平常他是沉默着的。"他也戴眼镜。程慧英在一篇回忆录里写道："一位面孔威

严、态度拘谨的中年人……感到不可思议的恐惧……出乎意料，他嘴角挂着微笑，却把我的恐惧以敬畏代之。表面上看来，他是冷酷无情的，可是声音里带着长者的和爱，微笑中表现他的慈祥。"

[按] 在身体与精神两方面，他与杜威非常相似，此所以为"中西两杜"也。

[D] 他一生最大的兴趣在图书，寝馈与俱。但他的兴趣在书的内容，而不在书的形式与版本。(p. 123)

[友] 他几十年来，未尝脱离图书生活，但于版本之学却没有深切的研究。

[按] 藏书有收藏家、鉴赏家，但他俩是"推行家"。他们好书，不是要来自己阅读、自己欣赏，而是要推广出去，好让大家有书可读，所以不同于版本家。

[D] 对于杜威的人格，很难用几个具体的字描写出来。在你看见他的时候，你也许喜欢他，也许不喜欢他，但多半是喜欢的。不管你喜欢不喜欢，你对他的印象是深刻的。你会觉得，你会见了一个非常能干的人。(p. 125)

[友] 初次会见定友先生的人很少一见如故，但印象也很深刻。有许多人没有见过他而早已知道他的名字的，往往隔了几十年还记得他。

[按] 他们都实事求是，诚恳待人，但"君子之交淡如水"，他们没有外交家的手腕，所以有些人不喜欢他。

[D] 他的身体在青年时代是足够强健的，但自入大学以后，就开始摧残这副"机器"了。摧残的原因不是放浪而是工作过度。(begun to abuse the machine, to abuse it not by dissipation, but by overwork. p. 125)

[友] 他少时是一个体育家，但入大学以后，每天工作12—14小时，身体就不如前了。他认为生死无定，有生一日应尽一日之力，勿谓今日不作而又明日。就著作方面，他比杜威更为丰富。

[按] 他俩为了图书馆事业，毫不爱惜自己身体，如出一辙。定友先生曾说过："自知征伐太甚，不能已也。"

[D] 他常夸说：他从不疲乏。但任何一种职责都会无形中加重了我们身体与精神的负担，杜威夫人却用尽心力去慰护他（如劝他休息及进补品），他也有时顺从她——一点（Mrs Dewey did what she could to protect him and in time he come to listen to her a little.）。他之所以能够活到八十岁，多半是靠她。（p. 127）

[友] 他常夸说，他不知有头痛（一般人稍一用心，就叫头痛）。他夜以继日地工作与写作，对于个人衣服饮食、经济人情从不经意，一切都由杜夫人操劳。

[按] 他们能够专心地工作，是由于有一个宁静温暖的家庭，这是一个重要因素。

[D] 他无论做什么事都满腔热忱，不肯半途而废。他最恨"中庸之道"与妥协主义（Half-way endorsement ... he hated compromise. p. 127）。

[友] 他说："在人生途上，当然也有不少的困难与障碍，可是又不得不采取迂回曲折的手段，这却给予人们许多自我宽恕（self-excuse）的借口。有了自我宽恕，就没有焦头烂额的好汉！"（见：《两点之间》）

[按] 一种不屈不挠、奋斗到底的精神，中西两杜具有同感。

［D］"一寸光阴一寸金"的观念，他最为重视。时间对他，不单是金钱，更是短促的生命的一部分，他说："在这期间，我们为了改善人类的工作，虽竭尽所能，恐怕也没有多少成就呢。"（A portion of an all-too-short life, in which so much more for the betterment of mankind had to be accomplished than one could possibly achieve at best. p. 129）

［友］他曾写过一本《唯人哲学》，把人体比作机器。身体的寿命是有限的，所以要开足马力，努力生产。因此，他一生也尽力工作，为什么呢？为人。

［按］爱惜光阴也是成功秘诀之一，二老对于时间的掌握都很紧，所以有大量产出。

［D］他不喜欢用图章，在十一年教育委员任内，亲笔签过三十万张文凭，他说："一个孩子花了几年时光而得到一个学历上的荣誉（scholastic honor），为什么我不花半分钟签上一个字呢？"（p. 132）

［友］他也喜欢签字，所有他办的学校与训练班的文凭都是由他亲笔签名字，平日对内公事，一律不用图章。

［按］签字是对事负责的更好表示。定友先生的中西文签字式，由于娴熟美观是很多人欣赏的，在学生笔记簿上及会议纸上，常常有人学他签字。

［D］对于青年，尤其是欲投身图书馆事业或欲勉其继续斯业的，他无不极力勉励他们，他虽然很穷，但时亦解囊相助。（p. 131）

［友］国内图书馆界的后辈也有不少人受到他的奖助，除了口头上、文字上，也有金钱上工作上的鼓励。

［按］他们帮助后辈，决不是个人恩惠，而是从整个图书馆事业着想，因为在这块荒芜的园地，需要更多的人去耕耘。

［D］他爱护青年，与他们志趣相投，乐意相助，青年学生与图书馆员常常去探望他，彼此有深厚的感情。（p. 133）

［友］他发表《我爱青年、我恨青年》等文，传诵一时。他喜欢青年人，青年人也喜欢他，因为他懂得他们的立场，了解他们的心理。他的学生丁经生来信说："为什么你的吸引力这般强大，使人长久地怀念难忘。"可见他们感情的深厚，他每日接待的青年读者及图书馆同仁，户限为穿。

［按］他们的思想都是前进的，不倚老卖老，而且厌恶旧东西，所以对青年有殷切的期望、深厚的感情。

［D］他生活俭朴廉洁自持，零零碎碎的纸张及函封反面也保留利用，但为工作上的需要，在所不惜。（p. 133）

［友］他曾被称为"废物利用专家"，著有《业余艺术》，但对图书馆的用品设备，则力求上乘。

［按］爱才惜物是图书馆专家的品德，他们具有同好。

［D］他对于个人得失殊不介怀，有人以为他是"个人英雄主义"者，这并不是真知其为人。为了某些事，他要争取的，就尽用各种方法，从各方面去宣传。有时因为太过分了，他个人就不免被连带附及，但这种自我宣传是间接的、无意的。同样的，他在无意之间运用了他个人的吸引力（自我中心）（equally unintentionally was the exercise of his own magnetism），也因为这个缘故，无论在什么地方，差不多很自然地，杜威便成了讨论的中心与兴趣的焦点。（p. 134）

　　[友] 有人传说"专家"气焰很重，也有"个人英雄主义"。但这几十年来，因专家在社会上有了地位，未始不是他宣传之功，别人所论的都是业务，但他在演讲中，往往以个人对图书馆的忠诚感动了许多听众。对于一种好的方法，他拼命宣传，希望得到大家利用。因此，也有许多人还未能"真知其为人"。

　　[按] 他们的自我宣传有时未免过分，令人讨厌，但是他们的动机是为了图书馆，而不是自高身价，企图迁升。事实证明这一点，他们一生没有离开图书馆而任一官半职。他们因为急于求成，而且也确有其独到之处，所以往往不耐心倾听他人的意见，态度是不够谦虚的。

　　[D] 他很有一点幽默，说起话来滔滔不绝，在相当的场合，他是一个流利的演说家，在辩论中他是一个犀利的反对派，在会议中大家都想把他压倒 (to bell the cat)。但每次会后，大家才相信：他所提议的都是正确的、聪明的、稳妥的、可取的。对于某一件事，他确信应该做的，他就用尽他的精神武器 (every weapon in his mentary armory)，奋斗到底。因为这种极端的自信心，这种除了自己的意见，听不见别人的意见，使他成为一个"危险的反派" (a dangerous opponent)。他对于不同意的事，他毫不迟疑地说出。他也会倾听别人的意见，但涉及原则的，他一步也不放松。他那种欲成其事的意志 (the will to achieve) 是这么坚强，使他低估了对方的力量，有时候好像故意否认对方的存在，也许这是勇敢的上乘 (courage of a very high order)，也许这是一种微妙的力量在欺骗自己。不过，无论他怎样的恶斗，他全是对事而不对人，他所希望的不过要得到对方的承认，他绝对没有打击别人、看低别人的意思。他的热诚有余，而修养不足 (Dewey's eager spirit craved much, but never serenity)。他一生所期望的是为人类的改善，他要干一些有价值的事，干了一件又一件，永远向前。对于这些斗争，他懊

悔吗？他希望减少一些敌人吗？也许是的，但就他个人来说，他的动机是善良的。他说："我回想这多年来，我想不着曾经故意错待过什么人，或者，现在，我也想不着什么人，我要求他宽恕的，无疑的，我犯了很多错误，不过，自问良心，莫非为善（but, according to my light, I have tried to do the right），将到了人生的尽头，我也可以问心无愧，瞑目九泉（If the race is run, I can go down into the last river serene, clear-eyed and unafraid. p. 135 –139.）。

[友] 上面的话，不啻为他写照，句句都说中他的性格，他现在已经五十多岁了，还是和青年人一样，奋勇前进，废寝忘食，不知老之将至。他的个性也很强，词锋也极犀利，性情豪爽，有人称他为"李白"，一生为人为事鞠躬尽瘁，义无反顾，他的建议当时也被反对，后来都一一实现了。

[按] 他俩过着一场斗争的生活，虽然动机是善良的，但还有很多人不了解他们，使他们精神上受了不少的苦。

[D] 在 75 岁的一年，在他病重的时候，他写道："我很感恩，我活了 75 岁，从艰苦的工作中得到了无上的快慰，很少痛苦而有很多机会给我，能够帮助了世界的改善（help to make a better world）。这份丰富的产业（the rich legacy，指图书馆）是我留给你们的，它和我们已经发起的图书馆运动，希望有继续发扬光大的机会。前进啊，不要半途而废！正义的事终究会成功的（the right always succeeds in the end）。我很恳感，这多年来，社会上对我的信任与友爱，给我工作上许多便利，使我过得更愉快。我希望我的遗灰和平生所爱的亲友一起，安息在公寓教堂的神庵内，除了公寓本身外，不必有其他碑记了（let there be no monument except the club itself. p. 145）

[友] 他也曾说过：死后不用追悼，遗灰也不必保存。他常以身体比机器，机器坏了，不能生产，没有感觉，弃之不足惜。他所要留给后人的，不是他的遗骸，不是他的名字，而是图书馆事业。

[按] 两老非但有相同的人生观，且有相同的"人死观"，他们生而无怨，死而无恨。他们一生所写所做，并不在留名于后世，只是把自己所知道的，自己所能做到，尽量摆出来，尽了他们的责任，见仁见智存乎其人。

[D] 杜威夫人是个知识分子，从事教育工作，这几十年来，对于她丈夫的事业与兴趣始终是爱护的。她丈夫的安康与工作，比她自己的还重要，她所给予他的精神上和道义上的帮助与安慰，使他一生受用不浅。

[友] 杜夫人也是早年从事教育工作，其后终生主持家务，是一位典型的贤妻良母。

[按] 两杜先生的事业与生活，彼此相同，而两杜夫人也是这样，真巧极了！

在 Barton 所著《伟人的长成》一书中，给杜威下了这样的结论："他忘记了自己，他有所言，热情掩盖了瑕疵；他有所事，忠诚克服了困难。他为了事业，鞠躬尽瘁，他的事业形成了他的伟大！"（He forget himself when he spoke, his imperfection were lost in the glow of his enthusiasm. When he organized, the fire of his faith burned away all obstacles. He abandoned himself utterly to his task, and the task moulded him into greatness! *What makes men great?* by Bruce Barton, 1926, p. 205）。

李公朴先生在《定友先生与图书馆事业》一文中说："杜先生看清图书馆的教育意义，就不顾环境的困难，毅然负起推动图书馆事业的重

责，努力于改善图书馆管理工作……他那种始终不渝为社会事业服务的
精神，更是值得我们效法。"

中西两杜，何其像也。他们俩，一东一西，年纪相差有四十五岁，
彼此没有见过，《杜威传》也是最近才出版的，所以无从说，他对他有
什么模仿与影响。但为什么会有这么相像呢？原来，他们都得到了图书
馆学的精髓，也就是说，得到了图书馆学的"道"，在世界图书馆学学
者之中，他们俩一同得"道"，道者一也。所以他们彼此的相像，绝不
是偶然的啊！

[本文节选自《杜定友先生遗稿文选（初集）》，江苏省图书馆学会
1987 年版，有删改]

3.2 概念史

概念史（Begriffsgeschichte）一词最早见于黑格尔的《历史哲学》，
其含义是基于普遍概念撰述历史的方式。在德语世界里，该词早先主要
被用于语言学和历史辞典的编纂上，不过通过一代代学者尤其是德国学
者的努力，概念史（Conceptual History）研究业已发展为一个关于哲
学方法论的研究领域①。20 世纪 50 年代以来，概念史越来越多地作为
一种研究方法被广泛运用于政治、历史、文学等领域的研究之中。所有
的概念都包含了一种时间上的联系结构，每一个概念都有着不同的、历
史性的价值，其各自的重要性或者说侧重点也因历史条件的不同而有所
变化。

以"公共图书馆"（Public Library）一词为例，在欧美早期文献中，

---

① 孙江. 语言学转变之后的中国新史学［M］//孙江. 新史学（第二
卷）——概念·文本·方法. 北京：中华书局，2008：5.

图 3-1 《美国公共图书馆历史、
现状与管理》

如在 1876 年美国教育局为纪念美国建
国百年发布的《美国公共图书馆历史、
现状与管理》（*Public Libraries in the
United States of America：Their
History，Condition and Management.
Special Report. Part 1.*）中，"公共图
书馆"是指"公众可以访问的任何图书
馆"（图 3-1）。基于这样的理解，这
份特别报告指出：1776 年，美国 13 个
原始殖民地拥有 29 家"公共图书馆"，
共有藏书4.5万册。100 年以后的 1876
年，美国则拥有 3682 家图书馆，藏书
1200 余万册，其中 1101 家对所在城市

民众免费开放①。由此可见，特别报告中的"公共图书馆"与我们现在
认定的公共图书馆有着非常大的区别——我们现在所谓的公共图书馆的
一个重要特征就是有地方政府公共财政支持。

又如，在论及美国公共图书馆早期历史时，经常会提到北美殖民地
时期的会员图书馆（也有译作"社交图书馆"），但是关于会员图书馆
在早期文献中，涉及的概念包括 Social Library、Subscription Library、
Membership Library、Library Association 等，这些概念虽然很多可以
交替使用，但是如果深究的话，还是有所不同的。以"Subscription
Library"这一概念为例，本杰明·富兰克林（Benjamin Franklin）在
描述其创办的费城图书馆公司（Library Company of Philadelphia）时
经常使用到"Subscription Library"一词，在富兰克林文本中，该词强

---

① 韦恩·A. 威甘德. 美国公共图书馆史 [M]. 谢欢，谢天，译. 北京：国
家图书馆出版社，2021：47.

调的是成员拥有股份（owned shares）。在大西洋对岸的英国，被称为英国公共图书馆之父的爱德华·爱德华兹（Edward Edwards）在其 1859 年出版的《图书馆回忆录》（*Memoirs of Libraries：Including a Handbook of Library Economy*）中也多次使用 "Subscription Library" 一词，但是在爱德华兹的文本中，该词是可以和 "Proprietary（所有权）Library" 一词互换的，旨在强调拥有图书馆所有权的阶层①（图 3－2）。在后来的图书馆学文献中，"Subscription

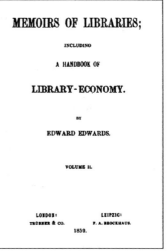

图 3－2　《图书馆回忆录》

Library" 一词就被用作没有所有权、每年需要交纳一定费用的普通用户。1912 年查尔斯·博尔顿（Charles K. Bolton）在一本小册子《所有权与会员图书馆》（*Proprietary and Subscription Libraries*）中又给予 "Subscription Library" 一词新的含义，他指出 "Proprietary Libraries 是指那些用户拥有股份的图书馆，而 Subscription Libraries 是指用户没有股份，只支付年费的图书馆"②，这一定义自此被广泛介绍并使用③（图 3－3）。

———————————

①　Edward Edwards. Memoirs of libraries：including a handbook of library economy ［M］. London：Trubner and Co.，1859：182－193.

②　Charles K. Bolton. Proprietary and subscription libraries ［M］. Chicago：American Library Association Publishing Board，1912：1－2.

③　Haynes McMullen. Primary sources in library research ［M］//STEVENS R E. Research methods in librarianship：historical and bibliographical methods in library reswearch. Urbana：University of Illinois Graduate School of Library Science，1970：28.

PROPRIETARY AND SUBSCRIPTION LIBRARIES

C. K. BOLTON
The Boston Athenaeum

Since the days of Nineveh there have been almost as many administrative forms of library control as there are centuries. The temple library with its priestly divinators, the Royal library with its masters of law and languages, the monastic library with its scribes, each had its special epoch in which it flourished and developed a system of library management. With the change from clay and papyrus to parchment, Greek and Roman culture grew, and then the advent of the printing press gave to the western world all the wealth of thought that had been treasured in clay and parchment.

图 3-3 《所有权与会员图书馆》

由上可知，通过"概念史"的方法，我们可以分析历史进程中所产生的概念与实情之间关系的一致性、偏移性和差异性①。可以说，"概念史"这一研究方法适用于任何有书写文本的学科，图书馆学亦不例外，且在图书馆史研究中更加适用。

案例 3-4

"图书馆教育"一词含义的历史演进

——基于对各时期代表性图书馆学通论性著作的概念史考察

谢 欢

引言

在阅读图书馆学论著时，读者经常会遇到"图书馆教育"或者"图书馆学教育"这两个词语，而当下很多同行将这两个词语所反映的概念等同对待，或认为两者区别很小，或认为两者有区别，至于两者的联系与区别到底表现在何处，在中国图书馆学百余年发展过程中哪一个先产

---

① 斯特凡·约尔丹. 历史科学基本概念辞典 [M]. 孟钟捷，译. 北京：北京大学出版社，2012：20-21.

生，如何延续和分化，则不甚明了。本文试图以"概念史（Conceptual History）"的研究方法，通过对各个时期有代表性的图书馆学通论性著作进行梳理，并结合中国图书馆学发展历程，探究"图书馆教育"和"图书馆学教育"两个词语所反映的概念的历史演进之路。

"图书馆教育""图书馆学教育"与早期图书馆学术语翻译

"图书馆教育""图书馆学教育"两词的产生与早期学者对西方及日本图书馆学论著翻译有着密切的关系，这两个词对应的外文术语的使用也是伴随着图书馆学专业教育的兴起、发展而产生、变化的。图书馆学专业教育兴起于19世纪上半叶的欧洲，然而对我国产生影响较多的还是美国的图书馆学教育，这其中当然也包括"图书馆教育""图书馆学教育"二词的诞生。

1887年杜威创办了专门的图书馆学校（the School of Library Economy at Columbia），这在美国乃至世界图书馆学专业教育历史上都是具有划时代意义的标志性事件，此后在美国各种图书馆学校（library school，也有一些文献中使用 school of librarianship）相继开办，如 Pratt Institute School of Library Science（1890）、Drexel Institute School of Library Science（1892）、University of Illinois library School（1893）、Carnegie Library School（1900）等。当时这些图书馆学校都是短期的以技术性的培训（Training）为主，其培训对象为图书馆从业人员或即将从事图书馆工作的人，因此翻阅当时（包括1920年代以前）如 *Bulletin of the American Library Association* 等上的图书馆学文章，不难发现，凡涉及这一主题的大多使用"Library Training"，而后来中国同行理解的"图书馆学教育"所对应的"Library Education"一词使用非常少。与此相对应，早期（尤其是在1910年代以前）一些学者在阐述图书馆学一词时使用的是"Librarianship"，而不是"Library Science"，对于这一点在阅读早期美国图书馆学论著时能感觉到。

20 世纪 20 年代查尔斯·威廉姆森（Charles C. Williamson）受卡耐基基金会委托对全美图书馆学校进行了专门的调查，先后于 1921 年和 1923 年发布了两份调查报告，其中 1923 年发布的 *Training for Library Service* 对当时美国图书馆学校产生了重要的影响。查尔斯·威廉姆森于这份报告中对当时美国图书馆学校的现状、问题、对策做了详细的阐述，尤其重要的是他提出图书馆学校要分层次培养图书馆员，既要有事务性的培训（Training），也要有专业化的教育（Professional Education）①，尤其是"专业化"贯穿了整份报告的核心，而报告中提到的包括图书馆学校资格认证、课程改革等诸多建议都被美国图书馆协会相继采纳，这些措施有力地推动了图书馆事业专业化进程。1926 年，芝加哥大学图书馆学研究生院（University of Chicago Graduate Library School）的成立更是大大推动了图书馆事业的专业化进程②，图书馆学校也认识到不仅要培养专业的图书馆员，也要对图书馆各项工作进行专门的研究（Specialized Study）。正是由于图书馆事业专业化进程的推进，使得作为"Science"的图书馆学越来越为各界所承认，因此图书馆学专业人员的培养从 20 世纪 20 年代开始针对专业化（Professional）越来越多地使用"Education"一词。

通过以上对美国图书馆学专业教育历史所做的一个简单梳理发现，关于图书馆学专业教育涉及的术语主要包括 Library Training、Training for Librarianship、Library Education、Education for Librarianship、Education for library Science 等。这些词汇由于不同的使用时间及语境对翻译造成了诸多不便，确切应翻译为"图书馆学培训/训练"或"图

---

① Charles C. Williamson. Training for library service [M]. New York：The Merrymount Press, 1923：3 - 7, 86 - 87.

② Anthony M. Wilson, Robert Hermanson. Educating and training library practitioners：a comparative history with trends and recommendations [J]. Library Trends, 1998, 46 (3)：469 - 470.

书馆学教育"的却出现了多种中文翻译，例如杜定友先生将"Library Training"译为"图书馆训练"，将"Education for Librarianship"译为"图书馆教育"①；杨昭悊、李燕亭在《图书馆员的训练》一书中将"Training for Librarianship"译为"图书馆员的训练"，将"School of Librarianship"译为"图书馆员的学校"②，而在《图书馆学》一书中杨昭悊又将"Training for Librarianship"翻译为"图书馆业务练习"③；卢震京在《图书学大辞典》中将"图书馆员教育"译为"Education of Librarians"，将"图书馆教育"译为"Library Education"，前者指图书馆员专业教育，后者既指图书馆员专业教育又包含图书馆对社会的教育④，而到了《图书馆学辞典》，卢震京又将"图书馆员教育"译为"Library Training/Training for Librarianship"，仍然将"图书馆教育"译为"Library Education"⑤，这二词的含义与《图书学大辞典》中的一致。当然除此之外，还有将"Library Training""Training for Librarianship"翻译成"图书馆员养成""养成图书馆员"。

在沈祖荣、胡庆生、杜定友等早期留美（杜定友虽然留学菲律宾，但主要也是学习的美国图书馆学）图书馆学家学成归国之前，我国早期图书馆学著作不少都是翻译自日本（文），最基本的"图书馆"一词便是来自日本，"图书馆教育"一词最早可能也是由谢荫昌译自日本（文）。日本图书馆学论著不少又是翻译自欧美，这样在英文翻成日文、日文翻译成中文的过程中，由于不严谨或者对图书馆学发展历史了解不深，导致一些特定的词汇、术语出现了偏差。早期图书馆学著作中最常

①　杜定友. 图书馆学的内容与方法［J］教育杂志，1926，18（9）：4-5.

②　J. A. Friedel. 图书馆员之训练［M］. 杨昭悊，李燕亭，译. 上海：商务印书馆，1929：2.

③　杨昭悊. 图书馆学［M］. 上海：商务印书馆，1923：501.

④　卢震京. 图书学大辞典（上册）［M］. 长沙：商务印书馆，1940：444，452.

⑤　卢震京. 图书馆学辞典［M］. 刘国钧，李小缘，校. 北京：商务印书馆，1958：625，628.

见的一个问题就是 Library 与 Library Science 经常一律译为"图书馆",如阮冈纳赞的"图书馆学五定律",至今还有人译为"图书馆五定律",而上文提到的"Librarianship"一词在翻译过程中更是容易出现混淆。

虽然美国图书馆学论著中涉及我们现在说的"图书馆学教育"的术语众多,但都是指专业教育。虽然 20 世纪 20 年代以后美国图书馆界也开始关注成人教育(下文会有阐述),但一般都会在 Education 前加特定的修饰语,如 Adult Education、Young Adult Education,单独与 Library 放在一起使用还是指图书馆学专业教育。然而这些原本特指图书馆学专业教育的词汇由于翻译以及特定时期中国社会环境(社会教育思潮兴起等,下文会有具体阐述)的影响,在中国出现时就被赋予了新的含义。

"图书馆教育"一词的"兴起"(1920 年—1949 年)

(1)"图书馆教育"一词"兴起"概述

"图书馆教育"一词的最早使用,仅笔者所见,可追溯到奉天提学司图书科副科长谢荫昌翻译日人户野周二郎的《图书馆教育》(奉天图书馆发行所,1911 年)[1] 一书。在该书,尤其是"绪言"部分大量使用了"图书馆教育"一词,如"吾国言教育者,只知有学校教育,罕知有图书馆教育","可使图书馆教育,继续学校教育,不致离校后之学生,

---

[1] 关于《图书馆教育》一书成书时间,不少论著或工具书都将其著录为"1910 年",如来新夏的《中国近代图书事业史》(上海人民出版社,2000 年版,221 页)、王子舟的《图书馆学基础教程》(武汉大学出版社,2003 年版,42 页)、张树华的《20 世纪以来中国的图书馆事业》(北京大学出版社,2008 年版,94 页)等,然据笔者查阅,《图书馆教育》书上所印时间为"宣统二年十二月初一印刷 宣统二年十二月十五日发行",很明显该书采用的是旧历(农历)纪年,而宣统二年十二月初一(公历 1910 年 12 月 31 日)该书刚开始印刷,直到宣统二年十二月十五(公历 1911 年 1 月 14 日)才上市发行,因此确切地说该书正式问世时间应为1911 年。

即销灭学校之所学于脑影"，"可使图书馆教育辅助学校教育，凡已逾学龄之成人，皆可由是而获得普遍专门之知识"，"通俗图书馆教育当与学校教育联络"，等等。① 书中虽未明确阐释"图书馆教育"一词含义，但从其语境来看，该书所涉及的"图书馆教育"是指利用图书馆对社会成员进行教育，是辅助学校教育的一种教育模式。

中国现代图书馆学发轫于清末，谢荫昌《图书馆教育》一书可以说是图书馆学发轫时期的重要代表作。而到了 20 世纪 20 年代，一大批以图书馆为终身志业的专业学人相继涌现，专门的图书馆学学校也开始创办并招生，图书馆学研究迎来了第一轮的高潮，一大批图书馆学理论著作随之诞生，这些也标志着中国现代图书馆学的正式形成。从 20 世纪 20 年代到抗战爆发前，是中国图书馆学发展的第一个高峰期，在这一时期出现的图书馆学论著中，通论性著作的数量占有相当大的比例。在这些通论性著作中，"图书馆教育"一词出现频率非常高，而"图书馆学教育"一词使用频率则远远低于"图书馆教育"。

1923 年 9 月杨昭悊《图书馆学》一书出版，该书是中国第一部以"图书馆学"命名的著作，虽然书中不少内容都是参考自日本及美国，但作者还是努力"使中国与外国相结合、理论与技术相结合、供馆员参考与供一般民众了解图书馆学相结合，用科学方法阐述了图书馆的定义、范围以及研究方法等，实开中国图书馆学通论之先河"②。该书之中关于"图书馆与教育关系"的讨论占了非常大的篇幅，多次使用"图书馆教育"一词，如"图书馆教育的性质"、"图书馆教育的效力"、"促进图书馆教育的机关"等③。从上下文内容来看，杨昭悊所谓的"图书馆教育"是指面向大众的社会教育，包括识字教育、阅读指导等。

---

① 谢荫昌. 图书馆教育 [M]. 沈阳：奉天图书发行所，1911：绪言 5 - 7.
② 王子舟. 图书馆学基础教程 [M]. 武汉：武汉大学出版社，2003：43.
③ 杨昭悊. 图书馆学（上）[M]. 上海：商务印书馆，1923：88，90，421.

1925 年 12 月杜定友《图书馆通论》一书出版，全书共分四章，第一章便是"图书馆教育"，可见杜氏对于"图书馆教育"之重视。书中虽未明确给"图书馆教育"一词下定义，然其在谈"图书馆教育之方法"时指出："盖图书馆教育之方法，其目的有二，一以养成图书馆管理专门人才，一以养成一般读者，使直接受图书馆之利益。"① 从这段论述可以看出杜定友认为的"图书馆教育"有两层含义，一为培养图书馆事业发展所需人才的专业教育，二为面向大众的社会教育。1927 年杜定友出版《图书馆学概论》一书，在该书中杜氏则明确指出："图书馆教育有广义狭义之分。从广义方面说，图书馆教育是人人当受的……人人都应该有图书馆常识，有了这种常识方才可以研究学术，继续自己的教育。至于狭义的图书馆教育，就是养成图书馆专门人才，以办理专门的事业。"②

1928 年 3 月马宗荣《现代图书馆序说》一书出版，该书虽只有短短的 63 页，但也涉及"图书馆教育"一词，如"图书馆教育，既不征收学费，复不购备书籍，无论何人，苟有志于学，均可入馆读书"③。从上下文语境看，马宗荣认为的"图书馆教育"是指面向大众的社会教育。

1934 年 4 月刘国钧主编的《图书馆学要旨》一书出版，该书在谈及图书馆从业人员培养时有如下阐述："图书馆人员的研究包括图书馆人员养成的办法（如图书馆教育、图书馆学课程编制等）。"④ 从该处内容来看，刘国钧认为的"图书馆教育"应该是指培养图书馆从业人员的专业教育。然刘国钧在其早期著名的《美国公共图书馆之精神》一文中，也用到了"图书馆教育"一词，"……学校教育常易趋于专门，而图书馆教育则为常识之源泉。……然则图书馆教育，苟善用之，其影响

---

① 杜定友. 图书馆通论 [M]. 上海：商务印书馆，1925：7 - 8.
② 杜定友. 图书馆学概论 [M]. 上海：商务印书馆，1935：60.
③ 马宗荣. 现代图书馆序说 [M]. 上海：商务印书馆，1928：59 - 60.
④ 刘国钧. 图书馆学要旨 [M]. 上海：中华书局，1934：13.

于社会于人生者，且甚于学校"①。从此处看，刘氏所认为的"图书馆教育"又是指面向大众的社会教育。由此推断，刘国钧理解的"图书馆教育"一词或许也有双重含义，既可以指面向大众的社会教育，又可以指面向图书馆职业的专业教育。

1935 年 7 月程伯群《比较图书馆学》一书出版，该书虽名为"比较"，但与当下通常所谓的"比较图书馆学"还是有所区别，其本质仍然是一部图书馆学通论性著作。该书第七章为"图书馆学教育"，该章主要是对世界各国特别是美国图书馆学教育发展史的梳理②，从其内容看，程伯群认为的"图书馆学教育"应该是指图书馆学专业教育。

当时除去系统的论著，在各种有关的报刊文章中，"图书馆教育"一词的使用频率也非常高，而在中华图书馆协会下也专设"图书馆教育"组。从民国时期的论著来看，"图书馆教育"一词有两种用法，一种是指面向大众的社会教育，另一种是指面向职业的专业教育，而前者的使用频率远高于后者。

1937 年以后，由于战争的爆发，学术研究受到了很大的影响，这一时期所出版的图书馆学通论性著作数量不多，且不少都是以讲义的形式刊出，很多已散佚，现在不易得见，故不做过多分析。

(2)"图书馆教育"一词"兴起"原因分析

1949 年以前，"图书馆教育"一词的广泛使用一方面与当时社会上高涨的教育思潮有关。图书馆因长期隶属于教育部社会教育司管辖，图书馆作为"教育部门"的定位深入人心，其所具备的教育职能越来越被人所重视。早在 1919 年教育部颁布的《全国教育计划书》中，在社会教育方面就特别指出："图书馆之启导学术，其功用等于学校，现在国

---

① 刘国钧. 美国公共图书馆概况 [J]. 新教育，1923，7 (1)：2.

② 程伯群. 比较图书馆学 [M]. 杜定友，校订. 上海：世界书局，1935：39 - 44.

立图书馆规模简陋，不能购储各国典籍，亟应大加整理扩充，并拟择国中交通便利文化兴盛之地，分别建设，以资观览。"① 这很好地反映了当时社会对于图书馆的一种认识。因此，在当时历史环境下，不管是教育管理者还是图书馆从业者，都认为图书馆有理由也有责任要积极介入社会教育，图书馆就是一种教育机关。而这也成为当时图书馆学人学术研究的重要基点，这从早期图书馆学人如沈祖荣、杜定友、洪有丰等都将论文发表在《教育杂志》、《中华教育界》、《新教育》等教育类刊物上也可以有所反映。

另一方面，"图书馆教育"一词的广泛使用与美国图书馆界有着密切的关系。20 世纪 20 年代，美国图书馆运动进入了新一轮高潮，这一时期的重点就是强调公共图书馆对于大众尤其是成人的教育职能。1923年汤普金斯（Miriam D. Tompkins）在密尔沃基公共图书馆成立了第一所专门的成人教育部门。1924 年，卡耐基基金会出版了勒尼德（William Learned）关于美国公共图书馆发展状况的备忘录《美国公共图书馆与知识传播》（*The American Public Library and the Diffusion of Knowledge*），详细阐述了美国公共图书馆开展成人教育的相关问题及对策。该备忘录的出版也被认为是美国公共图书馆真正有组织地开展成人教育活动之滥觞②。1924 年 6 月，美国图书馆协会成立了由卡耐基基金会资助的图书馆与成人教育委员会（Commission on Library and Adult Education）。1926 年该委员会更名为 Board on the Library and Adult Education 并成为美国图书馆协会的永久组织之一③，同年该机构

---

① 李桂林，戚名琇，钱曼倩. 中国近代教育史资料汇编（普通教育）［M］. 上海：上海教育出版社，1995：961.

② C. Walter Stone. Adult education and the public library ［J］. Library Trends，1953（1）：437 – 453.

③ Auther E. Bostwick. The American public library ［M］. 4th ed. New York：D. Appleton and Company，1929：374 – 375.

出版了著名的《图书馆与成人教育》(*Libraries and Adult Education*)，该报告成为当时美国公共图书馆开展成人教育的指南；与此同时该委员会还创办了《成人教育与图书馆》(*Adult Education and the Library*)杂志，为各图书馆开展成人教育提供交流平台。"library""education"可谓当时美国图书馆界最"热"的两个词汇。而这一时期，正值中国第一代图书馆学人在美求学之际，他们所受影响自然不小。伴着这批学人回国，图书馆开展社会教育尤其是成人教育这一思潮自然也被引介到国内，并被这些学人积极付诸理论研究及实践之中，如李小缘"图书馆即是教育"[①] 的提出便是最好的例证。"图书馆教育"一词在中国图书馆界的广泛使用，反映了当时业界深受美国业界影响的境况。

"图书馆教育"一词的"衰落"（1949 年—1970 年代末）

(1)"图书馆教育"一词"衰落"表现

从 1949 年中华人民共和国成立到 1966 年"文革"爆发这段时期关于图书馆学通论性的著作较少，且大多是以讲义的形式刊出，其中比较有代表性的是北京大学图书馆学系舒翼翚、周文骏编的《图书馆学讲义（初稿）》(1956)，文化学院出版的《社会主义图书馆学概论》(1960)，武汉大学图书馆学系、北京大学图书馆学系及文化学院部分教师合编的《图书馆学引论（初稿）》(1963)。

《图书馆学讲义（初稿）》是北京大学为图书馆学专修科函授生所编撰的，1956 年由北京大学教务处油印。该书除"导言"和"附录"外，共分为"图书馆的作用、任务和工作内容"等七章。其中，除"导言"部分略提及图书馆学与教育学的关系（"在图书馆学中要讨论图书馆如何运用自己特有的方式方法来进行共产主义教育的问题，而必须以

---

① 李小缘. 藏书楼与公共图书馆 [J]. 图书馆学季刊，1926，1 (3)：378.

教育学的理论为其根据"① ）外，其余并未出现"图书馆教育"或"图书馆学教育"一词。

《社会主义图书馆学概论》一书由文化学院图书馆研究班第一期学员集体编写，1960 年在文化学院内部发行，书中同样未出现"图书馆教育"或"图书馆学教育"。不过，该书中"图书馆事业是文化事业，图书馆工作是思想工作，它必须为社会主义建设进行思想准备，为生产开路"，"图书馆事业的方针也变成为无产阶级政治服务、为生产服务、为工农兵服务"② 等观点具有鲜明的时代特色，很好地反映了这一时期图书馆学论著的特点。

《图书馆学引论（初稿）》一书于 1961 年 8 月由武汉大学图书馆学系、北京大学图书馆学系等联合编写，1963 年由武汉大学印刷厂印刷发行。该书共分六章，综观全书同样没有使用"图书馆教育"或"图书馆学教育"二词。与《社会主义图书馆学概论》相呼应，该书也强调"图书馆工作是一项文化服务事业性质的工作"，"图书馆工作是文化工作的一部分"，图书馆的首要性质变成"思想阵地"，强调向"广大人民进行社会主义、共产主义的教育"③。

"文革"十年是各项事业近乎瘫痪的十年，"文革"结束后，随着相关政策的陆续出台，包括图书馆学在内的各项学术研究逐渐恢复，此时也出现了一些图书馆学通论性著作，如 1978 年北京大学图书馆学系编的《图书馆学概论》、1979 年南京大学倪波为图书馆学专修科编的《图书馆学概论（草稿）》等，但这些著作大多仍是以内部方式发行，基本

---

① 舒翼翚，周文骏. 图书馆学讲义（初稿）[M]. 北京：北京大学教务处，1956：7.

② 文化学院图书馆研究班第一期学员. 社会主义图书馆学概论 [M]. 北京：文化学院，1960：13，16.

③ 《图书馆学引论》编写小组. 图书馆学引论（初稿）[M]. 武汉：武汉大学，1963：1-2，11.

都未使用"图书馆教育"或"图书馆学教育"一词。

(2)"衰落"原因分析

1949 年以后，随着指导思想及各项方针政策的改变，图书馆事业的发展及图书馆学研究进入了调整转向期。1956 年中共中央提出"向科学进军"的口号，图书馆界为响应该号召开始作出相应改变；同年 7 月在北京召开的全国图书馆工作会议上提出的图书馆事业发展方针是"全面规划、加强领导、又多又快又好又省，积极地稳步地发展图书馆事业，以便很好地为社会主义建设服务，为科学研究服务"①。同一时期，图书馆事业开始成为文化教育事业的一部分，伴随着"文化教育"的不断提及，图书馆渐渐地由民国时期的隶属教育部门变为隶属文化部门，与教育部门越来越疏离（高校图书馆例外）。这一时期"图书馆教育"一词使用频率较之民国时期变得越来越低，即使涉及，更多的也是强调图书馆如何为科学研究服务，如何在思想政治教育、共产主义教育方面发挥作用，强调图书馆的"阶级性"等。这也改变了民国时期形成的我国图书馆面向大众服务的趋向，杜定友、刘国钧等学者在民国时期提倡的图书馆不分阶级、为民众服务、促进民众教育等思想在这一时期开始遭到猛烈的批判②。这些都使得图书馆与普通民众越来越疏离。

其次，新中国成立，结束了数十年的战乱局面，国家进入了相对和平的社会主义建设时期。这一时期教育事业得到了快速发展，各级学校尤其是中小学在各地快速兴建，"扫除文盲"成为当时教育部的一大重要任务。民国时期提倡的那种广义的尤其是针对大众的由图书馆履行的"图书馆教育"任务开始由其他单位如全日制学校、夜校、"扫盲"队、

---

① 舒翼翚，周文骏. 图书馆学讲义（初稿）[M]. 北京：北京大学教务处，1956：9.

② 文化学院图书馆研究班第一期学员. 社会主义图书馆学概论 [M]. 北京：文化学院，1960：3-5.

宣传队等承担，图书馆学研究人员可以将研究精力投入其他与图书馆工作密切相关的馆藏、分类、联合目录等的研究中去。相较于图书馆教育，这些内容在当时更为图书馆学研究人员所重视。[①]

"图书馆教育""图书馆学教育"二词的升替（1980年代）

（1）"图书馆教育""图书馆学教育"二词的恢复与分化概述

20世纪80年代，得益于拨乱反正及思想解放，我国图书馆事业及图书馆学研究进入了一个新的繁荣期，各种图书馆学通论性著作在这一时期迎来了出版高峰。从这些著作看，"图书馆教育"一词逐渐恢复使用，同时"图书馆学教育"一词也开始被使用，然二者的含义亦趋分化，且形成"图书馆学教育"取代"图书馆教育"的趋势。这一时期有代表性的图书馆学通论著作包括《图书馆学基础》（1981）、《图书馆学概论》（桑健，1985）、《图书馆学概论》（吴慰慈、邵巍，1985）、《图书馆学基础知识（试用教材）》（1986）、《理论图书馆学教程》（1986）、《图书馆学导论》（1986、1988）、《图书馆学原理》（1988）等。

1981年北京大学图书馆学系和武汉大学图书馆学系合编的《图书馆学基础》一书作为高等学校图书馆学专业基础教材由商务印书馆出版，该书在探讨图书馆的性质时，指出"图书馆的教育，其特点是：……3.图书馆教育对象和教育内容的广泛性"[②]。从上下文语境来看，该处的"图书馆教育"是指面向大众的社会教育，而在该书第三章谈及"新中国图书馆事业的发展"时用到了"图书馆学教育稳步发展，

---

① 李刚，等.制度与范式：中国图书馆学的历史考察（1909—2009）[M].北京：科学出版社，2013：227-229.

② 北京大学图书馆学系，武汉大学图书馆学系.图书馆学基础[M].北京：商务印书馆，1981：39-40.

图书馆学研究逐步深入"①，该处的"图书馆学教育"指的是图书馆学专业教育，包括大学教育、函授教育等。

1985年6月桑健编著的《图书馆学概论》一书出版，书中第五章设有"图书馆学教育和业务辅导工作"一节，专门论述国内外图书馆学教育问题。除此之外，书中其他地方也多次使用到"图书馆学教育"一词，如"必须大力加强图书馆专业干部的培训，必须大大发展我国的图书馆学教育事业"，"我国图书馆学教育事业近年来有很大发展……"，"图书馆学教育事业和研究工作得到很大发展"②。综观全书，并未出现"图书馆教育"一词，而"图书馆学教育"一词在书中都是指面向图书馆职业的专业教育。

1985年11月吴慰慈、邵巍编著的《图书馆学概论》一书出版，书中也多次使用"图书馆学教育"一词，如"开展图书馆学教育的研究"、"发展图书馆学教育"、"图书馆学教育规模和教师队伍不断扩大"③ 等，该书同样未使用"图书馆教育"一词，而书中"图书馆学教育"指的是面向图书馆职业的专业教育。

1986年3月谭迪昭主编的《图书馆学基础知识（试用教材）》一书出版，在该书第三章第二节"图书馆的性质"及第三节"图书馆的职能"中曾论及"图书馆教育的特点是通过广大读者借阅图书来传播知识，提高读者的科学文化水平，使读者受到教育。图书馆教育的方式是灵活多样的……"，"教育有学校教育和包括图书馆教育在内的各种社会

———————

① 北京大学图书馆学系，武汉大学图书馆学系. 图书馆学基础［M］. 北京：商务印书馆，1981：51，54.

② 桑健. 图书馆学概论［M］. 沈阳：辽宁人民出版社，1985：27，126－127.

③ 吴慰慈，邵巍. 图书馆学概论［M］. 北京：书目文献出版社，1985：12，25，112，117.

教育"①。从其论述来看，"图书馆教育"主要指的是面向大众的"社会教育"，而对于"图书馆学教育"书中却未涉及。

1986年8月由南京大学、南开大学、中山大学等11所高校图书情报专业教师编撰的《理论图书馆学教程》由南开大学出版社出版，该书可以说是20世纪80年代最具代表性的一部图书馆学通论性著作。在该书第二章第四节论述"图书馆学与教育学"的关系时，谈到"图书馆教育是社会教育的一种重要方式，它必须以教育学的理论、原则、方法为指导……"。第五章第二节论述"图书馆的性质"时，指出"学校教育限于学生，图书馆教育基于社会；学校教育止于毕业，图书馆教育直至终身；学校教育仅限于某一专业，图书馆教育则涉及一切知识领域"②。第四章论及中外图书馆事业发展时，多次使用"图书馆学教育"一词，如"杜威对图书馆学的贡献不仅限于此，说他是图书馆学教育的先驱，并非溢美之词"，"1920年3月……图书馆学正规教育的兴起，标志着近代图书馆学在中国的正式诞生"，"图书馆学教育机构……纷纷编辑出版……图书馆学刊物"。③ 由此可见，在《理论图书馆学教程》一书中，"图书馆教育"与"图书馆学教育"的区分非常明显，"图书馆教育"是指面向大众的社会教育，"图书馆学教育"是指面向图书馆职业的专业教育。

1986年黄宗忠编著的《图书馆学导论》一书作为"图书馆学自学丛书"之一由湖北省高等学校图书馆工作委员会发行。该书第十五章为"图书馆队伍建设和图书馆学教育"，涉及"图书馆学教育"内容

---

① 谭迪昭. 图书馆学基础知识（试用教材）［M］. 广州：中山大学出版社，1986：49.

② 倪波，荀昌荣. 理论图书馆学教程［M］. 天津：南开大学出版社，1986：65，158.

③ 同②97，115，117.

都是围绕面向图书馆职业的专业教育展开的。① 然而在该书第八章第三节"图书馆的性质"中提及"图书馆教育是一种社会教育"②，从上下文语境看，该处的"图书馆教育"则是指面向大众的社会教育。1988年《图书馆学导论》经过修改完善由武汉大学出版社出版，在该版中，"图书馆学教育"内容已经由1986版的一节扩充为一章，即第十四章（据笔者不完全统计这也是1949年以后第一本开辟"图书馆学教育"专章的图书馆学通论性著作），内容为论述中外图书馆学专业教育的历史、现状及未来发展③。与1986版一样，"图书馆教育"一词见于该书第八章图书馆性质的论述中，从1986版到1988版，"图书馆教育"都只在一处使用，而"图书馆学教育"一词的使用频率却大大增加。

1988年宓浩主编的《图书馆学原理》一书作为"高等学校文科教材"由华东师范大学出版社出版。该书第三章"图书馆事业"中有这样的论述："发展图书馆学教育，创办各类型图书馆学校……建立高、中、初合理层次的图书馆学教育体系……"④ 在该章第五节"我国图书馆事业建设的基本原则"中又写道："图书馆教育与图书馆事业息息相关。图书馆教育的发展，为图书馆事业的发展提供人才保证，而图书馆事业发展对专业干部的需要，则是图书馆教育发展的动力。我国图书馆教育是从两个方面开展的：一是正规的学校教育，二是在职人员的业余教育。"⑤ 由此说明，在宓浩看来"图书馆教育"一词是等同于"图书馆

---

① 黄宗忠. 图书馆学导论［M］. 武汉：湖北省高等学校图书馆工作委员会秘书处，武汉大学情报学院，1986：592-616.

② 同①234.

③ 黄宗忠. 图书馆学导论［M］. 武汉：武汉大学出版社，1988：136，312-335.

④ 宓浩. 图书馆学原理［M］. 上海：华东师范大学出版社，1988：77.

⑤ 同④104.

学教育"的。

(2)"图书馆教育"与"图书馆学教育"二词恢复与分化原因分析

从上述的 20 世纪 80 年代几部代表性图书馆学通论性著作来看，相较于 1949 年到 1970 年代末的著作，"图书馆教育"一词逐渐恢复使用，然与民国时期相比，该词使用频率逐渐降低且词义逐步窄化为图书馆面向大众的社会教育。与此相反的一个趋势是"图书馆学教育"一词开始受到青睐并被大量使用，出现这一现象的原因主要有如下几个方面。

第一，新中国成立以来的三十余年，虽然其间有过"十年浩劫"，但是不容否认的是在义务教育、扫除文盲、群众识字、科学知识普及等方面取得了巨大的成就。从 1949 年初到 1980 年代，我国文盲占全部人口的比例骤减，这与民国时期识字人口率相比个中差异无须赘言，现实决定了图书馆学研究人员无须更多地关注以往提及的但实际已经实现的内容。

第二，"文革"结束，不少学校图书馆学专业恢复或创建，并开始招生，仅 1978 到 1983 年间，全国就有 10 余所院校先后建立了图书馆学系（专业），打破了 1949 到 1978 年 30 年间全国只有北大和武大两系办学的局面。图书馆学专业教育快速发展，逐步形成了学校专业教育、继续教育、职能培训相结合的图书馆学专业教育体系，图书馆学专业教育的繁荣自然吸引图书馆学研究人员对这一领域的思考与关注。

第三，随着改革开放的推进，西方尤其是欧美图书馆学思想再次东渐，中国图书馆学也需要在新的历史条件下对以往的学术研究进行重新思考和总结，需要从以往的以图书馆工作为中心的实践研究向更宽广的理论研究领域拓展，从而形成了实践研究与理性思考并重的局面。最典型的特征就是这一时期出现了不少以"学"命名的研究论著，以分类法研究为例，以往都是"＊＊分类法"，如沈祖荣的《仿〈杜威书目十类法〉》、杜定友的《图书分类法》、王云五的《中外图书统一分类法》等，而这一时期则出现了武汉大学图书馆学系的《图书分类学》、白国应的《图书分类学》等。图书馆学研究的这一趋势也促使图书馆学研究人员将目光更多地关注到更广更深的层面中去。

"图书馆学教育"一词的"一枝独秀"（1990年代以来）

（1）"图书馆学教育"一词"一枝独秀"

或许是因为20世纪80年代的一次"爆发"，20世纪90年代图书馆学通论著作的数量并不是很多。1991年2月，北京大学图书馆学系与武汉大学图书情报学院合编的《图书馆学基础（修订本）》出版，该书是在1981年版的基础上修订而成，书中"图书馆教育"和"图书馆学教育"二词的使用频率、内涵基本延续了1981年《图书馆学基础》一书。1999年，徐引篪与霍国庆的《现代图书馆学理论》一书由北京图书馆出版社出版，该书虽未涉及"图书馆教育"和"图书馆学教育"二词，但该书的出版揭开了新时期我国图书馆学通论性著作出版第二个高潮的大幕。

2002年吴慰慈、董焱编著的《图书馆学概论（修订本）》一书出版，该书（包括2004年吴慰慈主编的《图书馆学基础》、2008年的《图书馆学概论（修订二版）》）在"图书馆教育"与"图书馆学教育"二词的使用上沿袭了1985年的《图书馆学概论》，全书多次使用"图书馆学教育"一词，其含义为图书馆学专业教育，而"图书馆教育"一词并未出现。

2003年8月，两部重要的图书馆学通论性著作，即王子舟的《图书馆学基础教程》、于良芝的《图书馆学导论》分别由武汉大学出版社和科学出版社出版，然而两书同样未使用"图书馆教育"一词（王子舟书中虽有"图书馆教育"，但为引用刘国钧等人论著的内容），而"图书馆学教育"一词却多次使用，其内涵依然是指面向图书馆职业的专业教育。①②

2005年武德运主编的《图书馆通论》由陕西人民出版社出版，该书第六章专论"图书馆学教育与图书馆队伍建设"③，其内容涉及图书馆学高等教育、职业培训等。从其论述来看，该书中的"图书馆学教育"指的是面向职业的图书馆学专业教育，而全书并未使用"图书馆教育"一词。

2009年蒋永福《图书馆学通论》由黑龙江大学出版社出版，第二章"图书馆的发展"中在论述中外每一阶段图书馆发展史时都会有专门的"图书馆学教育"内容④，其内涵仍为图书馆学专业教育，全书并未使用"图书馆教育"一词。

（2）"图书馆教育"一词"衰亡"及"图书馆学教育"一词"一枝独秀"原因分析

从20世纪90年代以来的图书馆学通论性著作不难看出，"图书馆学教育"一词可谓是"一枝独秀"，包括在其他的著作以及期刊论文中，该词也是研究人员使用的一大热词。虽然偶尔也有使用"图书馆教育"者，然从其内容看大部分论述的仍为图书馆学专业教育，民国时期意义上的"图书馆教育"一词近乎衰亡，造成以上结果的原因大致有如下几个方面。

第一，进入新世纪，在信息化浪潮的冲击之下图书馆事业取得了快速的发展，不少概念/术语在新的信息环境下其内涵与外延发生改变，进而造成该概念名称的变化，如原来的"馆藏发展"演变为"文献资源建设""信息资源建设"等，而民国时期使用的"图书馆教育"也被分解成一系列新的概念，如阅读指导、用户教育、读者培训、信息素养教育等。

---

① 王子舟. 图书馆学基础教程 [M]. 武汉：武汉大学出版社，2003：16，35，43，46-47.

② 于良芝. 图书馆学导论 [M]. 北京：科学出版社，2003：134.

③ 武德运. 图书馆通论 [M]. 西安：陕西人民出版社，2005：85.

④ 蒋永福. 图书馆学通论 [M]. 哈尔滨：黑龙江大学出版社，2009：31-62.

第二，不管是图书馆学的研究还是图书馆工作都离不开受过图书馆学专业教育培训的人员。虽然近几年我国图书馆事业发展的成绩喜人，但不容否认的是与西方发达国家相比仍存在较大差距，其中一个重要的方面就是我们缺乏高质量的图书馆员。很多图书馆不需要图书馆学专业毕业的学生（尤其是本科生），而图书馆学专业毕业的学生又不想从事图书馆工作，不得不说当下的图书馆学专业教育存在严重的问题。因此，如何发展我国图书馆学教育以适应时代的需要，已成为图书馆学研究的重要组成部分，不少学者纷纷就此问题开展研究，并撰写相关论文。

第三，经过百余年的发展，"图书馆学"业已成为一门独立的学科，不管是从硕士点、博士点、博士后流动站，还是从学术期刊、学术协会、国家重点学科、重点研究基地等来看，别的学科具备的图书馆学如今也都具备，"图书馆学"的学科认同感基本已经形成。图书馆学的研究也因之从以往注重"器"的层面（即以图书馆/图书馆工作为核心的实践研究），上升到注重"道"的层面（即图书馆学研究外延更为宽广，突破了"图书馆"的局限，更加关注数据、信息、知识内容①）；从基本引进和跟进欧美图书馆学知识的研究，到开始以关注本土图书馆实务为基础的自主研究。这些均表明，中国图书馆学学科正在从"前学科"向"成熟学科"演进。

结语

"图书馆教育"一词从"兴起"到"衰亡"的过程，从一个侧面反映中国图书馆学由"器"到"道"的转变，是中国图书馆事业发展的一个缩影。本节尝试以概念史的方式对"图书馆教育""图书馆学教育"二词主要在图书馆学通论性论著中的含义、演变趋势及原因做了一个梳

---

① 叶继元. 图书情报学（LIS）核心内容及其人才培养 [J]. 中国图书馆学报，2010，36（6）：13-19.

理，而图书馆学百年发展史中涉及的概念很多，不少都值得进一步的挖掘分析。除通论性著作外，还可以根据中外文权威性术语词典、百科全书、教科书、标准规范性文件等进行更全面的考察，以丰富中国图书馆学术语、学术史、学科建制等的研究。除此之外，从上述的分析之中我们还能得出一个启示，那就是每一个词语或术语所反映的概念都是特定时代的反映，每一个概念都会凝结一定的政治、经济、文化意义，术语是学术的前提，规范术语是图书馆学学科建设中必不可少的重要环节。因此我们应重视图书馆学术语规范的研究，在撰写图书馆学学术论著时对涉及的概念及术语等一定要明晰其内涵及外延，规范使用，避免歧义，以提高专业思想的表达水平和交流质量，促进图书馆学研究和图书馆事业的健康发展。

（本文节选自《"图书馆教育"一词含义的历史演进——基于对各时期代表性图书馆学通论性著作的概念史考察》，刊于《图书情报知识》2016 年第 6 期，有删改）

3.3　口述历史

3.3.1　"口述历史"概念

"口述历史"传统渊源有自。我国先秦时期的官府采风、史迹实考，古希腊史学家对他人见闻的利用，都属于收集和保存口述记忆的活动。虽无口述史之名，却行口述史之实。作为一门新的史学方法，口述史的正式形成应追溯至 1948 年，美国哥伦比亚大学历史学教授艾伦·内文斯（Allan Nevins）成立第一家"口述史研究室"（Oral History Research Office）。嗣后，以欧美为首，全世界涌现大量口述史项目及协会，相关研讨会、期刊与论著亦次第出现，口述史已成一种方兴未艾的治史工具。20 世纪 80 年代，口述史理论和方法被引入中国，至 21 世纪，已成为我国学术研究的一个新热点。

"口述历史"这一名词蕴含着多重含义。在图书馆学领域，它可以指向这个学科的某个分支或某个领域，或指向图书馆的某项业务/服务项目，当然，也可以被视为一种研究方法①。显然，本节所讲述的"口述历史"指的是最后一种含义，即在这里我们将其视为一种图书馆学研究的方法。

作为方法的"口述历史"常常会遭遇这样一个问题——它与常见的"深度访谈""专家访谈"有什么区别？

首先，访谈是实施口述历史研究的主要手段。尽管很少有图书馆史的文章完全基于访谈材料来撰写，但毋庸置疑的是，图书馆史研究中对访谈素材或访谈手段的应用非常广泛。由于现代图书馆（学）的发展时间并不长，许多重要事件或重要人物与当下相去不远，当事人或其后代的记忆尚未完全被历史所磨灭，可以为一些纠纷或议论提供佐证或素材。比较具有代表性的如中山大学程焕文教授曾以历史文献与沈家后人的说法相印证，驳斥了某些猜想性的看法，申明了沈祖荣与胡庆生两位先生之间的友好关系②。

其次，口述历史以访谈为中心，却远不仅仅是访谈。访谈是获取口述素材的手段，但口述素材绝非口述历史的全部。口述历史的研究过程更强调对历史情景的还原，从这个角度来讲，口述历史所需要的不仅仅是访谈材料，还需要获得与历史事实或主观体验相关的其他素材。例如，中山大学肖鹏博士在访谈图书馆界知名专家谭祥金、赵燕群伉俪时，也同步整理他们的文件材料（如奖状、成绩单、相片、手稿、信件

---

① 肖鹏，张衍. 溯洄的突围：图书馆学与信息科学视野下口述历史的纠葛、误区与可能［J］. 高校图书馆工作，2016，36（04）：3-7＋17.

② 程焕文. 论图书馆学宗师沈祖荣先生与胡庆生先生的关系——《退出图书馆界的名人》纠谬［J］. 图书馆，2001（05）：52-56.

等），为后续一些历史事件的确认和检验奠定基础。^① 因此，口述历史虽然以"口述"为名，但它本质上是一种以"口述"为中心，兼有其他资料获取手段的复合性或综合性研究方法。恰如案例调查法是围绕"案例"展开的，而案例信息的获取手段或方式可以包括访谈、问卷、焦点小组乃至其他种种。

最后，口述历史同样关注个人主观的观点或认知，正如上文所谈到的，与一般的访谈相比，它总是更关注人们对特定历史情境的追忆和还原。个人关于事实或事件的口述具有历史意义，而口述中的主观性内容本身也富有研究价值。

3.3.2 口述访谈的操作过程

口述访谈并非口述历史的全部，但它无疑是开展口述历史的主要手段和中心内容。一般来讲，实施口述访谈应该遵循科学的操作过程，下文将对访谈的主要步骤进行简要介绍。

（1）选题设计与对象挑选

与其他所有研究一样，选题是一切的开始。口述访谈的方式、内容、整理、目标均应围绕选题展开。例如，在中山大学肖鹏博士访谈著名图书馆学家、文献学家骆伟教授之前，就明确了访谈的目的是两个方面的："其一是为中国图书馆学教育史尤其是为中山大学图书情报与档案管理学科的发展史留存资料；其二则是帮助学界与业界进一步认识地方文献研究传统和历史"^②。尽管访谈工作由于种种原因断断续续，过程颇为曲折且历时经年，但由于一开始即设定了明确的目标，一切工作仍围绕这两项核心议题展开。

---

① 谭祥金，赵燕群．情深共风雨，丹心寄图林——谭祥金、赵燕群教授口述访谈［J］．高校图书馆工作，2020，40（01）：42-47+56.

② 骆伟．半生梨枣付，一纸岭南书：中山大学骆伟教授口述访谈［J］．高校图书馆工作，2018，38（05）：26-29.

在明确选题之后，还需要选择口述历史的访谈对象。合理的访谈对象应具备代表性，与选题具有深刻的联系。在某些情况下，对于需要多个访谈对象的情况，可以选择观点不同乃至对立的对象，互相补充、互为检验，以呈现对同一事件或同一议题的多种视角。

（2）访谈提纲的设计

访谈提纲的设计是前期准备的核心工作。一般来讲，口述历史的访谈提纲以半结构式为宜。一方面，围绕访谈议题，采访者或课题组应当事先调研，设计形成一系列与议题密切相关的结构化问题，以此构建访谈提纲的骨架。前期完整的调研非常重要，尤其要注意收集和阅读受访者的各种资料，以避免触及不恰当的话题（例如对受访者造成刺激的）或实施一次没有太大信息量的访谈（例如受访者此前已经在其他场合讲述过的内容）等。另一方面，通过实践发现，决定口述访谈顺利开展的往往是开放性问题的引入。开放性的问题采用相对轻松的、对谈式的口吻进行提问，允许访谈对象没有太大心理负担地结合其自身记忆开始讲述。例如，相比于"请说说您的姓名、工作单位、经历等"这样比较直接、生硬的问题，更好的选择往往是"能否谈谈您的成长经历"等聊天式的提问。

（3）访谈工作的实施

首先，采访者需要征得访谈对象的同意（最好是书面同意）——尽管此前联系阶段理当已经达成一定的默契，但一份阐述清楚采访目的、原因和使用方法的知情同意书无疑有利于确认双方的权利和义务。其次，采访者应当检查并提供相应的访谈素材与资料，同时还要营造一个相对安全、稳定、专注的访谈环境。在访谈的实施过程中，采访者并不是一个依循访谈提纲机械提问的"机器人"，而应当作为一个"主动"的聆听者，对讲述内容保持专注，及时发展话题中可以深入挖掘的内容，鼓励访谈对象积极表达，把控访谈走向和进度。理论上，图书馆史的研究者对于文本资料应当具有更高的关注度和敏感性，因此在开展口述历史访谈时，需要注意同步搜集手稿、信件、文书等，以对相关历史信息和背景有更好的把握，确保能及时发现访谈中遗漏的信息。倘若访谈结束后发现存在信息不完整等问题，应抓紧时间再联系访谈对象进行补充采访。

（4）访谈资料的整理与发表

访谈资料的整理应重视资料的客观性、全面性、完整性，关注关键历史命题的挖掘。这一阶段一般会形成"逐字稿""内部稿""发布稿"等至少三个不同的版本。在中山大学肖鹏博士团队发表著名图书馆学、情报学教授孟广均的访谈时，文章中提供了以下访谈说明："2018 年 11 月 17 日，项目组成员在北京大学旁依云茶楼对孟广均教授进行了口述访谈，经受访者许可，访谈全程录音。在整理阶段，我们根据录音整理文稿并对部分语气词进行删减，形成初稿。初稿交回孟广均教授，由他亲自补充史料、润色细节，形成二稿。为保证流畅的阅读体验，项目组又整合零碎的语句和问题，最后将该访谈录交由受访者确认并成文。"① 其中的"录音稿"就是所谓的"逐字稿"，即对所有内容乃至于语气、神态、互动情况等进行细致的文本复现；"内部稿"即删减"部分语气词"等之后形成的"初稿"和"二稿"等过程性文本；"发布稿"是最终发表在刊物上的稿件。事实上，许多口述访谈工作并不会有"发布稿"，而是基于"内部稿"乃至"录音稿"展开研究。简言之，对于口述历史研究而言，发表并非必要的。但倘若发表，则"访谈说明"是必不可少的部分，因为访谈资料的主观性、整理和发表过程中的外部介入性，都可能导致发表的文本与真实的历史事实存在出入。

（5）其他注意事项

由于篇幅限制，上述的过程介绍是比较简略的，一些值得注意的问

---

① 孟广均，肖鹏，陈润好，等. 结缘图情六十年：孟广均教授口述访谈 [J]. 高校图书馆工作，2019，39（5）：1-14.

题包括但不限于：对于口述访谈或其他搜集所得的资料，应予以妥善的整理和保存；研究团队应当利用定性研究的软件或其他方式，设计资料整理和管理规范，以便进行编码处理和文本分析；只要不违反学术规范与研究伦理，许多固有的准则其实可以被打破，例如访谈的环境一般应当是安静、舒适的，但在某些情境下，回到历史事件的现场或许有助于受访者回忆；等等。

3.3.3 口述历史在图书馆史研究中的应用及其问题

对图书馆史研究而言，口述历史是一种方兴未艾的研究方法。客观来讲，当前与图书馆相关的口述访谈工作日益增长，已颇可观，但依据口述历史方法展开的严谨的图书馆史研究仍是少数。展望未来，口述历史在图书馆史的人物研究、机构研究和事件研究中，都有其用武之地。

对于图书馆（学）人物研究而言，口述历史是最恰当的研究方法之一。除了留存人物记忆与重要史料，对于图书馆学这个具有很强应用性的学科来讲，口述访谈又多了一层"知往鉴今"的特殊功能。例如，在《呼唤公共图书馆精神的复兴——原深圳图书馆馆长吴晞访谈》[①]一文发表后，其中关于深圳图书馆与"图书馆之城"建设的内容得到了一些业界同行的回应，认为吴晞馆长的思考对于今天乃至未来的工作仍有借鉴意义。值得一提的是，2015年，中国记忆项目"中国图书馆界重要人物专题"正式启动，全国十余家图书馆和高校相关院系参与其中。该项目对多位图书馆（学）领域的专家、学者进行口述访谈，并将访谈资料纳入国家图书馆的馆藏体系，成为中国图书馆史研究上里程碑式的事件，对推动图书馆（学）人物的口述历史研究具有相当重要的意义。

在图书馆学领域，口述历史当前最常见的应用场景是机构研究。

---

① 吴晞. 呼唤公共图书馆精神的复兴——原深圳图书馆馆长吴晞访谈 [J]. 高校图书馆工作，2020，40（5）：57-62.

2022 年，在广州图书馆建成四十周年庆典之际，《风正帆悬——口述广图 40 年》纪录片同步上线，其中包括对广州图书馆馆长、馆员、专家、读者等许多利益相关者的访谈，存留了诸多生动的口述影像。后世重塑一个机构的历史，首先依据的是官方文书，但这些访谈素材却可以为我们展示其不同的侧面，这些素材对于研究图书馆这样具有公共性、智识性的机构是弥足珍贵的。

口述历史能够为事件研究提供多层次的视角，帮助还原历史真相，丰富历史细节。例如，在研究图书馆自动化事件时，通过访问原广东省立中山图书馆副馆长莫少强，我们便能获知该馆在资源紧张的条件下研发我国第一个地区性图书馆自动化网络系统的细节，如"4 套 IBM 5550 免税进口"，"从省长特支经费里特批 271 万人民币、外汇额度28.9万美元"，又经曾任清华大学教师的孙承鉴帮助介绍，引进清华大学的计算机人才，等等①。但另一方面，也要注意口述历史的主观性，不能直接将口述资料视为历史事实，应开展口述资料与文献史料（或与他人口述）的互证工作。2022 年，《予知识以殿堂：国家图书馆馆舍建设（1975—1987）口述史》一书出版，这是围绕国家图书馆南区（即北京图书馆新馆）建设全过程而展开的口述访谈集，是非常难得的以"事件"为中心的图书馆口述历史作品。

3.4　编年

编年是中国传统学术研究的基本方法之一，桑兵在《治学的门径与取法》中曾指出："近代学术大家卓有成效的治史方法，是在宋代史家方法的基础上发展演变而来的。而宋人治史，尤以长编考异之法最为精

---

① 肖鹏，刘洪. 图书馆信息化的追梦人——原广东省立中山图书馆副馆长莫少强口述访谈 [J]. 高校图书馆工作，2018，38（2）：37 - 41.

当。……以长编考异之法研治历史，既是基本所在，也是高明所由；既有助于矫正时下的种种学风流弊，又能够上探领悟前贤治学的精妙，实为万变不离其宗的根本。其主要准则有二：其一，解读史料史事，必须遵循时空、人等具体要素，凡是脱离具体时空、人的事实联系，依照外来后出的各种观念架构拼凑而成的解读连缀，都是徒劳无功地试图增减历史。其二，历史的内在关联并非罗列史事即可呈现，而是深藏于无限延伸的史事、错综复杂的联系背后，必须透过纷繁的表象寻绎联系的头绪才能逐渐认知。"① 近代以来，编年这一方法仍然被广泛使用，如姚名达在撰写中国目录学史就是先做资料编年。他在《中国目录学史》"自序"中也曾写道："先是二十四年冬，商务印书馆以《中国目录学史》相属。名达自维业愧专门，学无创获，旧著《目录学》舛漏百出，方滋内疚，故受命之后，忧心忡忡！每趁课暇，辄走京、杭各图书馆借读，累月弥年，丛料愈积而组织愈难，乃力辞复旦讲席，移居杭州，专心研求，又历八月，始克告成。其始原欲博搜精考，撰成毫无遗漏之文献史，故逐书考察其内容，逐事确定其年代，逐人记述其生平，依时代之先后叙成系统。"② 由此可见编年这一方法的价值。

就图书馆史研究而言，编年也是最为基本的研究方法之一，不管是人物研究还是机构研究抑或是事件研究，在研究之前，都有必要梳理一下这些人物、机构、事件的时间脉络，这样对于这些人物、机构、事件的前后发展、所处环境就有了一个大致的了解，这对于进一步的研究是非常重要的。使用编年这一方法时，重点以及难点是在考察时间不一致处，如人物出生年月、某一图书馆建立时间、某一历史事件发生时间等，很多资料都会存在不一致处。例如李小缘的出生时间，很多论著上都是写1897年，部分是写1898年，实际上李小缘是出生在1898年；又如，

① 桑兵. 治学的门径与取法 [M] //桑兵. 桑兵自选集. 广州：中山大学出版社，2017：25 - 45.

② 姚名达. 中国目录学史 [M]. 上海：上海古籍出版社，2005：1 - 2.

对于古越藏书楼建立的时间，也有 1902 年、1903 年、1904 年几种说法，对这些不一致的地方，研究者就得进行分析考辨，找到正确的时间节点。

3.5　实地走访

当代著名思想史家张岂之先生曾说过这样一段话："人文学科中的历史学，如果硬要和数学、化学、物理学以及若干技术科学相比，找出 20 多岁的历史学家，我觉得那是不可能的。道理很简单，历史学除要求研究者对史料和理论有造诣以外，还必须要有人生阅历经验的积累，否则体验不了历史事件的意义及其影响。"① 南京大学程章灿教授在与南京师范大学王锷教授对谈时，曾有如下的一段话②：

　　我到石头城，那儿曾是六朝的战场，不能不发思古之幽情。台湾大学齐邦媛教授写的《巨流河》，写她到柏林去客座任教的感受。柏林是她父亲年轻时留学的地方，她生下来的时候，她的父亲就在柏林留学。她说我一个孤苦无依的婴儿，我父亲没在我身边，他在柏林啊，这是一个触感之机。另一个感发之媒，是二战的时候，苏军攻入柏林，杀了好多人，埋到好多地方，她就想象，说不定她现在住的房子下面就埋有尸骨。想到这个问题，好几夜睡不着，她把不同的时间和空间打通了。我们生活的这个世界，我们只看到一个平面空间，其实，时间也应该算进去，那就有好几层了，就比较多维。在这个多维空间里，你可以把历史挂在上面，也可以把历史埋在下面，反正都是存在的。所以，一个学历史的人，应该理解我们生活的这个世界是多维的，它有一个空间的维度，还有一个时间的

---

① 张岂之. 大学的人文教育 [M]. 北京：商务印书馆，2014：40.
② 王锷. 有斐君子 [M]. 南京：凤凰出版社，2020：289.

维度。这就增加了我们生命的维度。我要关注的是有空间的历史，或者说有历史的空间，最方便的对象，就是我所生活的南京。到外地旅游、出差，不可能常住。

复旦大学葛剑雄先生在《历史学是什么》一书中提到了他的一个亲身经历①：

　　了解历史不能单通过书面文字，更要注意文字以外的资料，包括实地调查。有些历史现象虽然已经消失，或者只留下一些痕迹，但大的地理环境是不会变的。我最早读《史记》、《汉书》时，对当时的西域分为36国或48国一直心存疑虑，除了西部的乌孙、大宛等国面积较大、人口较多以外，其余各国都极小，大多只有数千人或几百人，为什么要分成那么多的国？为什么以后不少朝代连这些国都无法控制？有一次去新疆，从乌鲁木齐乘一架小飞机越过天山，飞往南疆的喀什。从飞机上往下看，新疆就像是一个硕大无朋的沙盘，在一道道赭红色的山岭之间是土黄色的荒漠，中间稀疏地散布着大大小小的绿洲。以后坐汽车返回时，往往清早出门，汽车在一望无际的戈壁上持续行驶八九个小时，才出现了一片绿洲。其他时间整天看不到一个村落，出了绿洲又是绵绵不绝的戈壁和沙漠。今天有汽车等机械运输工具尚且如此，在只有人力、畜力作为交通工具的古代，一个绿洲的人又如何去统治另一个绿洲？对这些国家来说，除非受到外敌入侵要寻求保护以外，否则，结合成更大的政治实体或统一为一个国家都缺乏实际意义，基本是有害无利

---

　　① 葛剑雄，周筱赟. 历史学是什么 ［M］. 北京：北京大学出版社，2015：253－254.

的。因为要实施有效的统治就得派遣人员、传递消息、征收赋税、交流物资，而这些都是难以办到的，或者耗费巨大。这就是当时分为 36 国、48 国的根本原因。也正因为如此，中原王朝对这一地区的管辖一般都是采取以军事控制加以监护的形式。汉朝的西域都护府、魏晋的西域长史府、唐朝的安西都护府等，基本上都是军事性质的。中原王朝的军队和屯垦人员一般都集中在若干据点，以便将有限的兵力集中起来使用。中原王朝对所辖的各国、各部族的基本要求，只是对中央政府忠诚、保持交通线的畅通和军事上服从征调，而一般不会干预他们的内部事务。在西域地区特殊地理条件下，这种统治方法是唯一切实可行的。所以直到清朝末年在新疆建省之前，仅隋、唐在今新疆东部设置过正式行政区域，在十六国中的几个割据政权设置过若干郡县。如果没有到过新疆，对于历史上的这种情况就不会有切身的体会。

上述学者的话语或经历都道出了历史研究的另一个重要方法——实践经历、实地走访。有些事只有经历了，才能有所理解；有些场所只有实地走访一下，才能更好地体认。在图书馆史研究过程中，实地走访同样也很重要。常规的图书馆史研究都是基于文献，但是文献反映的只是部分人的部分思想，是存在缺陷的，而很多实物、历史遗迹中也是蕴含着思想的。例如，一座座留存下来的图书馆乃至古代藏书楼，从其选址、内部结构遗存等中，都是能看出主造者的一些思想观念，而这很多是在文献上找不到的。

实地走访，又称为实践调查或者说历史走读，其价值可以概括为三点：

第一，激发研究者的历史想象力，从而更准确地感受历史、理解历史、把握历史，培养一种真实的历史感。2013 年 9 月，在国家图书馆、中山大学图书馆、武汉大学信息管理学院等单位的同仁、专家、学者、有识之士的共同努力下，专题纪录片《韦棣华》正式启动筹拍。该专题纪录片拍摄组追寻韦棣华女士一生的足迹，走访中美数十地，实地探访中国武汉昙华林、武汉大学、美国里奇蒙德图书馆、西蒙斯大学、哈佛燕京、芝加哥大学、圣公会档案馆、纽约公共图书馆学校、国会图书馆、韦棣华家乡等地，采访了包括彭斐章、陈传夫、方卿、桂质柏先生之子桂裕民、裘开明之子、美国里奇蒙德图书馆馆员 Kathleen Facer、韦棣华女士家乡墓地管理员 Bon BurKel、西蒙斯大学林瑟菲、西蒙斯大学档案馆管理员 Justin、哈佛燕京韦棣华奖学金前主席吴文津、美国芝加哥大学东亚图书馆馆长马泰来，以及在美亲属等在内的近百人，走访了一百年前她曾经在中国和美国工作和生活过的地方，寻找、发现、记录、再现、缅怀、纪念韦棣华女士。《韦棣华》策划人之一汤更生回忆七年拍摄过程时表示，面对困难有信心、担当、信念就一定能开花结果。她结合自身工作经历感叹纪录片《韦棣华》的拍摄历程充分体现了图书馆员群体与行业的感召力，体现了参与纪录片的志愿者的奉献与友爱精神，也诠释了图书馆行业更加职业、更加大众、更加社会化的文化与文明大情结。汤更生表示，纪录片《韦棣华》不仅是一个学院、一个行业的纪念，更是中美文化交流的重要纪念，引发我们思考人类命运共同体的内涵。① 汤更生的这些实地感悟，其实也反映了历史走读的价值。

第二，与文献研究相验证。古人曾谓"纸上得来终觉浅"，大多数图书馆史研究人员都是基于文献史料进行研究，其实近代很多图书馆遗址都保留了下来，如民国时期非常有名的上海圣约翰大学罗氏图书馆（现址在华东政法大学）、东南大学孟芳图书馆（现址在南京）等，研究者去实地走访一下，就更能理解相关文献中的记载。但是，历史走读一定要实事求是，2019 年 6 月 10 日，扬子晚报网发表了一篇题为《国家社科基金成果错漏几千处？负责人称引用文献错误无权改动》的文章，

① 何梦婷.《韦棣华》专题纪录片首映式在我院成功举办［EB/OL］.（2020 - 10 - 25）［2021 - 09 - 30］. http：//simyjs. whu. edu. cn/xinwenzhongxin/2020 - 10 - 25/5343. html

该文作者、业余石刻文献研究者石身志举报广西师大文学院杜海军教授主持的国家社科基金重大项目成果《广西石刻总集辑校》（社科文献出版社，2014 年出版）"是一部烂书，质量粗劣不堪"，"书中错漏逾万处，错漏字数多达数万字"。石身志还举了《广西石刻总集辑校》书中收录的《金结桥碑记》文字以及金结桥碑实物图为例，两相对比发现错误就有数十处。如金结桥碑碑文开头纪年的"庚辰"到书中写成了"东长"，碑文中的"兴修"到书中变成了"典修"，碑文落款的"民国三十年"在书中变成"民国二十年"，更为讽刺的是《广西石刻总集辑校》中的《金结桥碑记》最后还写了"宗风齐 2010 访碑"。① 如果真的实地走访过，这些基本的错误就不会犯。这一个例子从另一方面也再次说明实地走访的重要性，石身志实地走访查看了《广西石刻总集辑校》录入的碑文实物，最后发现了《广西石刻总集辑校》中的问题。

第三，为后世保存新的文献史料。不少研究者在实地探访一些遗迹后都会留下一些文字、图片乃至视频资料，这些资料记录也是一种"存史"行为，为后世研究多留了一份资料，不少资料或许都会成为"独家史料"。当代著名古籍收藏家韦力先生在其所著《书楼寻踪》一书"缘起"中这样写道②：

> 藏书多年，个中甘苦，如鱼饮水，冷暖自知。每当夜深人静时，偶翻旧籍，卷首所钤累累藏印，无言地叙述着本书的传承命运，讲述着一位位藏书家辛苦收藏、有聚必有散的悲欢故事。民族文化的传承，历史经验的总结，逸事趣闻的记载，这一切都有赖于书籍。虽曰"纸寿千年"，然在所有文物中，最容易被毁坏、最难

---

① 国家社科基金成果错漏几千处？负责人称引用文献错误无权改动［EB/OL］.（2019 - 06 - 11）［2022 - 02 - 14］. https：//www. eol. cn/rencai/201906/t20190611_1663352. shtml

② 韦力. 书楼寻踪［M］. 石家庄：河北教育出版社，2004：1.

以留存的恰恰是书籍。金属制品、陶瓷石器，其出土重大发现报道不绝，而极少听闻在哪里挖出了一部印在纸上的书。故古人曰：书有水、火、兵、虫"四厄"。

由此而想到，国家各大图书馆所藏之善本，有哪一部不是由藏书家的精心保护而流传至今的？大家在赞叹国家馆藏之丰，而少有人念及作为文化传薪者的历代藏书家。每念及此，胸中总涌起一股冲动，发此宏愿：遍访国内可找到的藏书楼，哪怕仅存遗址，也要目睹其况。

自1997年年初开始，至今匆匆逝去近五年，数十次寻访，其中之甘苦难于尽述，然却保留下大量资料及照片。在已寻访过的八十余座藏书楼中，至今有四座已被拆毁，但也有五个地方的文物和旅游部门来信，感谢我"发掘"出新的纪念物或旅游景点。在一切向钱看的景况下，君子言必称利，也可能是一种时风吧，我不懂。固守落伍之思，以为前贤张目为己任，乃吾所愿。毕竟，弄潮者是与后进相较而言的，而吾敬仰那些为民族文化传承而不为人知的后进者，希望，天下多一些念及他们的人。

韦力先生在上文中提及仅仅五年的时间就有四座藏书楼被拆毁，如果有心人再对比《书楼寻踪》一书中提到的藏书楼与当下情况，会发现变化更多。后来研究藏书楼的学者应该要感谢韦力先生的实地寻访，他的寻访记录很多已经成为重要的研究史料。

3.6 实验方法

随着科学技术的发展以及文理科交叉渗透，很多原本属于理工科的实验方法也开始运用到历史研究中来，如运用现代生物基因技术测定远古人类遗传信息，利用同位素测定古代种植、饲养情况，等等。2021

年 4 月，由英国人罗飞（Arthur John）编剧和导演的纪录片《六人：泰坦尼克上的中国幸存者》（*The Six*）上映，该片的主要内容是：1912年，泰坦尼克号沉船后，幸存者被救至纽约港口，受到英雄般的礼遇。然而，有六名中国幸存者却因为当时美国施行的《排华法案》，在 24 小时之内被驱逐出境，就此消失于历史的尘埃中。他们的逃生经历遭到当时西方媒体（也包括部分中国媒体）毫无根据地大肆诋毁，污蔑他们"贪生怕死""伪装成女人躲在救生艇"……一百多年过去了，尘封的故事终于被揭开。当泰坦尼克号和船上乘客的经历广为流传、家喻户晓的时候，几乎没有人知道那艘船上也有中国人，他们是如何逃生的，真的像当年西方媒体描述的那样用了不堪的手段才得以幸存吗？真相究竟是什么？在当时复杂的历史背景与艰难的生存环境下，他们之后又去了哪里？该纪录片导演及团队耗时六年，前后辗转全球 20 多个城市，追踪这六位中国幸存者逃生经历以及人生轨迹，寻访他们的亲人后代，还原被掩盖一个世纪的历史真相，为中国幸存者正名，由此也透视出 20 世纪初海外华人多舛的命运。

该片是非常典型的历史研究案例，罗飞及其团队在调查中使用了文献调查（主要是档案）、口述访谈等方法来还原历史的真相。除此之外，该团队还使用了实验的方法，如 1 : 1 复制泰坦尼克号上的救生艇，发现中国人不可能事先进入救生艇藏在底下而不被发现；又如借鉴现代信息技术，还原泰坦尼克号船体内部构造，探索几位中国乘客的逃生路线等；再如在实验室还原当时的海况，并亲自下水体验，以观察落水后个体的生理、心理反应，以求体认、感悟当时泰坦尼克号落水乘客的心理等。将理工科实验方法运用到人文历史研究中，颇具创新，对于历史真相的还原也起到了非常积极的作用。在图书馆史的研究中，完全可以借鉴理工科的一些实验方法，例如借鉴现代信息技术及有关文献记载重构某图书馆，或者还原某历史场景、体认过去学者的经历等。这些实验方法的引入，或许有助于我们获得新的认识。

4 中国图书馆史史料的解读与运用

　　历史研究的一个基本问题就是如何解读以及运用史料，图书馆史研究也不例外。史料解读、运用得好，研究就容易深入，容易在前人的研究成果上前进一步，或者是能够省去很多时间和精力上的耗费，能够高效地穿梭于史料与思维的组织之间，既依托史料又不为史料所惑，真正形成自己的观点。因此史料的解读与运用是重要的治学之术，翦伯赞的"不钻进史料中去，不能研究历史；从史料中跑不出来，也不算懂得历史"①，说的就是这个意思。

　　史料的解读与运用既是主观的，又是客观的。主观之处在于，由于研究的选题总是研究者选择的结果，它必然会影响到史料收集与选择，如用特定时代的视角去审视某一问题、使用一些史料而不使用另一些史料、选择不同学派的观点等，尽管研究者本人可能是无意识的，但其仍然是具有主观性的。客观之处在于，历史研究存在辨伪的问题，如某一历史事件的前因后果和它的具体内容，都是历史的客观存在，尽管可以用不同的观点去解读，但在讨论具体史实时总是会回归到历史真实，这是它的客观性。

　　图书馆史是专门史，用西方图书馆的公共属性来定义，中国图书馆史也就是一百多年的历史，当然延伸到中国古代的藏书史、阅读史、出版史，或者延伸到世界图书馆史，范围就很大了。不过就图书馆史的史

---

　　① 翦伯赞. 史料与史学［M］. 北京：北京出版社，2004：85.

料范围以及一些与此有关联的学科而言，史料范围并不算太大，它的边际较经济、政治、军事等历史显学来说要小得多，与外界的关联性也不那么枝蔓旁生，不需要阅读难以穷尽的文献，这也可以算是图书馆史研究的一种优势。本章围绕图书馆史料解读与运用，对这一主题进行初步的分析。

4.1 史料概念及其分类

历史学所说的"史料"，是人们编纂历史和研究历史所采用的资料。它可以帮助人们认识、解释和重构历史过程。[①] 史料的来源和形式可以分为实物的史料、文字的史料、口传的史料以及几种特殊的史料（音像史料和非物质文化遗产）。在整个社会快速步入数字时代的过程中，还产生了越来越多的数字化史料，这些数字史料，有一部分是前述几种形式的史料转化而来的，还有很多史料则原生于数字形式，需要引起我们高度重视。

史料还可以分为直接史料和间接史料。"凡是未经中间人手修改或省略或转写的，是直接的史料；凡是已经中间人手修改或省略或转写的，是间接的史料。"[②] 直接的史料较为可信，比如实物、照片、档案等，但也并不全是。间接的史料有时较为宏观，从间接而入直接，可以使读者有一览全局的功用，较之零碎化的直接史料反而更为有用。所以，直接史料与间接史料要结合着看。

4.2 史料的解读

史料过滤是史料解读与运用的第一步。图书馆史史料尽管范围相对

---

① 严昌洪. 中国近代史史料学（增订本）[M]. 北京：北京大学出版社，2018：2.
② 傅斯年. 史学方法导论 [M]. 北京：中国人民大学出版社，2009：3.

不大，但各种史料阅读起来仍是繁重的任务。比如进行史料的初步选择：有些仅需浏览，留有大致印象，知道它在什么地方以及通过什么方式可以快速检索出来即可；有些史料可以部分阅读，不用全看，知道它在研究中居于什么样的地位，与研究的主题存在什么样的关系即可；有些史料需要一字一句地看，甚至需要做笔记，要分析它对后来的历史发展都有什么样的影响，为什么会有这样而不是那样的影响……这些问题都是图书馆史研究过程中面对各类史料时会遇到的，由此也可知史料是有主次之别的，是需要过滤的。

史料过滤的标准是以对本学科历史发展全面把握为基础的。如果对图书馆史的历史脉络缺乏把握，就会一叶障目，不见森林，搞不清楚史料的价值，不知道该怎样去挖掘史料，研究选题的拟定也不会好到哪去，或者就算选题不错，但因为资料无法收全而变成空洞的研究，不能深入下去。因此，对图书馆史的通盘把握是过滤图书馆史料的前提，这个问题不解决，就谈不上史料的过滤。图书馆史研究的整体性专著、编著较多，比如谢灼华的《中国图书和图书馆史》把中国古代到当代的书籍史、藏书史、出版史、阅读史和图书馆史穿插结合在一起，使读者在阅读认识图书馆史的过程中也一并了解了关联学科的发展脉络，从而对中国图书馆的历史主线认知有了一个大致的轮廓。再阅读与之类似的全面历史，比如韩永进等编的《中国图书馆史》、卢荷生的《中国图书馆事业史》、王酉梅的《中国图书馆发展史》、刘少泉的《中国图书馆事业史》等，就会发现总体框架都是相似的，而个别之处会有差异。这些差异可能是由于著者、编者在研究方法、个人认识、材料掌握上的不同而产生的，而"差异"往往会成为进一步研究的突破口。有了整体认识以后，再阅读一些依历史时段、部门、地区、行业、种类等所编写的图书馆史，比如严文郁的《中国图书馆发展史：自清末自抗战胜利》、来新夏的《中国近代图书事业史》、赖伯年的《陕甘宁边区的图书馆事业》、吴仲强的《中国图书馆学史》、董乃强《中国高等师范图书馆史》、李致忠的《中国国家图书馆馆史》等，就会加深对图书馆史历史框架的认识，并且深化对图书馆史大结构下的许多小结构的了解。这样史料过滤也就有了基础，知道要研究的主题是处于这个框架中的哪个位置，周围又有哪些架构与之相连，同时在阅读过程中还会产生新的问题。这样翻检起材料来，就会有目的，不会浪费许多无用功在收集、阅读一些价值不大的史料上。

史料过滤还应当特别注重史料的真伪问题，因为各种史料都可能存在真伪问题，即便是被视为权威记载的文献仍然存在这样的问题（这个本章后面将会提到），因此广泛地阅览相关史料是非常重要的，这会让我们发现不同史料对于某种史实的认识差异，促使我们更为客观地看待问题。广泛阅读还有一个好处就是可以使我们尽可能客观地看待历史。历史研究者经常提到的"秉笔直书"其实是很可质疑的，因为人所处社会位置的不同，必然有认识上的差异，不同的研究者会对历史史料有不同的取舍和评价，那么"秉笔直书"就很难说是客观公正的。如此，尽可能地广泛阅读史料，就会了解站在不同社会位置的研究者对于相同问题的看法，研究起来也就更容易做到相对客观。

完成史料的初步过滤以后，就要展开史料的解读，我们通常是带着目的去阅读史料的，因此史料的解读可以遵循一些基本的原则。

4.2.1 广泛而择要的原则

对于图书馆史研究而言，要广泛地浏览史料，择其重要之处加以标记，以形成自己的知识体系。这个知识体系既可以与传统的图书馆史研究脉络重合，也可以有部分不重合，从而更容易发现新的东西。与图书馆史总体结构相匹配的有关史料，如果在当时就具有全国性的影响，或者与后续图书馆事业发展联系密切，就需要引起高度关注，比如图书馆史研究关注的一些重要事件、机构、人物；对于关联性较弱、重要性较低的史料，过目即可。以1925年鲍士伟访华为例，民国时期中外图书馆交流有过数次，但都不及鲍士伟访华事件意义深远。回顾鲍士伟访华，会注意到几件有意义的事情：第一，鲍士伟作为美国图书馆协会的代表访华之际，正值中华图书馆协会成立、韦棣华积极申请庚子赔款之部分用于中国文化教育事业两件重要事件同期发生、新图书馆运动发展到高潮的时期，鲍士伟的访华可以视为美国式图书馆理念开始在中国取得话语权的象征。第二，鲍士伟访华引起了梁启超的一次重要发言，激发了对当时图书馆发展方向的辩论，对后来的民众教育的发展是有推动的。

> 以中国现在情形论，是否应从扩充群众图书馆下手，我以为很是一个问题……现时的中国怎么样呢？头一件，就读者方面论，实以中学以上的在校学生为中坚，而其感觉有图书馆之必要最痛切者，尤在各校之教授及研究某种专门学术之学者，这些人在社会上是很是少数。至于其他一般人，上而官吏及商家，下而贩夫走卒，以至妇女儿童等，他们绝不感有图书馆之必要，纵有极完美的图书馆，也没有法儿请他们踏到馆的门限……美国式的群众图书馆，我们虽不妨悬为将来目的，但在今日若专向这条路发展，我敢说："他的成绩，只是和前清末年各地方所办'阅书报社'一样，白费钱，白费力，于社会文化无丝毫影响。"①

显然，鲍士伟的演讲引起了传统文人的不适，普通大众居然也可以涉足传统读书人的场所，这就降低了知识分子的那种自我优越感，在情感上是有点不易接受的。因此，鲍士伟访华事件是中国图书馆史研究好些重要问题的连接点，其史料有延伸意义，价值很大。但是，也要了解其他几次中外图书馆界的交流活动，感受才会更深。

---

① 梁启超. 中华图书馆协会成立会演说辞［N］. 晨报副刊，1925 - 06 - 02 (1).

图书馆史研究长期以来有不擅联系社会发展、政治形势的问题，这可能与图书馆的研究脉络有关，这些问题通常是作为历史背景交代的，因此建立与既有研究脉络不完全重合的知识体系是很重要的。毛泽东曾是传自日本的新村主义的积极拥护者，以他早年对图书馆的认识为例，他认为"新社会之种类不可尽举，举其著者：公共育儿院、公共蒙养院、公共学校、公共图书馆、公共银行、公共农场、公共工作厂、公共消费社、公共剧院、公共病院、公园、博物馆、自治会。合此等之新学校、新社会，而为一'新村'"①，肯定了图书馆是建设新农村的重要机构，这一方面是因为他喜欢看书，懂得知识、眼界的重要性；另一方面与他所主张的培养学用结合的知识分子有关系。"现时各学校之手工，其功用在练习手眼敏活，陶冶心思精细，启发守秩序之心，及审美之情，此为手工课之优点。然多非生产的（如纸、豆泥、石膏、各细工），作成之物，可玩而不可用，又非实际生活的，学生在学校所习，与社会之实际不相一致，结果则学生不熟谙社会内情，社会亦嫌恶学生。"而学校教育的另一弊病是"学生毕业之后，多鹜都市而不乐田园。农村的生活非其所习，从而不为所乐"。由此产生的恶果就是"农村无学生，则地方自治缺乏中坚之人，有不能美满推行之患。又于政治亦有关系，现代政治，为代议政治，而代议政治之基础筑于选举之上。民国成立以来，两次选举，殊非真正民意。而地方初选，劣绅恶棍武举投票，乡民之多数，竟不知选举是甚么一回事，尤无民意可言"。② 联系到后来以毛泽东为首的中国共产党人在中央苏区以及陕甘宁边区大办农村教育，开展扫盲教育、阅读教育，以及以新华书店为代表的农村图书馆建设，再到后来的"知识青年上山下乡"，我们似乎能从毛泽东青年时代的思想中发现一些线索。以毛泽东在中国近现代历史上的影响力，他有关图

---

① 毛泽东. 学生之工作［M］//中共中央文献研究室，中共湖南省委《毛泽东早期文稿》编辑组. 毛泽东早期文稿. 长沙：湖南人民出版社，2008：406 - 413.

② 同①.

书馆的论述就是相当重要的史料，但由于毛泽东并不属于传统图书馆史研究的脉络体系，所以现有图书馆史的研究大多只是关注他在北大图书馆当馆员的很小范围了。

一直以来图书馆史的研究都有精英化的思维定式，这是由于精英化的机构、事件、人物与图书馆历史脉络大框架相暗合，受到学术界的高度重视。因此国家图书馆、省级图书馆、著名高校图书馆、著名的人物、著名的事件就成为图书馆史研究的重要对象，与此有关的史料当然就属于重要史料。不过近些年以来，受史学研究微观化、大众化、平民化的影响，图书馆史研究也在越来越多地关注那些以前毫不起眼的史料，比如乡村层次的图书馆史料、读书会史料。又如，总分馆制在民国时期各地图书馆时有采用，但是很难找到具体的制度规范，越是基层的图书馆越不容易找到，而1931年重庆北碚峡区图书馆发布的《各镇民众图书馆管理暂行条例》，就属于人们以前很少注意到的新史料。

访讯，近来峡区各镇民众图书馆逐渐成立，此间图书总馆为适应各方需要，特将管理暂行条例公布，兹录如下：

一、各镇图书馆即就原有镇名，定名为××镇民众图书馆。

二、各镇图书馆之设备费及经常费由各镇自行筹划（以本镇之联保主任、校长、士绅及驻在该地之保安队长共同负责）。

三、各镇图书馆之所在地须择适中及民众易于集合之地点，并须与陈列所民众学校、分诊所民众会场、民众体育指导处等有极密切之联系。

四、各镇图书馆之管理人暂由驻在该地之保安队人指定，俟将来事务繁复时再请区署委派专人负责。

五、各镇图书馆至少须有下列之设备。1.沪渝蓉及本区报纸各一份。2.民众丛书若干册。3.本区出版丛书若干册。4.通俗画片二十张以上。5.中外地图若干张。

六、各镇图书馆须施行下列之管理法。1. 置书本目录及图书一览表。2. 置新书登记册及统计每月新书。3. 置阅览登记册及统计每月阅览人数。关于时代知识之图画片每月交换一次。

七、各镇图书馆可得区署总馆下列之帮助。1. 办法之商定。2. 疑难之解决。3. 巡回文库之交换，巡回图片之交换。

八、各镇图书馆每周须向区署总馆作工作报告一次，每月作总报告一份。

九、各镇图书馆工作报告要项如次。1. 阅览人数之统计。2. 新到书报之统计。3. 新方法之施行。4. 疑难问题之解决。5. 文化运动之参考。6. 经费出纳之情况。

十、各镇图书馆置书报须随时商请区署总馆作最后之决定。

十一、各镇图书馆经费之用途须列表请由区署总馆核定。

十二、各镇图书馆可随时提出新方法及图书馆改良之意见，向区署总馆提议。

十三、本条例有未尽善事宜得改订另行公布。

十四、本条例自公布日起发生效力。

这是目前民国时期有关总分馆制度最早最完整的文本，这样的史料当然是值得解读的史料，但是因为受传统思维的影响，以前是不太注意的。因为研究趋势的变化，史料价值也在变化。

4.2.2 联系对比的原则

联系对比的原则可以帮助我们跳脱出史料的局限，把一些看似零散的史料串联在一起，得出有价值的观点。以中美图书馆界交流为例，会发现从 20 世纪初到 30 年代，从克乃文、韦棣华来华到后来的中国学生赴美留学，从鲍士伟访华，从哈佛燕京学社和图书馆等史料来看，中美图书馆界之间的交流主要是民间性质的活动，基本看不到政府的身影。

但到了 40 年代，中美政府都开始涉足中美图书馆界的交流，蒋介石为加强中美盟友关系，开始筹建实为政治工程的国立罗斯福图书馆；二战结束后，随着美国文化输出战略的影响，美国国务院及美国图书馆协会对在中国建立现代化的图书馆，培养中国的图书馆员有很高的热情。布朗认为"在西南太平洋地区国家的图书馆员和学者，需要将美国图书馆的管理原则应用于他们本国"，这是"中国图书馆员的发展蓝图"。[①] 根据中美政府达成的《拟援美国福布莱特法案请求资助在中国组织图书馆研究会或讲习会建议书》，"此提议拟送致下列各大学：国立北京大学、金陵大学、国立中山大学、国立复旦大学、华西协和大学，如上列五大学有不能参加上述计划者，美国图书馆协会及国务院愿再考虑其他学校。中国五大学之申请书送出后必备副本一份送交美国图书馆协会，该协会再送交国务院之外国学生资助部"。[②] 用联系对比的方法，就会发现中美图书馆界的交流有从民间到官方的发展趋势，学者自然又会好奇为什么会有这样的趋势。这就是从史料解读出来的信息，以及由此产生的新问题。

又如阅读清末民国时期国立图书馆的建设，会对比出一些有意思的信息。清末以降，直至 1949 年国民党结束在大陆的统治，这一期间正式建立及筹备建立的国立图书馆有五个，按时间先后分别是国立北平图书馆、国立中央图书馆、国立西北图书馆（国立兰州图书馆）、国立罗斯福图书馆、国立西安图书馆。除国立北平图书馆继承清末建立的京师图书馆外，其余四个国立图书馆均筹建于 20 世纪 40 年代，表明这一时

---

① 转引自孙洋. 太平洋战争时期美国对华文化援助研究 [D]. 长春：吉林大学，2012：233.

② 拟援美国福布莱特法案请求资助在中国组织图书馆研究会或讲习会建议书 [A].1947 或 1948. 第二历史档案馆. 档案号：1342. 此为国民政府教育部档案，文中未明确日期，但所用稿纸左下角有 1947.11.20000，瑞稿纸中缝印有教育部字样，很可能说明该稿纸批量印刷于 1947 年 11 月，因此该文应形成于 1947 年年底或 1948 年。

期是国立图书馆的建设高峰期。国立图书馆建设从全国政治中心北京、南京，扩展到地区政治中心重庆、西安、兰州，1940 年代筹设的国立罗斯福图书馆、国立西北图书馆、国立西安图书馆均位于中国西部，似乎有东西南北均衡布局的设想。那么这样的假设是否成立？从史料中可以看出，1925 年中华教育改进社图书馆教育委员会就曾提议将庚款的三分之一用于在全国各要地建立八所模范图书馆。"用此款建设及经营之图书馆共八所，分布于中国各要地，为各该区域之图书馆模范。"① 但是没有具体说应分布在哪八个地方。1928 年李小缘又提出成立国立中山图书馆作为国立图书馆，以南京、北京、武昌、广州、成都五地作为分馆所在地，各分馆又作为地区图书馆的中心。② 1945 年，中华图书馆协会也曾向教育部建议："我国国立图书馆，现仅北平与中央两所，本会以图书馆之建立对于专门学术研究与一般社会教育均有莫大帮助，而唯有国立图书馆始可具较大规模，收较大成效，故又呈请教育部于西北、东北、西南、东南及华中各区分别增设国立图书馆，以促进学术研究，提高教育水准。"③ 从国立罗斯福图书馆的实际筹备执行人严文郁的观点来看，他是想设在上海的，他写了一份名为《为避免重复计拟请设在上海因》的文件④：

　　馆址：本馆原应设于首都，唯因首都已有「中央图书馆」，文化广播集于一个区域，他区即不免向隅，效用未能宏大，故拟设上海，有下列数项理由：（一）上海之为全国文化导源及国际贸易中

---

　　① 中华教育改进社图书馆教育委员会提关于美国退还庚款三分之一建设图书馆之提议 ［J］. 中华图书馆协会会报，1925，1（1）：9-11.
　　② 李小缘. 全国图书馆计划书 ［J］. 图书馆学季刊，1928，2（2）：210.
　　③ 本会呈请教部恢复西北圕并增设国立圕 ［J］. 中华图书馆协会会报. 1945（4-6）：13.
　　④ 严文郁. 罗斯福图书馆计划并筹备意见书 ［A］//创设本馆旨趣筹备计划纲要组织条例草案规程. 重庆市档案馆. 全宗号：0115，目录号：1，案卷号：4.

心，事实上已有数十年相当地位。国际人士亦多荟萃此埠。故于此设馆，庶使嘉宾一入国门即可来馆观光。我国政府及人民一致崇敬罗氏伟大精神，企向世界大同之热望，得以晓喻于世界各国，具有益于国际观感，当非浅鲜。（二）上海至欧美交通便捷，书刊转递与供应较为容易。（三）上海与国内各地，交通亦素称灵便，京沪密迩，供应政府机关参考，亦甚适宜。（四）上海市区，大规模之图书馆尚付阙如。加以兵燹劫火之余，公私藏书，多半化为灰烬，收拾焚残，保存文献，亦实步趋罗氏复兴计划之精神，可能实现之机会。

但与图书馆界的观点相比，严文郁的意见不是主流。主流的意见是主张将国立图书馆的建设从以首都为中心发展到以地区为中心，这是普遍的趋势，国民政府在筹设国立罗斯福图书馆、国立西安图书馆时应当是接受了图书馆界的呼吁，虽然我们还没有看到直接的证据。

4.2.3　不同类型史料互相补充的原则

图书馆史研究最理想的状态是不同类型的史料能够结合在一起，形成证据锁链，公开文献与非公开文献，著作、报刊、档案、日记、书信、图像都能关联到同一个观点。这种状态当然是很理想的，然而也是很难得的。一方面有材料的制约，另一方面也有研究者自身的问题，可能在收集材料时就没有想到这方面去。因此，我们在解读史料的过程中要有意识地选择不同的史料类型，以避免不同类型材料可能存在的问题，尽可能地寻求研究的客观性。

如果按照公开及非公开的状态，史料还可以分为公开出版物、非公开出版物、非书材料等。公开出版物不用赘言，非公开出版物"是地方党政机关和企事业单位、团体在某一特定的社会范围内出版发行的图书、报刊和文件汇编、会议录、论文集、调查报告以及其他各种形式的出版物"，非书材料是指"不以出版为目的，而在社会生活、经济生活中自然产生的文献，如簿记、手稿、日记、笔记、书信、文契、证券、商标、戏剧说明书和产品说明书等"。① 比如各地政治协商会议、史志办编写的地方文史资料，如中国人民政治协商会议四川省巴县（重庆市巴南区）委员会文史资料委员会所编《巴县文史资料（第十辑）》等。非书材料还包括档案等公开程度很有限的文献。按照王笛的观点，按照文献制造者的来源，还可以分为官方文本、大众传媒、调查统计及私人记录。② 显然这是依据文献生产者的定位进行的分类，官方文本包括地方志、档案等，报刊、期刊亦官亦私，调查统计也是同样，日记可视为私人的文本。这些文本结合起来，就可以有效地增加论证的可信度。

（1）专门史料汇编

图书馆史研究运用最多的还是公开出版物，如李希泌、张椒华主编的《中国古代藏书与近代图书馆史料：春秋至五四前后》，王余光、范凡主编的《清末民国图书馆史料汇编》，国家图书馆出版社出版的《中华图书馆协会会报》，以及《近代著名图书馆馆刊荟萃》等民国时期图书馆业的影印期刊、文献等，都是很有价值的参考书。但是这些公开的文献都有精英化的问题，如果用于研究平民化的基层图书馆、民众教育馆的历史，就比较有问题，因为这些史料涉及的极少，或者说就算有也要谨慎，不能完全相信。以李钟履所著《乡村图书馆经营法之研究》为例，该书是民国时期最早讨论乡村图书馆的专著，在当时也很有影响。但是细读这本书就会发现很多论断是作者的想当然，与那些曾经在乡村图书馆工作过的图书馆员所写的材料相对照是大不一样的。其实这本书只是李钟履在文华图专读书时的作业，他一生的职业生涯都与乡村工作

---

① 管莉萌. 地方非公开出版物和非书资料的收集与整理［J］. 情报探索，2009（7）：61 - 63.

② 王笛. 街头文化：成都公共空间、下层民众与地方政治（1870～1930）［M］. 北京：商务印书馆，2013：8.

无关，该书的内容很多是参阅了美国乡村图书馆的做法，加上了一些他对乡村图书馆工作的设想，甚至连乡村调查都没有。因此，就像 C. 吉兹伯格所指出的："我们所能知道的（如果可能的话）过去农夫和手工工匠的思想、信仰以及期望，几乎都是经过了扭曲的观点和中介得到的。"显然，提供这些"扭曲的观点和中介"的就是记录者本身。① 因此，如果材料来源较为单一，研究者在思维上可能就会受到材料本身以及作者的影响，在不知不觉中走向分析错误。

（2）地方报纸与档案

以下以北碚公共图书馆的史料分析为例，指出运用不同类型史料进行分析的必要性。有关该馆的公开出版物不多，因为民国时期图书馆学人圈里涉足其中的几乎没有，不论是文华系、金陵系还是北大系，他们的工作轨迹均与基层图书馆牵涉甚少，而这群人以及相关联的图书馆人又是现存有关图书馆史方面公开出版物最活跃的作者群体，因此这样的史料与研究问题之间有一些错位，寄希望于熟知的史料领域是不太可能的。后来找到的相关材料有五种：

① 发行范围很小的地方刊物《嘉陵江报》和《北碚月刊》

《嘉陵江报》原来是不定期刊，后来改成三日刊，再后来是日刊，变成了《嘉陵江日报》。该报报址最初就设在北碚峡区图书馆，所以初期报道该馆工作的史料非常多。《北碚月刊》是当地的机关刊物，也有所涉及。新闻报道与学术文章不一样，它叙述性的成分较多，客观性较强，更加接近史实。当时农村民众娱乐活动很少，农民对报纸还很陌生，报纸便很能引起他们的兴趣，就是读不懂也愿意听人去讲，宣传效果很不错，所以这份报纸就从 1928 年一直出到新中国成立，是很重要的基层研究文献。

① 王笛. 街头文化：成都公共空间、下层民众与地方政治（1870～1930）[M].北京：商务印书馆，2013：8.

② 重庆档案馆的档案

图书馆工作是当时乡建工作的重要一环，所以在乡建档案中找到了很多有价值的史料。档案是开放程度很低的史料，其中不少反映了当时的公务活动，这是一般出版物如著作、报纸中不会体现的内容。还有一个特点，公开出版物往往只谈工作好的一面，少谈或者不谈工作不好的一面，而档案在反映图书馆基层工作时，好坏两方面反映得都比较充分，因此会出现一些有趣的、意想不到的材料。以下是关于当时晚间集中开展读书会活动，部分乡建工作人员再三申请变更晚间读书会的一则档案史料[①]：

敬签呈者：

窃查职等前以情形困难肯请免予参加音乐会、读书会一事，兹奉钧署内字第七一五号指令内开：

"呈悉，查所请自属实情，但为团体意义及群策群力计，仍应参加。诚影响次日工作，而会议即工作，其意义一属相等。至灯亮可报由区署公费开支，道路已令饬北碚镇公所于秋收后分段整修，且雨雪之夜全体停开，平时夜间尚有外出游玩者，更何况团体集会不能参加，故所请碍难照准，仰即共体斯旨，勉为参加为要，此令"等因。奉此。

自当遵照参加，曷敢再渎，惟以职等困难情形，须承钧座洞悉，予以解决，但职等苦衷仍多，尤以近年来工作倍增，亟等赶办。整天工作疲劳未复之际，而又临读书会音乐会之期也。因此痛苦极矣！况职等并非自甘堕落，不求前程。故违钧座爱护提倡之意旨，确以困难过多，故近年来扪心自问，因工作关系，职等平时在夜间，并

_____

① 以情形困难肯请免予参加音乐会、读书会的呈 [A]. 重庆档案馆. 档号：0081000400035700000107000.

未有外出游玩情事，自可负责。如既能有夜间外出游玩的时间，何苦一再请不参加，况读书会与游玩比较，利益悬殊，故常听钧座训示"两利相权取其重，两害相权取其轻"，自问何者为是，岂敢明知故犯吗？须知读书会关系各个人自身前途，有莫大之利益，但以处此乡间距离太远，往返不便，需时四个钟头以上，故睡时已逾深夜，十二钟过矣。故在路途中，时闻豹子狂叫之声，以龙凤附近山麓而论，常闻人言有豹子咬狗及小猪小人等情事，又不能不防范于未然也，而途程又较之黄桷、白庙、二岩等地为远，故迫不得已，只得再将此情再陈钧座，俯赐鉴核，准予豁免参加读书会与音乐会，由职等就财务股同人中组织读书会。况此事在上年度职等已自动组织小组读书会，而兵夫都一概参加，大家都感觉兴趣浓厚，轮番报告，轮番作主席，轮番记录（附呈上年度龙凤山读书会纪录一本）。旋因天气过热，夜里蚊子过多，故仿钧署读书会恢复时，自当同时恢复，并非借此躲避，自甘退后也。如职等是逛言，钧府不相信时，职等可将每周读书会报告记录，呈报钧座察核，所呈各由，是否可行？伏候。令遵！谨呈主任转呈区长钧鉴。附呈读书会纪录一本。

职　阳建勋　萧明玉　宗淮浦　韦希吾

杨永维　吴恒春　胡见文　周玉琴

这样的材料尤其能反映社会底层的读书生活的不易——参加者存在反抗情绪、读书会具有强制性，而我们在一般的精英文献里是很难看到这样的内容。

③ 口述史、个人日记等史料

口述史是亲身经历过的人所留下来的访谈笔录，虽然可能存在因当事人主观意识产生的夸大、歪曲、贬损史实的情况发生，但是仍可以作为历史研究的一种有益补充。2013 年在重庆调研时，访谈者采访了原来民生轮船公司老职工陈代六，陈老师当时已经 96 岁高龄，身体还很好,思维清晰,声音很洪亮。访谈中有一个问题就是民生轮船公司图书馆办得好好的,后来的轮船图书巡回工作为什么就停止了,后来为什么就合到北碚峡区图书馆去了,文献对这些问题并未提供解释。陈老师就说是因为有一天晚上走火,当时图书馆在四楼,消防队无法施救,熊熊大火就把图书馆全烧了,以致图书馆工作没办法继续了,公司就决定不办了,人员及剩余藏书就合并到峡区图书馆了,这就搞清楚了当时两馆合并的重要原因。

一些著名图书馆学者的口述访谈就更有价值了。比如彭斐章的《九十自述》,涉及从民国时期一直到 20 世纪末武汉大学图书馆学教育的情况。作为亲历者,彭斐章见证了中国图书馆学教育从师法美国体系转变到学习苏联体系,又回归到与西方图书馆学交流的历史发展过程。他既是学生,又是后来的管理者、学者,武汉大学信管学院又是中国图书馆学发展的摇篮,因此其口述访谈在图书馆史研究中的价值很大。

对图书馆史、阅读史研究而言,常常遇到的困难就是很难了解读者的思想。因为缺少关于读者的史料,图书馆员做的很多工作对读者有什么样的影响,都是未知数。有一些个人日记会涉及读书的内容、感悟,这就是很重要的阅读史、基层图书馆史研究的史料。三峡实验区署旧址附近的商店售卖的有关名叫高孟先的少年义勇队队员的文献记载,高孟先是当时北碚乡建的参与者,初到北碚时还识字不多,以后通过学习开始喜欢上阅读和写日记,这和当时许多乡建青年的成长经历是一样的,也就说这个人物的行为是有代表性的。他的日记、文章中就有很多阅读史方面的材料,比如"午前在家拟《如何阅读》一文,准备在本周读书会中报告"①, "计划本月工作大纲:乙、写稿 1. 关于乡建文三篇。2. 散文四篇。3. 时事论文一篇。丙、读书 1. 每日必阅大公、新蜀、商

---

① 高代华,高燕. 高孟先文选 [M]. 重庆:西南师范大学出版社,2016:337.

务各种报纸。2. 每周必读书一本或看杂志一本（新到）"①，"（船上）午后三钟，开了一个读书报告会。卢局长报告的，是江西一瞥——庐山。不独风景独好，而且有百数外人在那里经营得有秩序，是我们应该要去看看的。再报告是江西景德镇的瓷器，是供给全国需用的，并且又是大规模工业区域，所以我们应该要去考察的，并报告农村社会与都市社会异点，及农村社会与分类。袁伯坚报告的瓷器制造法；梁嵛报告的是汉阳的两大工厂，一是兵工厂，一是铁厂，并说其两厂的过程；舒承谟报告的是丁格飞步行中国游记，自昭通府至云南的经过。晚上聚谈了一些有趣的文学问题，并谈了些有价值的文章"②。还有不少他阅读的小说，然后联系生活实践产生的共鸣，这些都记载在他的日记里，这是其他类型的史料不容易看到的东西。

④ 图像史料

图像史料可以弥补很多文献所不易表述的细节，替代大量的文字叙述，给予读者直观的印象，增加研究的说服力。以下是北碚峡区图书馆当时在农村开展图书馆巡回工作（图 4 - 1 左）与组织巡回书库（图4 - 1右）的照片。

图 4 - 1　北碚峡区图书馆开展工作图像资料

---

① 高代华，高燕. 高孟先文选［M］. 重庆：西南师范大学出版社，2016：267.

② 同①187 - 188.

　　这样的图像，再结合文字史料，就会使我们对于当时乡村阅读有了感性认识，非常有价值。近代来，已有学者注意到这一个问题。武汉大学彭敏惠编著的《文华图专珍稀史料图录》专以"图像"为编纂对象，以"昙华初创""风雨历程""文华英才""珍存掠影"四个主题为线索，收集了大量文华图专师生肖像、成绩单、毕业证、报名单、印章等图像，使读者从文字走向直观，加强了对图书馆史的综合认识。总的来说，图书馆史研究运用图像史料的还很少，这方面有史料收集的阻碍，我们就要有意识地去扩大史料的收集范围，平时也要留心图像的收集、整理工作。

　　⑤ 著作、期刊论文

　　北碚峡区图书馆是卢作孚当时在农村的一个创举，后来的乡建运动很多是以图书馆为中心搞起来的，在《卢作孚选集》里有不少相关的内容。各种有关卢作孚社会教育方面的论文也很多，都与图书馆活动有联系。重庆民生公司卢作孚研究室也有相当丰富的中外史料。这种类型的史料是最易获得的材料，也是数量最多的一类。

　　这样，通过将上述五种类型不同、彼此又互相关联的史料交叉运用，就能够对北碚图书馆乡村教育工作做一个详细、客观的分析，所得出的结论也比较有说服力。

　　（3）对外文史料的解读

　　国内图书馆史研究对于外文史料运用得比较少，缺少中英文史料的相互比对，这会对图书馆史的研究产生一些不利影响。比如有学者认为："国立罗斯福图书馆筹委会秘书严文郁放下紧张的筹备工作，跑到美国去考察、筹书，一去便长达 9 个月，仅筹书 2 万余册，令人费解。不能不使人对其赴美真正动机产生怀疑，难道就没有躲避困难的原因？"这就是因为缺少外文史料对比所导致的认识错误。后来我们在查阅档案的过程中发现《严文郁留美事》、《国立罗斯福图书馆有关动用美汇、交际、谢函及捐赠书籍事（外文档案）》、《国立罗斯福图书馆外文档案》

三个卷宗，保存了 400 余封严文郁访美前后的英文信函，这些信函记录了严文郁在资金相当有限、新馆还没有知名度的情况下，如何为该馆争取外援，以及怎样使国立罗斯福图书馆变成了联合国文献收藏图书馆之一的工作记录，证明了以前的一些认识是不正确的。国内不少学者同样通过比较国内外文献，在有关文华图专史研究诸多异载的考证上取得了许多成绩。

4.3 史料的运用

史料是史学研究的基础，史料通过运用才能发挥出它的价值，否则就只是许多杂乱的信息而已。因此，史料的运用也可以看作史料解读的进一步延伸，是在一定逻辑组织下的主观性活动，它的重点在产生新的观点。史料运用的目的有两个：一是加深对历史事件的客观真实认识，比如考辨史料的真伪和价值；二是得到基于史料但超越史料的规律性认识，比如探寻历史发展的一般规律。那么，围绕这两个目的，图书馆研究史料的运用应遵循以下原则。

4.3.1 考辨历史真实

史料运用要起到"辩章学术、考镜源流"的作用，但是不等于把新的史料挖掘出来就能自然而然地其意自见。史料要起到证明的效力，需要对史料进行筛选，选择最有价值的史料，通过逻辑思考形成严密的论证，才能形成结论。对历史事实的考辨是建立在尽可能穷尽与之有关史料的基础之上，史料阅读得越多，研究者的个人主观性就越会被压抑，就会减少因为某些史料符合研究者的主观假设，而另一些史料与假设差异较大而有所偏颇的情况。史料之间的差异还会促使我们对已有结论产生怀疑，进而展开进一步探索。

以文华图专首届毕业班的图像史料、文献史料分析为据，文华图专首届毕业班存在"六人说"和"八人说"的分歧。"六人说"的历史论据如沈祖荣的观点，1922年11月他在《民国十年之图书馆》中提到："现已毕业一班，其学员有在厦门大学图书馆、上海商务印书局图书馆、北京政治学会图书馆、北京协和医学图书馆、燕京大学图书馆、清华学校图书馆任事。"根据学生就业单位和已有学科知识背景，推断他所指即裘开明、黄伟楞、陈宗登、桂质柏、许达聪、查修六人。① 周洪宇在《不朽的文华——从文华公书林到文华图书馆学专科学校》认为："文华大学图书科首届学生只有六人，全部为男生，他们都是从文华大学文学院二年级学生中挑选出来的，1922年毕业。"② 程焕文在《中国图书馆学教育之父——沈祖荣评传》中引用《文华月刊》1922年第2册第1号和第2册第4号记载，指出裘开明、陈宗澄和黄伟楞三人毕业于1922年1月8日，许达聪、查修和桂质柏三人毕业于当年的6月24日。③ 胡庆生用到了"Happy Six"的说法。这些史料都使读者认为，文华图专首班只有六名学员。

"八人说"的历史论据如《文华温故集》1920年11月第15卷4号，英文封面印有"Library Number"（图书馆专号），集中刊登有关文华图书科的消息和文华图书科师生的文章，其中多篇文章提到该科首班学生为八人；查修在《北京图书馆界见闻纪录》中的说法；裘开明在 *Boone University Library Past，Present and Future*（《文华公书林之过去、现在与未来》）中的观点；黄伟楞在 *The First Library School in China*（《中国第一所图书馆学校》）中的观点；许达聪在 *The Work of Boone*

---

① 王玮. 文华图书科首班"流失"学生考［J］. 图书馆论坛，2020，40（11）：115-124.

② 周洪宇. 不朽的文华——从文华公书林到文华图书馆学专科学校［M］. 武汉：华中师范大学出版社，2013：108.

③ 程焕文. 中国图书馆学教育之父——沈祖荣评传［M］. 北京：国家图书馆出版社，2013：40.

Library in the Commercial Press Library（《文华公书林在商务印书馆的工作》）中的观点；1921 年第 46 卷第 12 期 Library Journal 的照片（图 4 - 2）。① 黄伟楞在《中国第一所图书馆学校》中有一段话点明"流失"学生的准确去向："在学期结束前，学校、学生和这两所机构三方达成协议，暑期为这两所机构服务，并且由两名学生分别暂时担任这两所图书馆的职务，直至另外两名学生毕业后接替他们。"②

图 4 - 2　文华图书科第一班师生合影

① 王玮. 文华图书科首班"流失"学生考 [J]. 图书馆论坛，2020，40 (11):115 - 124.

② HWANG W. The first library school in China [J]. Boone Review，1920，15 (4).

分析比较这些文献史料以及图像史料，可以得出文华图专首班学生为八人而非六人的结论，之所以出现六人与八人的歧义，是源于对"首届"学生而非"首班"学生存在误解。并且在用词上也存在问题，"周洪宇基于毕业时人数比入学时少两人，得出两人'退出'的结论，而'退出'一词有'退学'的误导，但缺乏实证证明其的确是退学。因此，笔者认为在另外两人没有如期毕业的原因得到澄清前，对这种状态的描述用词以没有任何预先假设的中性词为宜，而前述圕人堂讨论该问题时有学者提出的'流失'一词相对比较中立。"① 从此例可以看出，对于同一史实的史料论述也会出现诸多差异，即便是当事人的史料也要小心求证。因此，傅斯年所言的"假如有人问我们整理史料的方法，我们要回答说：'第一是比较不同的史料，第二是比较不同的史料，第三还是比较不同的史料。'"② 就是这个道理，这个办法对于史料运用亦是同样的。同时，研究者也要注意使用准确的词语进行描述，以免因此给后来者带来诸多困惑。

4.3.2 探索历史规律

寻求历史的客观真实是图书馆史研究最基本的任务，从史料中发现历史规律则是图书馆史研究更高层次的目标。有学者指出："近年来，得益于史料获取难度的下降，如绝大部分近现代的图书馆期刊史料基本都已影印出版或可通过全文数据库检索下载，以往史实不清的事件、人物通过考证梳理逐步变得清晰。不可否认，这类考据式研究具有填补图书馆史研究空白的价值，一个优秀的史料研究者也必须对历史的具体细节保持强烈的兴趣，后现代主义史学思想所倡导的知识考古学和微观史学对研究图书馆发展中偏离或者被现代性陈述所隐藏的边缘不无启示。

① 王玮. 文华图书科首班"流失"学生考［J］. 图书馆论坛，2020，40（11）：115-124.

② 傅斯年. 史学方法导论［M］. 北京：中国人民大学出版社，2009：2.

但随之而来的一大问题是，研究者虽然对某个图书馆人物、事件、机构、著作的研究越挖越细、越挖越深，却往往拘泥于静止、局部的就事论事，难脱'贡献'式刻板陈述的俗套，只见树木不见森林，只阐述'what'而不追求'why'，研究日趋'碎片化'忽视了图书馆史学研究的最高原则应是对规律的揭示，'历史图书馆学研究必须拥有思想'。"① 傅荣贤也认为"图书馆史不仅是单纯的历史学，还要寻绎'史'的规律"。② 在各种史料来源越来越丰富的今天，已经与以前那种"上穷碧落下黄泉，动手动脚找东西"的艰辛大为不同了，因此虽然史料挖掘、考证工作仍然是图书馆史研究的基本目标，但在现代科技的帮助下，研究者大可以把精力更多地投向探索历史规律的研究中去。

以 20 世纪初至 20 世纪中叶中国图书馆事业指导思想的演变规律分析为例，1949 年新中国成立以后，一直到 1966 年"文化大革命"爆发以前，中国图书馆事业的指导思想经历了一个巨大的变革期。"这十七年最根本的变化主要体现在图书馆事业发展的指导思想上面，即由1949 年以前的自由主义（Liberalism）变为 1949 年以后的国家主义（Statism）。"③ 研究者首先介绍了"自由主义"和"国家主义"，"自由主义"其核心在于强调个人的权利及其保障，表现在当时的图书馆事业发展上，就是强调图书馆对于普通民众读书、教育权利的保障；而"国家主义"则是强调国家利益的至高无上，其价值的归依是国家。在"国家主义"思想下，图书馆工作更多的是强调与国家利益相结合，图书馆也更多地成为一种为政治、为国家服务的工具。

---

① 顾烨青. 我国图书馆史学研究的未来走向［J］. 中国图书馆学报，2020，46（5）：114-127.

② 傅荣贤. 中国古代图书馆史研究的叙述模式［J］. 山东图书馆季刊，2008（2）：49-51.

③ 谢欢. 存史观变：图书馆史领域的"十七年史"研究［J］. 图书馆建设，2015（3）：4-7＋12.

为证明这种假设，研究者以图书馆学著作、教材的演变为主线，认为从民国时期图书馆学著作中提到图书馆性质时大多将其定位为"社会教育机构"，提及图书馆职能时大都先提"社会教育职能"就能有所反映。如 1923 年杨昭悊在《图书馆学》（该书是中国第一部以"图书馆学"为书名的著作）中花大量的篇幅讨论"图书馆与教育"的关系，而像刘国钧、李小缘、杜定友等人的著作中同样对此都有相当篇幅的论述。20 世纪 30 年代之后，虽然"三民主义"思想逐渐统一中国，但是在图书馆学的研究及图书馆事业的发展中主要遵循的还是一种自由主义的思想。

接着，研究者列举了新中国成立后，图书馆事业在图书馆学著作、教材上发生的深刻变化，以证明先前的假设。"马克思主义成为我国各行各业的根本指导思想，在'国家主义'思想下，图书馆工作更多的是强调与国家利益相结合，图书馆也更多地成为一种为政治、为国家服务的工具。作为 1949—1966 年这十七年间最具代表性的一部图书馆学通论著作——1960 年出版的《社会主义图书馆学概论》很好地揭橥了这一情况，该书指出'图书馆事业是文化事业，图书馆工作是思想工作，它必须为社会主义建设进行思想准备，为生产开路'，'图书馆事业的方针也变成为无产阶级政治服务、为生产服务、为工农兵服务'。稍后的 1961 年，武汉大学图书馆学系和北京大学图书馆学系联合编写的《图书馆学引论（初稿）》一书中强调的也是图书馆工作'是一项文化服务事业性质的工作'，'是文化工作的一部分'，图书馆的首要性质变成'思想阵地'，强调向'广大人民进行社会主义、共产主义的教育'。'国家主义'，特别是'苏联式的国家主义'，另一个特点便是强调'整齐划一'。以图书馆学教育领域为例，1949 年以前图书馆学课程方案、教材编写等都由教师自主设置；1949 年以后，由于学习苏联，因此强调'整齐划一'，各专业使用一种培养方案，使用统编教材，甚至连考试大纲都一致，所有的概念、属性、基本原理与基本方法都加以统一。

1949—1966 年这十七年间图书馆学正规教育主要是由武汉大学图书馆学系和北京大学图书馆学系承担，而两所院系使用的教材基本都是由两校合作编写之后统一使用，上文提及的武汉大学、北京大学合编的《图书馆学引论（初稿）》便是很好的一例。除图书馆学教育领域，其他工作（如统一分类法等）也都很好地反映了'国家主义'的影响。"① 早有论述证明，图书馆学人是图书馆事业发展的中坚力量，图书馆学研究及著作、教材直接指导、影响图书馆人的工作，因此以此为线索分析新旧历史时期图书馆事业指导思想的演化自然是非常合适的。

4.3.3　注意深入历史语境

图书馆史研究并非具备了理论假设以及相关图书馆史料就足以进行，还必须考虑历史语境问题。由于历史研究总是以当代眼光审视过去，所考察的时代越是距离久远，思想意识、社会风俗等差异就越大，即便是当代史研究，如果所处社会阶层不同亦存在深入历史语境的问题。因此，研究者要力图通过对史料的观察，尽量从当时历史环境中的社会认识去领略、去感悟，这样才不会得出"何不食肉糜"之类的荒唐言论。历史语境对于图书馆史研究而言，是直接、间接材料之外可能会影响到图书馆事业发展的外部因素。虽然看似与图书馆史研究直接关系不大，但是如果不注重深入历史语境去研究当时的历史问题，就有可能失去分析图书馆事业发展多样性的可能。正如有学者认为："当我们把女性作为一个性别群体，将女性写作作为女性主义理论的实践工具时，为了达到既定的叙述目的，对 20 世纪女性文学进行归纳总结，去除枝蔓，突出女性意识的觉醒和表达，不仅是有效的而且也是必要的，这也是以往的女性主义批评实践所做的重要工作。但是这种做法的代价便是

---

① 谢欢. 存史观变：图书馆史领域的"十七年史"研究 [J]. 图书馆建设，2015（3）：4-7+12.

遮蔽了女性写作自身的丰富性，也剔除了所谓'旁枝末节'改写历史的可能性。在具体的历史语境中，性别问题并不是单一的存在，而是与社会制度、意识形态、文化传统包括风俗习惯等相关联而非相剥离的'集合体'。"①

仍以 20 世纪 20 年代中后期以后中国各地兴起的乡村教育风潮为据，从史料上看，图书馆界在当时颇为积极地参与了乡村教育工作。但是，令人奇怪的是，虽然社会精英、国民政府都认为乡村教育振兴很重要，图书馆在乡村大有可为，但是真正建立起公共图书馆，并且长期维持下去的少之又少，并且我们会发现，建设乡村图书馆、民众教育馆主要是依靠城市的力量，是乡村以外的力量所驱动的，乡村自身好像无动于衷，是什么原因造成这样的现象？有一种很主要的观点认为是乡村财力薄弱，因此无力举办乡村社会教育，无力开办公共图书馆。但事实是："你要在场上去办一桩什么建设事业，绝对找不到一文钱来。他们却是每天可以有千块钱以上的输赢，每年有万块钱以上的戏钱、席钱的开支。这些事业是他要把持着经营的，因为他们可以摆面子出来，找钱出去，这便是他们建设的意义"②。因此，好像并不是财力困窘的原因。同时，从各地文献来看，地方乡绅捐资兴学的颇为不少，那么为何捐资兴办图书馆的却很少呢？看来是认识上的问题。再广泛阅读当时的文献就会发现，中国历史读书是与功名联系在一起的，就是所谓"学而优则仕"。清末废科举导致传统读书人陷入迷茫，但他们很快接受了新学也是博取功名的又一种形式。江西吉安毛家祠堂明确规定有五类牌位不可以毁：第一，祖先牌位不可毁，这是人之本，应"万世供奉"；第二，族内封赠五品以上官员者牌位不可毁；第三，族内出仕与做官者牌位不可毁；第四，科举获得功名者牌位不可毁；第五，接受新式教育者并获

① 郭冰茹. 历史语境与性别立场［J］. 中国图书评论，2019（12）：8-14.

② 卢作孚. 乡村建设（1930）［M］//凌耀伦，熊甫. 卢作孚全集. 北京：北京大学出版社，2012：73.

得中学学历以上者牌位不可毁。① 可见获得新式学校文凭者亦被视为新式士人。然而，乡村社会设立公共图书馆的情况却并不多见，原因在于，民众对于图书馆这样的以笼统的"开启民智"为口号的自我学习场所的认同度不高，在潜意识里，他们认为图书馆缺乏明确的外部评价标准，比如没有像毕业文凭这样能用来衡量是否获取"功名"的显性标志，不能与学校教育相提并论。乡村图书馆开展的社会教育常常由于这个原因而陷入定位不明的状况，这是当时不少乡村图书馆没有单独存在，而主要作为学校附属设施或者主动兼及学校教育功能的重要原因。"图书馆"若是作为"功名成就"的场所——学校的附属设施存在，那么它就具有了合理性。

这个规律性解释似乎是合理的，能够适用于民国时期中国绝大多数农村地区。然而在广东开平，民国时期却开始出现了乡村图书馆建设的高潮，最有名的当数江门司徒氏图书馆与关族图书馆。这两个同属一地的公共图书馆，相互比阔，装修得富丽堂皇。那么为什么司徒氏图书馆与关族图书馆似乎不受上述规律的限制呢？

通过深入到当时的相关史料会发现，两馆的建设反映出一种新的宗族竞争方式。代表着新时代、新经济力量的新知识社团，与以土地和功名所享有特权的在乡族老完成了宗族权力的交替，延缓了宗族的没落。宗祠的衰落一方面与它所依赖的社会条件的消失息息相关，另一方面与清末民初学术界和政府对宗族制度的大力批判有关。传统的宗祠是农耕时代的产物，是落后、腐朽的旧文化的象征。图书馆则代表着蒸蒸日上的西方新文化，它通过不断提供免费的公共产品，为宗族赢得声誉，同时又可以通过高大雄伟的建筑凸显对其他宗族的优越性，从而将宗族感情寄托由祠堂转向图书馆，化为另类祠堂。由于宗祠的建设是以血缘的

---

① 葛孝亿. 社会流动的教育机制探究：以一个地方家族为中心（1905—2010）[D]. 上海：华东师范大学，2014：140.

亲疏形成宗祠、支祠、家祠这样的结构，即使是同一宗族之间，也会因为血缘的远近形成大房、小房之别，产生或明或暗的内部冲突，如此又形成宗族内部的新的不平等，这样的不平等在宗族最重要的祭祀活动中被加以放大。宗族发展越大，内部的分离趋势也就越明显，近代工业化的发展增强了宗族的分离趋势。然而，宗族图书馆则是以宗族姓氏作为区分群体的标准，在这个标准下，所有的族人都是平等的，它没有宗祠传统的祭祀活动，也不涉及事关利益冲突的经济分配，部分地改变了以往宗祠文化的弊端，增强了宗族内部的团结性。因此，新建图书馆既反映出以往宗族对教育的重视，又体现出它的新价值——成为离乡族人，通常是那些见识过海外、大城市西方文明的新知识社团，与在乡族人相互联合的一个新的纽带，改变了离乡族人与在乡宗族联系日益松散的状况，增强了宗族的向心力。而司徒氏图书馆与关族图书馆的建设，明显受到了具有地域性特点的、浓厚宗族色彩的影响。不深入到具体个案中的历史语境，是不能深刻领会图书馆事业的规律及独特之处的。

其实，就是在民国时期的图书馆界，对于乡村图书馆建设的认识亦经历了由浅入深的规律性认识过程，也是通过经验总结才明白了认识历史语境的重要性。最初，图书馆界主要期望借助政府的行政力量在乡村推广图书馆，还没有考虑到与乡村宗族合作办理的问题。一方面，社会精英常常把乡村社会原有的社会组织、公共空间视为落后、无用、应当被淘汰的对象。如认为"乡村社会中的家族是封建余孽、'桐城谬种'、鱼肉乡里的最后堡垒，行会是巧取豪夺、欺行霸市的代名词，民间借贷会则是对贫困农民抽血吸髓之所，说书的、卖唱的是低级趣味，而宗教组织则是麻痹民众、苟且偷生的'万恶之薮'"[1]，主张一概革除，代以他们所认为的新的社会组织，以致与一般民众思维格格不入。革新思

----

① 周慧梅. 近代民众教育馆研究［M］. 北京：北京师范大学出版社，2012：282.

想与乡村传统文化及既有利益格局产生抵触，而没有行政力、经济力的乡村图书馆事业又相当依赖地方社会的支持，一旦发生矛盾，常常不能立足。例如，"浙江某镇的农民，因着民众教育馆是以前龙王庙的旧址，日前大家将各村庙宇的佛像抬到镇上游行，每人手持长香，身披雨衣，三步一拜地求神祈雨。经过民教馆，有人回想着以前庙里有三尊菩萨，因着建筑民教馆而被毁的，于是天不下雨，就归咎于民教馆。大家一面将菩萨抬了进去，焚香祈祷，一面手持铁耙，将民教馆的讲台、阅报室、中山堂捣毁得一干二净"[①]。由此可见，图书馆如果不能与当地乡村社会文化特别是与宗族文化相结合，就很容易被边缘化，陷于举步维艰的状态。在 1929 年中华图书馆协会第一次年会上，杨立诚的提案《设立乡村图书馆以为乡村社会之中心案》就较为切合乡村社会实际，他指出应"利用乡村之神庙祠宇僧舍为乡村图书馆设立地点"[②]。1933 年中华图书馆协会第二届年会上，又有专门议案提出《建议中央通令各省于各宗祠内附设民众图书馆案》，提出图书馆事业要与宗族文化结合的构想："我国农民最多，每有聚族而居，各族皆有宗祠。祠产贫富不一，广东等省，有一祠而数十万者，并有祭祀之房屋，及故家大族之藏书，为创办图书馆最好资料。诚宜劝导酌设民众图书馆，就各宗祠状况，或独设或并立，以原有产业，为阖族之学术机关，就当地人才创办图书馆事业，则事半功倍，发展可期。"[③]

因此，无论是过去、现在还是将来，图书馆史研究如果不能深入历史语境，那么所得出的论断就有可能存在忽略地域的差别和人的思想的

---

① 杭州通讯 [N]. 大公报，1934 - 7 - 4.

② 杨立诚. 设立乡村图书馆以为乡村社会之中心案 [C] //中华图书馆协会执行委员会. 中华图书馆协会第一届年会报告. 北京：中华图书馆协会事务所，1929：137 - 138.

③ 建议中央通令各省于各宗祠内附设民众图书馆案 [C] //中华图书馆协会执行委员会. 中华图书馆协会第二届年会报告. 北京：中华图书馆协会事务所，1933：39 - 40.

多样性，出现"一刀切"和"教条化"的情况，这都是研究者需要重视的问题。

4.3.4 史论结合

图书馆史研究还应注意的是史论结合的原则。有不少研究习惯堆砌史料，分析的部分很少，往往也不够深入。这样的研究是乏味的，一定程度上也浪费了史料的价值。虽然有一种观点是"让史实自己说话"，但是很有可能是把史料和史实混为一谈了，"史料不过是当时人留下的某种解释，并不指涉过去事件；如果把它们看成过去事件的事实性信息的载体，就会受到史料'制作者'的误导或欺骗。对于这种说法，多数职业史家都是不愿接受的，因为它混淆和模糊了当时人记录同后人的记忆或诠释之间的界线，低估了史学专业技艺的作用，而且更重要的是挑战了史家长期所追求的治史的目标和意义"①。因此，史料是要通过选择、甄别、合理的论证方法连接的，要有理论假设、史料论证和逻辑解释的整个过程。可以说，史料运用就是史论结合的过程。

---

① 思潮辨析：史料运用的规则 [EB/OL]. (2016 - 10 - 11) [2021 - 10 - 2]. http://ex.cssn.cn/sjs/sjs_xsdt/201610/t20161011_3228854_3.shtml.

5　中国图书馆学人研究

华东师大历史系教授许纪霖曾指出，"人类的历史与自然界的发展不同，虽然有其不可变易的历史法则，但这些法则却是在人的自由意志选择之下而得以实现甚至改变的。离开了人，历史什么都不是。人是一个活生生的存在，他有自觉的理性，也有不自觉的情感、意志乃至潜意识。要深入历史的深处，就是进入历史中一个个生命深处，他的所思、所想和所行。人与动物不同，有自由意志，并非仅仅凭生存的本能活着。尤其是知识分子，更是如此。因此，史学就是人学，这个人，不是整体的人民，而是具体的个人，有生命、有温度、有崇高、也有卑微的精神灵魂"①。对于这一论点，或许很多人都不赞同，但是其对于"人"在历史研究中的重要性的揭示，还是应该值得肯定的，在图书馆史研究领域，对于"人"的研究无疑是非常重要的，综观已有的中国图书馆史研究成果，对于"人"的研究占了相当大的比例。

5.1　中国图书馆学人研究回顾

5.1.1　中国图书馆学人研究发轫

1931 年 5 月 1 日，韦棣华女士病逝于武昌，《文华图书科季刊》随

---

① 许纪霖. 一个民族的精神史 ［M］. 香港：三联书店（香港）有限公司，2019：3.

即出版《韦棣华女士纪念号》（1931 年第 3 卷第 3 期）。该期刊登了中外学者撰写的多篇纪念韦棣华的文章，其中最主要的是沈祖荣①与毛坤②的两篇文章，沈、毛二文较为详细地阐释了韦棣华的生平与事功，较之同期其他以感情性的叙事、回忆为主的文章更具"研究"性质。可以说这一期"纪念专号"是较为集中地对某位图书馆学人"研究"之滥觞。

1936 年，为庆祝杜定友四十初度及杜定友母亲六十寿诞，杜定友好友及学生举行了一次庆祝活动，并编就了《杜氏丛著书目》（自印本）一册。该书除收录杜定友论著书目外，还收录了钱亚新、金敏甫、吕绍虞、钱存训、吴光清等人撰写的 20 余篇研究论文，阐述了杜定友在图书馆事业、汉字排检法、编目法等领域的贡献③。这次活动既是对杜定友学术的第一次阶段总结，也是研究杜定友的第一次高潮。

除上述两件事之外，1930 年宋景祁等人还编辑了一部《中国图书馆名人录》（又名《中国图书馆界人名通信录》），但该书只是简要地介绍了当时图书馆界从业人员的经历，并未涉及学人研究、著述、事业成就等，且遗漏较多，不能反映当时图书馆界学人之全貌④。

20 世纪 30 年代，针对韦棣华与杜定友两人的研究活动拉开了中国图书馆学人研究的大幕，此后由于老一辈学人依旧在世，对于图书馆学人的研究直到 20 世纪 80 年代才逐渐恢复。但是，由于特殊的社会环境，20 世纪 50 年代至 70 年代初期还有一段"畸形"的图书馆学人研究史。

---

① 沈祖荣. 韦棣华女士略传 [J]. 文华图书科季刊，1931，3（3）：283-285.
② 毛坤. 悼韦棣华女士 [J]. 文华图书科季刊，1931，3（3）：335-338.
③ 钱存训. 杜氏丛著书目 [M]. 自印本，1936.
④ 宋景祁，等. 中国图书馆名人录 [M]. 上海：上海图书馆协会，1930.

5.1.2 中国图书馆学人研究的曲折发展

1949 年 10 月 1 日，中华人民共和国成立，各行各业全面"以苏为纲"，苏联图书馆学也成为当时中国图书馆学界的学习榜样。而随着思想改造运动，以及此后的宣传学习"总路线"、反右派斗争乃至最后的"文革"，包括图书馆学人在内的中国知识分子一下子被卷进暴风骤雨之中。受此影响，图书馆学界一方面"不敢涉及一些应该写进历史的人物"①；另一方面却因极左思潮，对部分学人的著述、思想进行了非理性的研究，如在"政治挂帅，破除迷信，打破成规，解放思想"口号影响下，通过研究杜定友、刘国钧、李小缘等人的论著，认为这些人在1949 年以前的观点学说是代表了资产阶级的"反动学说"，是"伪科学"②，需要进行猛烈的批判③。应该说，这些基于学人论著文本释读产生的成果，也属于"研究行为"，但由于特殊的时代背景，这时期的大部分"研究"没有做到实事求是，是一种非理性的研究。

不过这一时期，有一篇文章还是值得一提的，那就是刘国钧的《敬悼洪范五先生》一文。1963 年洪有丰逝世，刘国钧发表了《敬悼洪范五先生》一文，对洪有丰一生及其对我国图书馆事业的贡献做了高度评价，认为洪有丰"是 20 世纪 20 年代我国新图书馆运动的重要活动家之一，是我国开始吸收西方资产阶级图书馆学时期的有数的先驱者之一"④。应该说，相较于当时以政治标准为首要标准的，该文对于洪有丰的评价还是比较客观的，也为后来的洪有丰研究奠定了基础。

---

① 谢灼华. 评建国以来中国图书馆史研究 [J]. 图书与情报，1989（3）：6 - 14.

② 北京大学图书馆学系 1955 年级资产阶级学术思想批判小组. 批判杜定友先生在图书馆学资产阶级学术思想 [J]. 图书馆学通讯，1958（5）：7 - 10.

③ 王子舟. 1957 年图书馆界右派的言论及其遭遇 [J]. 高校图书馆工作，2015（2）：72 - 83.

④ 刘国钧. 敬悼洪范五先生 [J]. 图书馆，1963（1）：51.

5.1.3 中国图书馆学人研究的恢复与发展

1978 年，随着拨乱反正及改革开放的全面推行，图书馆学研究进入恢复发展时期。这一时期，对老一辈图书馆学人的研究逐渐成为图书馆学史研究的一项重要内容，同时也需对韦棣华、李小缘、杜定友等人重新认识评价，这一时期中国图书馆学人研究迎来了第一次高潮。

5.1.3.1 个体研究

(1) 对民国"著名图书馆学人"的重新评价

1978 年以后，对于图书馆学人的研究，首先是对民国时期一些著名学人如韦棣华、李小缘、杜定友等人的重新评价，此前因为特殊的政治生态，学界对这些学人有过非客观评价，对于这些内容亟需改正。1980 年，黄宗忠率先发文重新评价韦棣华的功绩，对之前加诸韦棣华身上的"帝国主义分子"等污名进行驳斥，认为韦棣华对中国图书馆事业做出了积极的贡献，推动了近代图书馆事业发展进程，是中国人民的好朋友①。应该说，黄宗忠的这篇文章对于打破图书馆界思想藩篱，重新认识、评价民国图书馆学人是起了重要作用的。这一时期对于民国"著名图书馆学人"的重新评价最具代表性的是对李小缘及杜定友的研究，1981 年《广东图书馆学刊》相继发表了梁家勉、刘少雄、张世泰等人缅怀、纪念杜定友的文章，重新评价杜定友"为图书馆事业奋斗一生的业绩"②，并号召重新学习杜定友"爱国、爱馆、爱学、爱人"的思想③。1982 年南京师范学院编辑出版的《文教资料简报》第 3/4 合期

---

① 黄宗忠. 武汉大学图书馆学系六十年——兼评文华图专和韦棣华在我国图书馆事业史上的作用 [J]. 武汉大学学报（哲学社会科学版），1980 (6)：78-85.

② 梁家勉. 功业千秋话石渠——回忆杜定友先生 [J]. 广东图书馆学刊，1981 (1)：28-31.

③ 刘少雄. 缅怀图书馆界老前辈杜定友先生 [J]. 广东图书馆学刊，1981 (1)：35-38.

上设置了"李小缘研究专辑",除刊发李小缘《〈西人论华书目〉自序》一文外,还刊登了李小缘与郭沫若、朱自清等人往来书信以及吕叔湘①、王绳祖②、蒋一前③、孙云畴④等撰写的多篇回忆李小缘生平及研究李小缘论著的文章,高度赞扬了李小缘"爱国""爱馆"的精神以及在目录学领域的重要贡献。1986 年,南京大学联合江苏省图书馆学会等单位共同举办了"李小缘先生学术研讨会",以纪念李小缘诞辰 90 周年及金陵大学图书馆学系创办 60 周年,会议收到了各地学者的题词、论文 20 余篇。这一纪念活动,将李小缘研究推向了一个高潮,其中比较有代表性的是谢灼华对李小缘的评价,谢灼华认为李小缘的"图书馆学思想和实践是符合了近代图书馆发展的方向,在近代图书馆事业史的研究上,他是应该占有一席之地的","李小缘对我国近代图书馆事业的贡献应得到公正的评价"⑤。这些研究后与李小缘本人的 13 篇文章结集成《李小缘纪念文集》(南京大学出版社,1988 年),该书的出版既是对 80 年代李小缘研究的一次总结,同时也为后续研究奠定了基础。1987 年,为纪念杜定友逝世 20 周年,在钱亚新、张世泰等人的努力下,广东省中山图书馆面向全国征文,后编成《杜定友先生逝世二十年周年纪念文集》(内部出版)一册,该文集收录钱亚新、赵世良、谢灼华、倪波等人文章 15 篇,并附有张世泰编辑的《杜定友著作目录(1916—1966)》。1988 年 1 月,广东省中山图书馆为纪念杜定友诞辰90 周年,又与广东省图书馆学会召开了"杜定友先生 90 诞辰纪念暨学术思想研讨会",会后精选赵平、程焕文等人的 10 篇论文结集成《杜定

---

① 吕叔湘. 回忆李小缘先生 [J]. 文教资料简报,1982 (3/4):82 - 84.

② 王绳祖. 忆李小缘 [J]. 文教资料简报,1982 (3/4):85 - 86.

③ 蒋一前. 不能忘怀的老师李小缘 [J]. 文教资料简报,1982 (3/4):86 - 88.

④ 孙云畴,魏德裕. 读李小缘《云南书目》书后 [J]. 文教资料简报,1982 (3/4):111 - 117.

⑤ 谢灼华,彭海斌. 李小缘先生在近代图书馆史研究上的地位 [J]. 江苏图书馆学报,1987 (4/5):96 - 99.

友学术思想研讨会论文集》（内部出版），这些文章都高度评价了杜定友对我国近现代图书馆事业的贡献。

不过 20 世纪 80 年代由于不少学者思想并未完全解放，极左思潮仍有残余，这在对上述著名学人的评价上就能体现。如上文提及的黄宗忠对韦棣华的评价文章发表后，一些学者就提出了批评，仍然坚持韦棣华在华系列活动都是以宗教为名的反动活动①等，这也反映了 20 世纪 80 年代图书馆学人研究的一些特征。

（2）民国"非著名图书馆学人"的重新登场

所谓的"非著名"学人，是相对而言的。由于诸多原因，民国时期图书馆学界许多著名学人在 1949 年以后或转到图书馆担任副职，或调至相对偏远地区工作，如洪有丰、毛坤等人。这些学人很少在图书馆学界"发声"，因此逐渐淡出图书馆学界中心。1978 年以后，对于这些学人的记忆逐渐被唤醒，如张遵俭撰文对毛坤的回忆，赞扬了其在目录学领域的贡献，并指出其现实意义②；汤旭岩对杨昭悊及其《图书馆学》给予了高度评价，指出"理应在中国图书馆学史册上占据地位的学者，杨昭悊不应该被忘却"③；卿家康也对杨昭悊、徐家麟、李景新等人对于我国早期图书馆学理论研究贡献进行了评述，并将这些人称为"我国现代图书馆学基础理论奠基者"④；等等。这些"发掘"使得被图书馆界"淡忘"的一些重要图书馆学人重新进入学界视线，但是在 20 世纪80 到 90 年代对于这些人物的研究还是不如李小缘、刘国钧、杜定友、沈祖荣等著名人物。

---

① 马启. 评韦棣华 [J]. 四川图书馆学报，1985 (5)：83 - 88.

② 张遵俭. 昙华忆旧录——毛体六学记 [J]. 图书馆学通讯，1982 (1)：79 - 80.

③ 汤旭岩. 我国早期的图书馆学家杨昭悊——兼述杨太夫人纪念图书馆 [J]. 四川图书馆学报，1985 (2)：91 - 96＋52.

④ 卿家康. 我国现代图书馆学基础理论奠基者事略 [J]. 图书馆界，1988(1)：23 - 27.

（3）针对 1949 年以后成长起来的学人的研究初露端倪

在 20 世纪 80 年代末至 90 年代初，除了针对民国学人外，针对 1949 年以后成长起来的学人如彭斐章、周文骏、陈誉、张琪玉、黄宗忠、谢灼华等的研究也初露端倪。如柯平①、何华连②对彭斐章对目录学的研究、贡献及其核心思想的探索与总结；周庆山③对周文骏图书馆学情报学思想的初步总结；范并思④、章春野⑤对于陈誉社科情报思想、图书馆学教育贡献的阐释；金铭⑥、曹树金等⑦对张琪玉对情报语言学贡献的初步总结；石宝军⑧对于黄宗忠治学经历以及其在图书馆学基础理论、图书馆学事业、图书馆管理、图书馆学教育等方面的学术贡献的初步总结；成竹⑨、王清⑩等对谢灼华治学经历以及其在图书馆史、目录学、图书馆学教育等方面的成就及贡献的初步总结；等等。不过相较于对民国学人的研究，对于 1949 年以后成长起来的学人的研究成果数量相对较少，且作者多为这些学人的学生，加之这些学人的思想还在不

---

① 柯平. 彭斐章目录学思想初探 [J]. 图书与情报，1990 (2)：90 - 95.

② 何华连. 彭斐章目录学思想与目录学成就论略 [J]. 图书馆，1995 (4)：22 - 25＋43.

③ 周庆山. 周文骏图书馆学情报学思想述略 [J]. 图书与情报，1992 (3)：65 - 70.

④ 范并思. 他选择图书馆学教育——记陈誉先生 [J]. 黑龙江图书馆，1990 (1)：61 - 62.

⑤ 章春野. 工夫深处却平夷——记陈誉教授 [J]. 图书馆，1992 (1)：46 - 52＋8.

⑥ 金铭. 一个人与一门学科— 记张琪玉教授 [J]. 黑龙江图书馆，1988 (1)：54 - 58.

⑦ 曹树金，罗春荣，汪东波. 开创情报语言学的新天地——论张琪玉教授对情报语言学的新贡献 [J]. 中国图书馆学报，1999 (5)：72 - 77.

⑧ 石宝军. 功崇惟志，业广惟勤——黄宗忠简传 [J]. 河北图苑，1992 (2)：22 - 31.

⑨ 成竹. 读书·著书·教书——记著名图书馆学家谢灼华教授 [J]. 图书馆，1993 (3)：54 - 58.

⑩ 王清. 谢灼华先生学术传略 [J]. 晋图学刊，1994 (4)：28 - 33.

断发展中，并未完全定型，因此这些研究成果权且看作阶段性的成果或评价。

(4) 第一部图书馆学人研究专著问世

20 世纪 90 年代是图书馆学人个体研究的一个重要时间段，在这一时期出现了第一部研究专著——《中国图书馆学教育之父——沈祖荣评传》。从 1990 年开始，《图书馆》连载程焕文研究沈祖荣的成果性文章——《一代宗师 千秋彪炳——记中国图书馆学教育之父沈祖荣先生》，该文从"苦难的经历（1884—1910 年）、坎坷的历程（1910—1949 年）、新的征程（1949—1977 年）"三部分系统论述了沈祖荣的一生，并对其贡献及影响做了评价①。这些成果后来以《中国图书馆学教育之父——沈祖荣评传》为名，于 1997 年由台湾学生书局出版（简体字版后收录于 2014 年国家图书馆出版社编辑出版的《20 世纪中国图书馆学文库》）。全书分上下两篇，上篇概述沈祖荣的生平事迹，下篇评述其学术思想。此外，附录部分的《沈祖荣先生著述目录初编》、《沈祖荣先生年谱初编》、《沈祖荣研究书目初编》② 也颇具参考价值。

20 世纪 90 年代，除沈祖荣外，对于刘国钧的研究也形成了一股热潮。关于刘国钧的研究其实始于 20 世纪 80 年代，1980 年刘国钧逝世，之后就出现了一些关于他的研究文章，但是总体而言这些研究"深度不够、范围不广"③。对刘国钧研究的高潮是在 20 世纪 90 年代，特别是1999 年前后。1990 年北京大学研究生丁文静完成了题为《刘国钧先生图书馆学术思想研究》的硕士学位论文，对刘国钧图书馆学思想进行了

①　程焕文. 一代宗师 千秋彪炳——记中国图书馆学教育之父沈祖荣先生［J］. 图书馆，1990（4）：54 - 58；1990（6）：64 - 67；1991（1）：71 - 76；1991（3）：60 - 64，3；1991（5）：69 - 73.

②　程焕文. 中国图书馆学教育之父——沈祖荣评传［M］. 台北：学生书局，1997.

③　吴稌年. 30 年来对刘国钧学术思想的研究［J］. 国家图书馆学刊，2011，22（4）：76 - 81.

初步的系统探讨①。1999 年北京大学信息管理系、南京大学信息管理系、甘肃省图书馆为纪念刘国钧诞辰 100 周年共同举办了主题为"刘国钧与 20 世纪的中国图书馆事业"的学术研讨会，收到国内外学者论文 70 余篇，对刘国钧生平及其分类学、目录学等思想进行研究，尤其是刘国钧早年留学的美国威斯康星大学图书情报学院的路易斯·罗宾斯（Louise S. Robbins）教授基于该院所藏档案撰写的《"我们永远忘不了你"：刘国钧和威斯康星图书馆学院》一文，为学界提供了诸多刘国钧早年与威斯康星大学之间的联系史实②，会议论文集《一代宗师——纪念刘国钧先生百年诞辰学术论文集》，由北京图书馆出版社于 1999 年 11 月出版。

5.1.3.2 群体研究

所谓群体研究，就是对基于某一标准划分而成的图书馆学人群体的研究。学人群体划分的标准众多，如按照时间可以分为第一代、第二代等；按照地缘可以分为南京学人、武汉学人、北京学人等；按照学缘又可分为文华学人、金大学人。20 世纪 80 年代以来，对于图书馆学人群体的研究中最具代表性的是"四代人说"。

1988 年程焕文发表《论图书馆人才的特征——关于"图书馆四代人"的探讨》一文，首提"四代人说"。文章将四代人划分为造就于 20 世纪 20 年代的"开创与奠基的第一代"（又称"留美的一代"）、造就于 20 世纪 30 到 40 年代的"承上启下的第二代"（又称"国产化的一代"）、造就于 20 世纪 50 到 60 年代的"开拓与中坚的第三代"（又称"留苏的一代"）、造就于 20 世纪 80 年代以后的"探索与发展的第四

---

① 丁文静. 刘国钧先生图书馆学术思想研究 [D]. 北京：北京大学，1990.

② 路易斯·S. 罗宾斯. "我们永远忘不了你"：刘国钧和威斯康星图书馆学院 [M] //北京大学信息管理系，南京大学信息管理系，甘肃省图书馆. 一代宗师——纪念刘国钧先生百年诞辰学术论文集. 北京：北京图书馆出版社，1999：41-50.

代"（又称"多渠道的一代"）①。1992 年程氏发表《图书馆人与图书馆精神》一文，再一次阐释其"四代人"划分标准及各代的特点，该文较之 1988 年变化不大，只是将四代人的名称简化为"奠基的第一代、发展的第二代、开拓的第三代、探索的第四代"②。

继程焕文之后，霍国庆于 1998 年也发文提出了"图书馆学三次发展高潮与四代学人"的观点，认为留学海外的第一代学人如沈祖荣、刘国钧、李小缘、袁同礼、杜定友等人陆续回国，在 20 世纪 20 年代推动形成了我国图书馆学第一次高潮。这次高潮造就了我国第二代学人，第二代学人最主要的特征是"国产化"。在形成于 1957 年前后、终止于 20 世纪 60 年代中期的第二次高潮中，伴随着新中国图书馆事业发展而成长起来的第三代学人开始崭露头角。1979 年中国图书馆学会的成立，预示着图书馆学第三次高潮的来临。第三代学人创造了 80 年代的辉煌成就，伴随着信息时代的到来，第四代学人逐渐成为图书馆学界的"主人"③。这一观点后来也被写进徐引篪与霍国庆教授合著的《现代图书馆学理论》（北京图书馆出版社，1999 年）一书中。

仔细分析上述程霍二人划分标准不难发现，两种标准基本一致，只不过霍氏是在程氏基础上略微细化、拓展。这一时期群体研究除了"四代人说"外，有一部书也需要提一下，那就是吴仲强主编的《中国图书馆学情报学档案学人物大辞典》。该书收录了自古至今的中国图书馆学、情报学、档案学学人 900 余位，介绍了这些学人的生平事迹、学术论著

---

① 程焕文. 论图书馆人才的特征——关于"图书馆四代人"的探讨 [J]. 广东图书馆学刊，1988（3）：22-29.

② 程焕文. 图书馆人与图书馆精神 [J]. 中国图书馆学报，1992（2）：35-42+93.

③ 霍国庆. 百年沧桑 三次高潮 四代学人——20 世纪中国大陆和台湾地区图书馆学史总评 [J]. 图书馆，1998（3）：1-9.

及学术思想①，但由于该辞典是多人分头执笔（有些条目内容由本人提供），体例不是很统一，不少人物评述过于简略且存在一些讹误，影响了其使用价值。在《中国图书馆学情报学档案学人物大辞典》一书之前，1987 年麦群忠主编了一部《中国图书馆界人名辞典》（广西民族出版社，1987 年），后扩展成《中国图书馆界名人辞典》（沈阳出版社，1991 年），这两本辞典除了近代图书馆学人外，还收录了中国古代的目录学家、藏书家，词条内容较《中国图书馆学情报学档案学人物大辞典》更为简略。

5. 1. 3. 3 史料编辑

史料在历史研究中扮演着非常重要的角色，对于图书馆学人研究而言，最为重要的史料无疑是学人的论著。20 世纪 80 年代以来，我国图书馆学人论著编辑整理工作伴随着学人研究的第一次高潮同样掀起了一个高潮。

1981 年，北京大学图书馆学系为纪念刘国钧逝世一周年，编辑了《刘国钧图书馆学论文选集》（书目文献出版社，1983 年），收录刘国钧图书馆学有关文章 37 篇，书后附有《刘国钧先生著译系年目录》。1983 年四川省图书馆学会出版了皮高品《图书分类法评论选集》（内部出版），收录了皮高品 20 世纪 60 年代到 80 年代初撰写的 12 篇图书分类法评论文章。1986 年南京大学借"李小缘先生学术研讨会"之机编辑整理了李小缘生前 13 篇重要著述，以《李小缘先生论文选》为题收进《李小缘纪念文集》中。1987 年，为纪念杜定友逝世 20 周年，杜定友昔日学生钱亚新整理出版了《杜定友先生遗稿文选（初集）》（江苏图书馆学会内部出版，1987 年），内容为杜定友未刊文稿。此后钱亚新与白国应又合作编辑了《杜定友图书馆学论文选集》（书目文献出版社，

---

① 吴仲强. 中国图书馆学情报学档案学人物大辞典 [Z]. 香港：亚太国际出版有限公司，1999.

1988 年），收录了杜定友图书分类、目录学领域代表性文章 32 篇，书后附有张世泰编辑的《杜定友有关图书馆学著述系年》，颇具参考价值。

1991 年，原文华毕业生丁道凡搜集了沈祖荣 1918 至 1944 年发表在各类报刊上的文章 31 篇，整理成《中国图书馆界先驱沈祖荣先生文集》，由杭州大学出版社出版。同年，南京图书馆为纪念钱亚新逝世一周年，整理了《钱亚新集》，由江苏教育出版社出版，该书除收录钱亚新已发表的重要论著外，还收录了不少未刊文稿，书后所附的钱亚新哲嗣钱唐整理的《钱亚新未发表的著述目录》及邵延淼编的《钱亚新年谱简编与论著系年》，对于研究钱亚新有重要参考价值。1992 年上海古籍出版社出版了王重民的《冷庐文薮》，收录了王重民目录学、敦煌学、图书馆学学术论文、随笔、杂记等文章。除老一辈学人之外，新时期的学者中，1993 年吉林人民出版社出版了《金恩辉图书馆学文选》。

1989 年，为庆祝中华人民共和国成立四十周年，总结 1949 年以来我国图书馆学研究进展，吉林省图书馆学会、四川省图书馆学会、成都东方图书馆学研究所合作编辑了"图书馆学论丛"（张德芳、金恩晖主编），由成都东方图书馆学研究所出版（内部出版）。该套丛书总计 50 种，涉及学者 55 人（其中 5 种为两位学者的合集）①，入选该套丛书的学者既有钱亚新等老一辈学人，又有彭斐章、周文骏等中年学人，更有徐雁等年轻学人。"图书馆学论丛"的编纂，是图书馆学人文集编纂史上的一件大事，为后世学者研究奠定了重要的资料基础，该套丛书的编纂反映了我国 20 世纪 80 年代图书馆学人研究的热潮。

---

① 这 55 位学者为：钱亚新、彭斐章、周文骏、李更旺、李明华、丘峰、徐雁、吴慰慈、吴龙涛、谢灼华、华勋基、史永元、沈家模、阎立中、邵森万、戴克瑜、白国应、王桂云、卢子博、邵国秀、王崇德、鲍振西、乔瑞泉、张琪玉、赵世良、丁宏宣/王学熙、徐文绪/邢淑贤、江乃武、项代平、谭祥金/赵燕群、侯汉清、严怡明、赵琦/刘发、胡继森、卢泰宏、汪应文、倪波、雍桂良、杨廷郊、孟广均、范铮、陆伯华、陈源蒸、黄俊贵、张树华、王振东、刘启柏、黄宗忠、丘东江/王培章、周智佑（其中姓名中间有"/"者，为二人共出一本文集）。

5.1.4　中国图书馆学人研究深入推进

21世纪以来，伴随着图书馆学的快速发展以及中外交流的日益密切，图书馆学史的研究呈现欣荣之势，特别是2013年"中国图书馆学史"被列入国家社科基金重大项目面向全国招标，这对于图书馆学史研究来说无疑是具有里程碑意义的事件。而近年来随着"王重民全集""刘国钧全集"等项目被列为国家社科基金重大项目，图书馆学人研究自进入新世纪以后不断向前推进，不论是个体研究还是群体研究，抑或是史料编辑，都取得了显著成绩。

5.1.4.1　个体研究

（1）民国图书馆学人研究的深化

进入新世纪以来，民国图书馆学人个体研究不断向前推进，并取得重要成果。具体可从三个方面展开。

① 研讨/纪念活动日趋增多

2000年以来，一系列有关著名图书馆学人的学术思想研讨或纪念活动相继举行。2000年，武汉大学信息管理学院举办了庆祝文华图专创建80周年的学术纪念会，吴慰慈、陈传夫、程焕文等学者为缅怀韦棣华女士创业之功，围绕韦棣华女士的生平及其对中国图书馆事业的推动这一主线撰写了一系列文章①。2001年，浙江图书馆为纪念陈训慈诞辰100周年，举办了"陈训慈图书馆理论与实践研讨会"，就陈训慈对近代图书馆事业及文献保护事业的贡献进行研讨，相关文章结集成《陈训慈百年诞辰纪念文集》（北京图书馆出版社，2006年）。2002年7月，北京师范大学图书馆联合台湾政治大学图书馆等单位，在北京召开了"海峡两岸何日章先生图书馆学学术思想研讨会"，就何日章生平及其学

---

① 马费成. 世代相传的智慧与服务精神［C］. 北京：北京图书馆出版社，2001：84-89，228-237，252-256.

术成就进行探讨，重点探讨了何日章的图书分类与图书馆管理思想。2003 年 9 月 17 日，北京大学信息管理系联合国家图书馆、兰州大学等单位，在北京举办了"纪念王重民先生诞辰一百周年学术研讨会"，研讨王重民在图书馆学教育、文献学、敦煌学等方面的贡献与成就，相关论文结集为《王重民先生百年诞辰纪念文集》（北京图书馆出版社，2003 年）。2003 年 12 月，南京图书馆召开了纪念汪长炳、钱亚新诞辰 100 周年学术研讨会，各地学者就汪长炳、钱亚新的生平及思想撰写了 20 余篇文章，后结集为《继承发展、开拓创新 纪念汪长炳、钱亚新诞辰 100 周年暨南京图书馆新世纪首届学术年会文集》（内部出版）。

　　2007 年，为纪念李小缘诞辰 110 周年及金陵大学图书馆学系创办 80 周年，南京大学信息管理系举行了主题为"公众图书馆——自由开放的图书馆服务理念及其实施"研讨会，收到了包括钱存训、倪波、范并思等海内外著名学者论文数十篇，掀起了李小缘研究的第二次高潮，这些论文收录于《李小缘纪念文集》（内部铅印）。同年，为纪念刘国钧《什么是图书馆学》一文发表 50 周年，北京大学组织座谈会，同时《图书情报工作》组织了"纪念刘国钧先生《什么是图书馆学》发表 50 周年"专栏，除发表刘国钧旧稿《图书馆学概论》[1] 之外，还刊发了张树华[2]、吴慰慈[3]、王子舟[4]、曾浚一[5]等人的多篇文章，探讨刘国钧对图

---

　　[1]　刘国钧. 图书馆学概论 [J]. 图书情报工作，2007（3）：6-10.

　　[2]　张树华. 从刘国钧先生的"图书馆学五要素"谈起 [J]. 图书情报工作，2007（3）：12-13.

　　[3]　吴慰慈，蔡箐. 刘国钧先生在图书馆学理论领域中的深远影响 [J]. 图书情报工作，2007（3）：14-17+11.

　　[4]　王子舟，朱荀，蔡箐. 衡旧如新立意高 遗篇一读想风标——纪念刘国钧先生《什么是图书馆学》发表 50 周年座谈 [J]. 图书情报工作，2007（3）：25-28+32.

　　[5]　曾浚一，金恩晖. 此情可待成追忆——记刘国钧教授指导我们写作图书馆学论文的岁月 [J]. 图书情报工作，2007（3）：18-24+101.

书馆学基础理论研究的贡献。2009 年 9 月，四川大学图书馆、档案馆、校史办联合举办了纪念毛坤诞辰 110 周年研讨会，再一次唤醒了学界对于毛坤的记忆，研讨会相关论文结集成《毛坤先生纪念文集》（四川大学出版社，2010 年）。

　　2010 年 6 月，国家图书馆在北京召开了"袁同礼纪念座谈会"，收到相关论文 31 篇，后结集成《袁同礼纪念文集》（国家图书馆出版社，2010 年），该次座谈会可视为内地相对集中研究袁同礼之始。2010 年 9 月，上海图书馆举办"纪念蒋复璁先生逝世 20 周年座谈会"，重点回顾了蒋复璁对于近代文献保护、图书馆事业的贡献。2013 年，东南大学图书馆联合清华大学、华东师大、政治大学三校于南京召开了"书田垦荒 薪火传承——纪念洪范五先生诞辰 120 周年暨图书馆学思想与实践论坛"，会议收到了与洪有丰有关的研究论文（报告）10 篇，涉及洪有丰图书馆办馆理念、管理思想、分类思想，洪有丰对图书馆事业贡献，洪有丰在图书馆学史上的地位，等等，会议论文结集为《书田垦荒 薪火传承——纪念洪范五先生诞辰 120 周年暨图书馆学思想与实践论坛》（内部铅印）。2013 年，程焕文教授等人专程赴美拍摄《追寻韦棣华的足迹》纪录片，2014 年在中国图书馆学会年会上举办了"韦棣华与中美图书馆事业"主题论坛，中美学者共同研讨韦棣华的生平与贡献，把韦棣华研究推向了一个新的高度。

　　2016 年 4 月，主题为"永远的怀念——任继愈先生百年诞辰纪念会暨学术研讨会"在国家图书馆举行，来自宗教学界、哲学界、历史学界以及国内外图书馆界的 100 余位学者参加了研讨会，相关会议论文结集为《永远的怀念——任继愈先生百年诞辰纪念文集》，由国家图书馆出版社于 2016 年出版。2018 年 9 月，在中国改革开放四十周年、原北京图书馆馆长刘季平（1908—2018，1973—1981 担任北京图书馆馆长）诞辰 110 周年之际，国家图书馆在北京举办了"刘季平与中国图书馆事业改革发展座谈会"，以纪念以刘季平为代表的老一辈图书馆人在文化部图书馆事业管理局筹组、北京图书馆新馆建设工程、《中国古籍善本书目》编纂、中国图书馆学会成立、中国图书馆界的国际交流合作等方面所进行的一系列改革创新和所做出的贡献，会议面向全国征文，相关征文结集为《刘季平与中国图书馆事业改革发展论文集》，由国家图书馆出版社于 2018 年出版。

2019 年 11 月，北京大学图书馆、北京大学信息管理系联合举办的"纪念图书馆学家刘国钧先生诞辰 120 周年学术研讨会"在北京大学召开，会议以"图林硕望，薪火相承"为主题，围绕刘国钧先生学术成就、生平事迹、业界贡献和人文精神等进行了深入学术交流与研讨。来自北京大学图书馆、北京大学信息管理系、国家图书馆、南京大学信息管理学院、甘肃省图书馆、武汉大学图书馆、南京大学图书馆、江南大学图书馆等单位的 30 余位学者出席会议并发言，相关论文也刊发于 2019 年第 6 期《大学图书馆学报》，相较于 1999 年的"刘国钧与 20 世纪的中国图书馆事业"学术研讨会，2019 年呈现出的刘国钧研究成果无论是在档案资料的挖掘还是研究视角的选择方面，都更为深入、全面①。

② 人物研究更加全面、深入

进入新世纪以来，对于图书馆学人的研究更加全面、深入。首先就人物研究范围方面，除了刘国钧、杜定友、沈祖荣等人之外，对于钱亚新、毛坤、戴志骞、李燕亭、谭卓垣、桂质柏、孙毓修等人的"挖掘"成果也越来越多，让我们更加清楚地了解了民国图书馆学人群像，也为图书馆学人研究提供了新的空间。其次在研究深度上也不断拓展，就一些著名人物如刘国钧、李小缘、杜定友等人而言，对他们的研究在 20 世纪 80 到 90 年代的基础上愈发地深入。例如以吴稌年、顾烨青为代表

---

① 刘宇初. 图林硕望，薪火相承——纪念图书馆学家刘国钧先生诞辰 120 周年学术研讨会综述［J］. 大学图书馆学报，2019（6）：40-43.

的对刘国钧早期思想的深入挖掘①，对于李小缘在 20 世纪 50 年代在
"红与专"之间的困扰的思想状态②的挖掘，等等，这些研究都有助于
我们更加全面、深刻了解民国学人。

③ 系统研究成果增多

所谓的系统研究成果主要是指研究专著或者博士论文。如果按此标
准，新世纪以来针对学人个体的系统研究成果远多于 20 世纪 80 到 90
年代。2002 年，王子舟在其博士论文基础上出版《杜定友和中国图书
馆学》一书，对杜定友的学术思想进行了系统的阐释，该书也是第一部
研究杜定友的专著，书后附有《杜定友年谱初编》，颇为详细。③ 2004
年，沈津编著的《顾廷龙年谱》由上海古籍出版社出版，全书使用了诸
多新材料，对于了解近代学术史、图书馆事业史有重要参考价值。在传
统文史研究中，年谱是人物研究的重要方法及成果展现形式，而此前图
书馆学界在学人研究中虽然有一些年谱（如《沈祖荣评传》、《杜定友和
中国图书馆学》等书后都编有相应年谱），但都是作为"附录"存在，
是一种"简谱"。《顾廷龙年谱》有效地弥补了图书馆界的这一不足。
2008 年 6 月，施廷镛哲嗣施锐撰写的《奋斗一生——纪念施廷镛先生》
一书出版，该书从生平及学术贡献两个层面对施廷镛的一生做了系统的
回顾，书后附有《施廷镛年谱》及《施廷镛论著目录》。总体而言，全
书重在回忆、叙述，对施廷镛思想研究的内容比较薄弱。④ 同年 10 月，
《裘开明年谱》作为"哈佛燕京图书馆学术丛刊"第九种正式出版，该
书是第一部系统研究裘开明的专著，全书共计 160 万言，概述了裘开明

---

① 吴稀年，顾烨青. 论刘国钧先生早期的图书馆学思想［J］. 中国图书馆学
报，2011（5）：93 - 100.
② 朱洪涛. 红与专之间的困扰：1950 年代的李小缘［J］. 图书馆论坛，2015
（11）：107 - 112.
③ 王子舟. 杜定友和中国图书馆学［M］. 北京：北京图书馆出版社，2002.
④ 施锐. 奋斗一生——纪念施廷镛先生［M］. 南京：南京大学出版社，2008.

的一生。① 书中使用了大量原始档案，对于研究中国图书馆学史、北美东亚图书馆史、北美汉学史都有着重要的参考价值。2009 年，广东人民出版社出版了黄增章、杨恒平所著的《中国图书馆事业开拓者：杜定友》一书，该书内容以叙事为主，介绍了杜定友生平及主要贡献②，不过该书属于普及性读物，学术价值稍逊一筹，但对于大众了解杜定友、了解图书馆学还是有一定作用的。2011 年，北京大学潘梅完成博士论文《袁同礼与中国图书馆事业》，对袁同礼生平、图书馆经营思想、文献采访编纂理念、国际图书交流及文化交流观念、目录编制实践及对目录学的贡献做了系统的研究，并编纂了《袁同礼先生年谱初编》③。从已有的有关袁同礼的研究成果来看，大多侧重于袁同礼某一方面，真正第一次对袁同礼生平及其学术思想进行系统研究的应该是潘梅这篇博士论文。2011 年，李小缘哲嗣李永泰撰写的《造就个人与造福社会——李国鼎和他的长兄李小缘》一书由李国鼎科技发展基金会出版，该书从家人的角度提供了李小缘及其胞弟李国鼎的诸多新材料④。

2016 年，南京大学谢欢完成了题为《钱亚新图书馆学学术思想研究》的博士论文，对钱亚新的生平及其思想做了系统的阐释，并对钱亚新的学术贡献、地位及不足做了客观的评价。⑤ 该论文是第一部系统研究钱亚新的学术成果。在博士论文的基础上，谢欢又于 2021 年出版了《回顾与传承：钱亚新图书馆学学术思想论稿》，该书较之《钱亚新图书

---

① 程焕文. 裘开明年谱 [M]. 桂林：广西师范大学出版社，2008.

② 黄增章，杨恒平. 中国图书馆事业开拓者：杜定友 [M]. 广州：广东人民出版社，2009.

③ 潘梅. 袁同礼与中国图书馆事业 [D]. 北京：北京大学，2011.

④ 李永泰. 造就个人与造福社会——李国鼎和他的长兄李小缘 [M]. 台北：李国鼎科技发展基金会，2011.

⑤ 谢欢. 钱亚新图书馆学学术思想研究 [D]. 南京：南京大学，2016.

馆学学术思想研究》内容更为丰富。① 此外，谢欢还于 2021 年出版了《钱亚新年谱》，勾勒了钱亚新一生的脉络，该书也折射出中国图书馆事业发展历程。②

2017 年，郑锦怀出版了《中国现代图书馆先驱戴志骞研究》一书，该书分为生平考察、个案研究与史料译编三部分内容，首次较为全面地分析了戴志骞的家庭背景、求学经历、工作履历与历史贡献。③ 2021 年，郑锦怀又出版了《"中国现代图书馆运动之皇后"韦棣华研究》一书，该书综合利用国内外档案，勾勒了韦棣华的生平活动。④

回顾新世纪以来针对图书馆学人个体的系统研究，数量上较 20 世纪 80 到 90 年代有了显著增长，形式上除了评传之外，更多了年谱、通俗读物、博士论文等，体现了图书馆学人个体研究的发展。

(2) 第三代图书馆学人研究渐入佳境

进入新世纪以来，对于 1949 年以后成长起来的学人，即程焕文教授等人所谓的第三代学人的研究渐入佳境，其中针对张琪玉思想的研究还得到了国家社科基金的资助，对第三代学人的研究逐渐成为图书馆学人研究的一个新的增长点。

① 纪念/研讨活动增加

2000 年，华东师范大学为庆贺陈誉教授 80 华诞向海内外学者征稿，收到了包括李志钟、胡述兆、王振鹄、周文骏、倪波等国内外学者的文章，或是回忆与陈誉教授的交往，或是对陈誉思想及事迹进行阐

---

① 谢欢. 回归与传承：钱亚新图书馆学学术思想论稿 [M]. 北京：科学出版社，2021.

② 谢欢. 钱亚新年谱 [M]. 上海：上海古籍出版社，2021.

③ 郑锦怀. 中国现代图书馆先驱戴志骞研究 [M]. 青岛：中国海洋大学出版社，2017.

④ 郑锦怀. "中国现代图书馆运动之皇后"韦棣华研究 [M]. 青岛：中国海洋大学出版社，2021.

述，这些论文后结集成《陈誉先生八秩华诞图书馆学情报学论文集》
（北京图书馆出版社，2000 年）。2001 年，武汉大学举办了"黄宗忠教
授七十寿辰暨学术思想研讨会"，就黄宗忠教授的学行、成就等进行了
研讨。2006 年，为庆祝周文骏教授《文献交流引论》一书出版 20 周
年，北京大学举办了专门的座谈会，对《文献交流引论》一书的特色、
价值以及周文骏治学思想进行了研讨。2007 年，北京大学为庆祝吴慰
慈教授 70 华诞举办研讨会，收到了 50 余篇论文（其中以吴慰慈及其论
著为主题的文章 18 篇），这些论文后结集为《传薪集：祝贺吴慰慈教授
七十华诞文集》（北京图书馆出版社，2007 年）。2005 年，武汉大学出
版社出版了《彭斐章文集》；2009 年，为庆贺彭斐章教授执教 56 周年
暨 80 华诞，武汉大学举办学术研讨会。2014 年，南京政治学院上海分
院举办了专门的研讨会，探讨了张琪玉情报语言学思想特色、价值、理
论意义、当代意义等，并举行了《张琪玉文集》（国家图书馆出版社，
2014 年）的首发仪式。2019 年，武汉大学举行了"彭斐章先生执教 66
周年暨 90 华诞学术研讨会"，对彭斐章目录学、图书馆学教育思想进行
了研讨，相关论文发表于《图书情报知识》2019 年第 4 期。

　　② 思想研究渐入佳境

　　进入新世纪以来，随着陈誉、黄宗忠、朱天俊、倪波等学人逐渐走
进历史，同时周文骏、彭斐章、吴慰慈、张琪玉等第三代学人的思想也
日趋定型，对这些学人的研究逐渐变得成熟。综观目前的一些研究，对
周文骏及其《文献交流引论》一书的研究堪称亮点。2006 年在《文献
交流引论》一书出版 20 周年之际，范并思、柯平、刘兹恒等学者撰文

对该书及周文骏思想进行探讨。①②③ 相较于以往的学人研究，这些研究除了将《文献交流引论》一书放在中国图书馆学发展史中考察外，更将其置于世界图书馆学发展史中进行比较；考察的视角除了一般的理论价值、实践意义等，更重视从文体的视角考察该书对图书馆学研究的贡献，并在此基础上给予周文骏及《文献交流引论》非常高的评价。当然，除此之外，这些研究还指出了该书的局限。之所以对于周文骏及其《文献交流引论》的研究成为新时期第三代学人研究一大亮点，或许是因为《文献交流引论》一书进入历史时间较长。著名学者陈平原曾说："依我浅见，去世二十年，无论作家还是学者，都是个重要的关卡。因最初的哀痛与追怀已经过去，公众的评断日趋客观公正，不再夹带感情色彩。而且，评价的标尺明显拉升，你已经进入历史了，就必须与无数先贤一起争夺后辈读者的目光，能否'永垂不朽'，某种程度取决于你有无介入当下话题的能力。"④ 这或许可为未来对第三代学人及其论著的研究提供借鉴。

5.1.4.2 群体研究

21世纪以来，对于图书馆学人群体研究也呈现出多元发展的态势，具体表现在如下三个方面。

（1）"四代人说"继续发展

2002年罗德运提出依据"年龄"划分中国图书馆学人的标准，其所谓的"年龄"，既包括生理年龄，也包括学术年龄。"生理年龄相同或相近且学术年龄差异不大者当属同一代学者；生理年龄相当，学术年龄

① 范并思. 文献交流论的理论价值 [J]. 国家图书馆学刊，2007 (1)：18-21.
② 柯平. 精神的交流——纪念周文骏先生的《文献交流引论》出版二十周年 [J].图书与情报，2006 (5)：11-16.
③ 刘兹恒，潘梅. 及之而后知 履之而后艰——纪念周文骏先生《文献交流引论》出版20周年 [J]. 中国图书馆学报，2007 (1)：80-84+95.
④ 陈平原. 与程千帆先生对话 [J]. 古典文学知识，2014 (1)：13-17.

有代沟但不大者也可视为同一代人；生理年龄相差较大，但学术年龄相差无几或相近亦可当作同一代学者。"① 基于这一标准，罗德运认为缪荃孙、梁启超、沈祖荣、洪有丰、袁同礼等为第一代学人；杜定友、李小缘、刘国钧、裘开明、钱亚新等为第二代学人；第三代学人是以出生于 20 世纪 30 年代（少数出生于 20 世纪 20 年代末），于 20 世纪 50 年代大学毕业者为主，包括 40 年代初出生、60 年代中期前后大学毕业的学子；第四代学人主要是出生于 20 世纪 60 年代的一批人。② 2004 年，程焕文教授再度对"四代人说"进行了适度修正，划分标准与之前一致，所列代表人物则有所扩展，同时对四代人的称呼则进行了微调，改为"'留美'的一代、'文华'的一代、'留苏'的一代、'开放'的一代"③。2011 年，王子舟教授总结 1949 年以来我国的图书馆学研究，其中在"研究共同体"部分提出了以"学术创获期"为主要参考的学人划分标准，将出生于 1880 到 1910 年间、学术创获期主要发生在 20 世纪 20 到 30 年代的学者划为第一代；将由第一代学者培养或熏陶出来的、出生于 20 世纪 20 到 30 年代、学术创获期发生于 20 世纪 50 到 60 年代的学者划为第二代学人；第三代学人是由第二代学人培养或熏陶出来的、出生于 20 世纪 50 到 60 年代，学术创获期起于 1978 年到 20 世纪 90 年代的学术群体；第四代学人则是出生于 20 世纪 70 到 90 年代初期、接受过第三代学人教育或培养的学术群体。④

程焕文教授 1988 年提出"四代人说"，广为学界采用。不过仔细分

---

① 罗德运. 应认真开展对中国图书馆学人的研究（上）［J］. 图书馆杂志，2002（3）：7 - 10.

② 罗德运. 应认真开展对中国图书馆学人的研究（下）［J］. 图书馆杂志，2002（4）：15 - 18.

③ 程焕文. 百年沧桑 世纪华章——20 世纪中国图书馆事业回顾与展望（续）［J］. 图书馆建设，2005（1）：15 - 21.

④ 王子舟. 建国六十年来中国的图书馆学研究［J］. 图书情报知识，2011（1）：4 - 12＋35.

析现有的几种"四代人"划分标准，似乎都存在一些不足。程焕文教授将柳诒徵、王云五、万国鼎等划入第二代，似为不妥，柳诒徵、王云五从年纪来看与第一代诸多学人相仿，甚至早于第一代的一些学人；而1927年金陵大学图书馆学系创建时，万国鼎与李小缘、刘国钧同被聘为教授，为该系创系元勋，三人年纪相仿，将三人分割为两代似乎也不妥。再如第二代中，主要将文华学子归在一起，然这一代中差别也很大。如裘开明、桂质柏是文华第一届（1922年毕业）学生，张遵俭是文华1938年毕业生，张遵俭入学时裘、桂二人都已名重图书馆学界，三人时间跨度较大，归在一起似也不妥。罗德运的划分中，第二代学人群体跨越太大。

人才代际划分，向来是一个难题，从上述图书馆学四代学人的划分标准就能窥得一二。笔者认为是否可以在每一代之间略加细分，如第一代早期、第一代晚期，第二代早期、第二代晚期，如是，上述提到的裘开明、桂质柏就可以划入第一代晚期或第二代早期的行列，张遵俭可以划入第二代晚期之列，这样较之原来的似乎清楚一些。

（2）综合性学人群体思想评述推进

所谓综合性学人群体，主要是从时间的角度来划分的，即指从我国现代图书馆学诞生之初到当下这段时期内的全部图书馆学人。对于综合性学人群体的研究，集中于代际划分和学术思想评述两个层面。前者上文已有详述。

21世纪以来学术思想评述取得了较大的进展。2002年范并思教授等人的《20世纪西方与中国的图书馆学——基于德尔斐法测评的理论史纲》（下文简称《史纲》）一书出版。该书对20世纪中外图书馆学发展进行了梳理，将整个20世纪中国图书馆学发展划分为"嬗变与萌芽（1900—1916）""新图书馆运动（1917—1936）""战乱、重建与动乱（1937—1976）""新时期的理论变革（1977—1989）""理论现代化（1990—2000）"五个时期，通过德尔斐法选出了66位"20世纪中国图书馆学重要人物"，并对其活跃年代及主要活动领域和贡献做了说明。① 遗憾的是，该书未能对全部 66 位学人展开详细的述评，然能归纳出这些学人的活跃年代、主要活动领域和学术贡献已然不易。2008年王子舟教授《图书馆学是什么》一书出版，该书第五章"图书馆学大家及其贡献有哪些"中，选取了刘向等 16 位学人的思想进行了简评，并将这 16 位学人划分为四类：文献整理编纂家（刘向、刘歆、郑樵、王云五、顾廷龙）、经营服务拓展家（柳诒徵、袁同礼、杜定友、顾颉刚、李小缘）、学科理论创建家（章学诚、梁启超、杜定友、刘国钧）、专业人才教育家（韦棣华、沈祖荣、王重民）。② 这一划分标准是否科学、完善，有待进一步探讨，但为中国图书馆学人群体研究提供了一种新的可供参考的视角。

（3）特定群体研究多元化

特定图书馆学人群体是指基于某一特定标准划分的学人群体。从现有研究来看，目前划分标准大致可归纳为基于某一特定时间段内的学人群体、基于学缘的特定群体和基于地缘的特定群体三种。21 世纪以来，对于特定学人群体的研究呈现多元化发展趋势，如范凡对民国时期图书馆学人群体的研究③、尹吉星等对第二代图书馆学人学术思想的研究④、付天松对三代图书馆学人论著被引情况的研究⑤、俞君立从图书分类理

---

① 范并思，邱五芳，潘卫，等. 20 世纪西方与中国的图书馆学——基于德尔斐法测评的理论史纲 ［M］.北京：北京图书馆出版社，2004：340-342.

② 王子舟. 图书馆学是什么 ［M］. 北京：北京大学出版社，2008：153-184.

③ 范凡. 民国时期的图书馆学人 ［J］. 图书与情报，2011（1）：131-134.

④ 尹吉星，邓小昭. 关于第二代学人图书馆学思想研究的综述 ［J］. 图书馆，2011（6）：67-71.

⑤ 付天松. 中国三代图书馆学家论著及其被引研究 ［D］. 哈尔滨：黑龙江大学，2013.

论与实践贡献的角度对 20 世纪上半叶 40 余位文华图专学人的研究①、徐鸿通过数据统计分析方法对 1949 年以前文华学人群体影响力的研究②、汤树俭对河南图书馆学人群体的研究③、傅瑛对安徽籍图书馆学人群体的研究④、吴稌年等对南京地区图书馆学人群体的研究⑤等。尤其是从 2007 年到 2010 年这 4 年，为纪念文华图专创办 90 周年，《图书情报知识》特辟专栏，推动了对文华学人群体的研究，这些成果都收录进《文华情怀——文华图专九十周年纪念文集》（武汉大学出版社，2010 年）一书中。2018 年南京师范大学图书馆朱茗出版的《金女大图书馆人物传》也是值得一提的群体研究成果，该书对 30 位在金陵女子大学大图书馆工作过的前辈人物一一进行考证，将分散在世界各地的零散历史资料和信息组织起来，厘清了目前已知曾经在金女大图书馆工作过的教职员（其中大部分是外籍职员）的情况，全面展示了金女大图书馆员群体。⑥

5.1.4.3 学人史料编纂持续推进

作为图书馆学人研究的基础，21 世纪以来学人史料编辑整理同样成绩喜人，具体表现为以下方面。

（1）民国图书馆学人文集整理持续推进

进入 21 世纪以来，对于民国图书馆学人文集的搜集、编辑整理活

---

① 俞君立. 文华图专学者对图书分类理论与实践的贡献 [J]. 高校图书馆工作，2001（1）：1-8＋52.

② 徐鸿. 文华图专对现代中国图书馆学的影响 [M] //马费成. 世代相传的智慧与服务精神——文华图专八十周年纪念文集. 北京：北京图书馆出版社，2001：257-281.

③ 汤树俭. 河南图书馆学人述略 [J]. 河南图书馆学刊，2006（4）：125-129.

④ 傅瑛. 皖籍学人与中国现代图书馆建设 [J]. 大学图书情报学刊，2011，29（6）：77-81.

⑤ 吴稌年. 中国近代图书馆事业南京重镇的形成与特征 [J]. 图书馆，2015（1）：28-33＋44.

⑥ 朱茗. 金女大图书馆人物传 [M]. 南京：南京师范大学出版社，2018.

动持续推进，并取得了一系列重要成果。如《毛坤图书馆学档案学文选》（四川大学出版社，2000 年）、《裘开明图书馆学论文选集》（广西师大出版社，2003 年）、《外国图书馆学术研究——戴镏龄文集续编》（广东人民出版社，2004 年）、《钱亚新文集》（南京大学出版社，2007 年）、《汪长炳研究文集》（南京大学出版社，2007 年）、《袁同礼文集》（国家图书馆出版社，2010 年）、《杜定友文集》（广东教育出版社，2012 年）、《钱亚新别集》（南京大学出版社，2013 年）、《沈祖荣文集》（武汉大学出版社，2013 年）、《戴志骞文集》（国家图书馆出版社，2016）等（具体可参见表 5-1）。此外，借助学人研讨会纪念文集，不少民国学人的未刊文稿也得以公布，如：2003 年出版的《王重民先生百年诞辰纪念文集》中收录了王重民遗作 13 篇；2007 年南京大学信息管理系整理出版《李小缘纪念文集》，收录了李小缘未刊的《图书馆学》一书；2010 年出版的《毛坤先生纪念文集》收录了毛坤未刊的《图书馆用具表格图式》、《中国国家档案馆规程草案》；等等。又有《杜定友文集》，系"图书馆学家文库"之一，由广东省立中山图书馆及中山大学图书馆联合编辑，全书共计 22 册，收录杜定友编著的专著、教材、论文、随笔、序跋、文告等 440 种（篇），其中第 22 册附有杜定友女儿杜燕撰写的《慈父杜定友回忆录》、《杜定友著述系年》以及《杜定友研究论著目录》，为杜定友研究奠定了极为重要的史料基础。2013 年，中国图书馆学会编选出版了《20 世纪中国图书馆学文库》，将不少民国学人的著作重新影印出版，为研究使用者提供了便利。

（2）现当代图书馆学人文集编辑整理工作逐步启动

图书馆学界在整理出版民国学人论著的同时，也开始着手对彭斐章、周文骏、谢灼华、张树华、关懿娴、谭祥金、赵燕群、乔好勤、张厚生等当代学人的文集进行编辑整理，不少已经出版，如上文提及的《彭斐章文集》、《张琪玉文集》以及近年来出版的《金恩晖图书馆学文集》（长春出版社，2020）、《赵世良文集》（黑龙江人民出版社，2021

年）等。除此之外，北京人天书店资助的"当代中国图书馆学研究文库"为图书馆学领域的中青年学者出版专门的文集，目前已出至第四辑，该文库与上文提及的"图书馆学家文库"足以与20世纪80年代的"图书馆学论丛"相媲美。

（3）21世纪以来其他形式的图书馆学人研究资料开始涌现

2007年出版的《钱亚新文集》附录中全文收录了钱亚新与白国应的17通完整信札；同年出版的《李小缘纪念文集》中收录了李小缘与郭沫若、朱自清等学者的通信；2009年，《胡适王重民先生往来书信集》由国家图书馆出版社出版。这些书信对于图书馆学人研究有着重要的参考价值。2013年，原浙江图书馆馆长陈训慈先生《运书日记》由中华书局出版，日记记录了抗战时期陈训慈护送文澜阁《四库全书》的情况，史料价值极高。2020年彭斐章先生的《图书馆学家彭斐章九十自述》出版，该书也成为中国第一部图书馆学人的口述自传，该书不仅展示了彭斐章先生一生经历，而且也成为透视中国图书馆事业史、图书馆学教育史发展的重要窗口。① 此外，尤其令人欣慰的是，2015年12月国家图书馆中国记忆项目中心联合全国图书馆界以及各相关单位共同启动了"中国图书馆界重要人物专题"资源建设工作，对我国现当代图书馆学家和为我国图书馆事业发展做出过突出贡献的人士进行口述史访谈，相关成果也逐渐问世。

5.2 中国图书馆学人研究取法

历史活动的中心是人，人物研究始终是史家关注的要项，梁启超甚至曾说中国的正史就是以人为主的历史②。见事不见人的史学，肯

---

① 彭斐章. 图书馆学家彭斐章九十自述 [M]. 柯平，刘莉，整理. 北京：国家图书馆出版社，2020.

② 梁启超. 中国历史研究法补编 [M]. 北京：中华书局，2010：36.

定不会是高明的史学。而人物研究，看似上手较易，其实做好最难，因为在历史上留名者，大多是"人精"，要想具有了解同情，诚非易事。此外，历史人物在当时的作用往往受各种因素变化的影响，使得后人的认识发生偏差①。图书馆学人研究也不例外。中国图书馆学人研究，分为个体研究与群体研究，不同的研究范式、研究路径也有所不同。

5.2.1 个体研究

从事图书馆学人个体的研究，大致可参照如下路径。

5.2.1.1 编纂年谱，构建时空坐标

研究一位图书馆学人，首要工作是对其生平经历有所了解，而年谱则是了解一位学人生平经历的绝佳途径之一，编纂年谱也是学人研究的基础。年谱是一种具有悠久历史的中国著作体裁，以某一人物（即谱主）为中心，以年月为经纬，比较全面细致地叙述谱主一生经历。具体而言，编纂年谱，特别是比较详尽、系统的年谱，就是为谱主构建一个时空网络。透过年谱，我们可以了解谱主家庭、教育经历、人际关系网络，这些内容对于一位学者的思想、行为都是有非常重要影响的。例如编纂《钱亚新年谱》时，作者发现了钱亚新与顾颉刚之间的交往②，他们交往主要内容之一是关于郑樵的研究，而从后来钱亚新出版的《郑樵校雠略研究》一书中，果然发现了钱亚新受顾颉刚早年郑樵研究影响的痕迹③。

年谱一般分为自编年谱与他编年谱。在为图书馆学人编年谱时，首

---

① 桑兵. 治学的门径与取法：晚清民国研究的史料与史学［M］. 北京：社会科学文献出版社，2014：220-222.

② 谢欢. 钱亚新年谱［M］. 上海：上海古籍出版社，2021：108-109.

③ 谢欢. 郑樵校雠学说研究的民国转向［J］. 中国图书馆学报，2017，43（5）：116-126.

先需要了解一下这位学者生前是否有过自编年谱。中国图书馆学人目前相对系统的自编年谱还未见到，但是仍然有不少学者在生前自编有简谱，例如钱亚新先生生前曾自编有《六十年来生活工作简表、论著编译年录》，记录了钱氏 1928 年至 1988 年之间的主要经历及所撰论著。不过，该谱并未正式出版，而是收录于 1993 年钱亚新夫人吴志勤与其长子钱亮等编辑的《创新、求新、育人——图书馆学家钱亚新的一生》（该书亦未正式出版）中。又如南京大学倪波教授生前也自编有《倪波教授著述系年》，该系年虽然称为"著述系年"，但是里面记录了倪波先生主要经历，具有年谱性质，该"系年"后收录于 2004 年南京出版社出版的《信息资源管理论丛——倪波教授七十华诞纪念文集》一书中。该书出版后倪波教授一直有所增补，现存一份手稿，收录了 2004 年以后的一些情况。如果学者有自编年谱，那是非常重要的参考资料，但是在使用这些自编年谱时一定要注意，因为很多自编年谱都是学者在年纪较大时才开始编纂的，因此，由于记忆失误等原因，难免存在遗漏或错误，例如钱亚新先生的《六十年来生活工作简表、论著编译年录》中就有不少漏误。

如果没有自编年谱，研究者就需要重新编纂一份学人年谱，重新编纂可以是简谱，如《沈祖荣评传》、《杜定友和中国图书馆学》、《袁同礼与中国图书馆事业》等论著后面附录的年谱，都属于简谱；也可以是比较完善的详谱，如学界已出版的《裘开明年谱》、《顾廷龙年谱》、《钱亚新年谱》等成书的专著。

研究者在编纂年谱时，通常需要注意如下几点：

（1）广泛搜集资料

广泛占有资料是历史研究的基本准则，年谱编纂也是如此。通过梳理人物一生大致经历，有针对性地到这位学人生前居住、工作过的地方搜集、整理相关资料，例如李小缘、袁同礼、洪有丰等中国近代著名图书馆学家都毕业于纽约州立图书馆学校且与国外学者一直保持联系，因此在编纂这些人物年谱时，在条件允许的情况下，一定要重视外文资料的搜集。在搜集资料的同时，一定要避免陷入"资料主义泥潭"之中，研究者必须明白，资料是无法穷尽的。

（2）对资料进行删选，重点考证时间不一致处

例如关于李小缘的生年，有些材料写 1897 年，有些则是 1898 年，对于这种时间不一致的地方就得进行考辨。当然，有时候众口同一的说法有可能也会存在问题，也需要注意。例如，克乃文 1913 年到金陵大学，很多说法都提及 1913 年克乃文到金陵大学以后就负责金大图书馆工作了，实则不然，克乃文是 1914 年才正式担任金大图书馆馆长的。

（3）尽量引用一手资料

很多人物的学生、家人、朋友在该人物生前或者去世以后都会撰写一些回忆与这位人物交往的文字，这些文字对于了解这位人物、编纂其年谱肯定具有一定的参考价值，但是对于这类文章中提及的信息，一定要慎重使用，尽量找到一手材料佐证。凡是引用，一定要注明出处。

（4）确定年谱编纂体例，开始编写

确定年谱编纂体例有两层含义，一是确定做独立的详谱还是简谱，前者工作量较大，后者则相对简单；二是具体的编写体例，是按时间顺序撰写，还是采用纲目体。民国时期学者使用纲目体做年谱的较多，而目前大部分研究人员还是倾向按照时间顺序逐次展开的方式编写。

最后不妨引用何炳松 1928 年 10 月 18 日为胡适、姚名达所撰的《章实斋先生年谱》一书的部分序文来说明年谱的价值及编纂之道①：

替古人做年谱完全是一种论世知人的工作，表面看去好像不过

---

① 何炳松.《章实斋先生年谱》序［M］//胡适，姚名达. 章实斋先生年谱. 上海：商务印书馆，1929：1.

一种以事系时的功夫并不很难；仔细一想实在很不容易。我们要替一个学者做一本年谱，尤其如此；因为我们不但对于他的一生境遇和全部著作要有细密考证和心知其意的功夫，而且对于和他有特殊关系的学者亦要有相当的研究，对于他当时一般社会的环境和学术界的空气亦必须要有一种鸟瞰的观察和正确的了解，我们才能估计他的学问的真价值和他在学术史中的真地位。所以做年谱的工作比较单是研究一个人的学说不知道要困难到好几倍。这种困难就是章实斋所说的"中有苦心而不能显"和"中有调剂而人不知"，只有做书的人自己明白。

5.2.1.2　整理编纂学人文集，奠定学人思想研究基础

作为人物研究的基础，除了编纂其年谱外，另一重要的基础工作就是搜集、整理该人的文字言论，因为研究一位学人，其重点肯定在于评价这位学人的思想，而最能体现一位学者思想的无疑是其各类论著。中国现代图书馆学诞生于 20 世纪 20 年代，中国图书馆学人文集的编纂起步相对较晚，相较于文学、历史等领域，中国图书馆学人文集总体数量较少，借鉴程焕文教授划分的"四代人"标准，目前第一、第二代学人文集出版情况①如表 5-1（仅统计大陆地区）所示。

---

① 本节所论的学人文集是指学者个人的论著结集，多人论著的结集如《南京图书馆同仁文集》、《百年文萃：空谷余音》、《南京大学百年学术经典·图书馆学卷》等不在讨论之内。另外，不少图书馆学人纪念文集如《李小缘纪念文集》、《王重民先生百年诞辰纪念文集》、《陈训慈百年诞辰纪念文集》等也会收录有这些学人的一些论著，对于这些纪念文集暂时也不收录。内容上侧重图书馆学，兼收部分文献学论文集。

表 5‒1　中国大陆地区第一、第二代图书馆学人文集
出版情况（按出版时间先后排列）

时间	书名	出版社	说明
1941	图书馆学论丛	浙江省立英士大学图书馆	该书系"浙江省立英士大学图书馆丛书"之一，收录了吕绍虞有关图书馆学通论、分类编目、大学图书馆、儿童图书馆、书评等论文49篇
1947	图书馆学论丛续集	南京大学书店	该书收录了吕绍虞图书馆学有关论著16篇，系1941年出版之《图书馆学论丛》续集
1949	图书与图书馆论丛	世界出版协社	该书收录了王重民1949年以前撰写的国内外图书馆访书经历、国外图书馆及其中文馆藏介绍文章11篇
1983	刘国钧图书馆学论文选集	书目文献出版社	该书是为了纪念刘国钧逝世一周年由北京大学图书馆学系相关教师于1981年编辑而成，收录刘国钧图书馆学方面重要论著多篇
1983	图书分类法评论选集	四川省中心图书馆委员会（内部出版）	该书收录了皮高品20世纪60年代到80年代初撰写的12篇图书分类法评论方面的文章
1987	杜定友先生遗稿文选（初集）	江苏省图书馆学会（内部出版）	该书由钱亚新、钱亮、钱唐三人整编，作为《江苏图书馆学报》专辑之一由江苏图书馆学会内部出版，收录杜定友图书馆学、分类研究等领域文章多篇
1988	杜定友图书馆学论文选集	书目文献出版社	该书由钱亚新、白国应编辑，收录了杜定友图书馆学重要论文32篇，书后附有张世泰编辑的《杜定友有关图书馆学著述系年》
1988	钱亚新论文选	成都东方图书馆学研究所	该书系吉林省图书馆学会、四川省图书馆学会、成都东方图书馆学研究所为庆祝中华人民共和国成立40周年联合主编的"图书馆学论丛"之一，只收录钱亚新目录学方面的论文

续　表

时间	书名	出版社	说明
1991	中国图书馆界先驱沈祖荣先生文集	杭州大学出版社	该书由丁道凡搜集编注，收录了沈祖荣 1918 到 1944 年发表的文章 31 篇
1991	钱亚新集	江苏教育出版社	该书由南京图书馆、东南大学相关学者组织编辑，收录钱亚新代表文章多篇，并附有钱亚新年谱及著述目录
1992	冷庐文薮	上海古籍出版社	该书系"中华学术丛书"之一，分上下两册，收录了王重民目录学、敦煌学、图书馆学学术论文、随笔、杂记等
2000	毛坤图书馆学档案学文选	四川大学出版社	该书由梁建洲、廖洛纲、梁鱣如编辑，收入毛坤先生图书馆学、目录学、档案学方面有代表性的文章
2002	顾廷龙文集	上海科技文献出版社	该书系"芸香阁"丛书之一，收录了顾廷龙有关文献学论著 250 篇
2003	裘开明图书馆学论文选集	广西师范大学出版社	该书系"哈佛燕京图书馆学术丛刊"第二种，由程焕文选，收录裘开明有关图书馆学、文献学的中英文论著及回忆录、序跋等
2004	外国图书馆学术研究——戴镏龄文集续编	广东人民出版社	该书系"中山大学图书馆学术丛书"之一，收录戴镏龄有关图书馆学、辞典学方面的论（译）著
2007	钱亚新文集	南京大学出版社	该书是"南京图书馆百年文丛"之一，由南京图书馆编辑，除收录钱亚新相关论文、回忆、序文、书信外，书后还附有钱亚新先生论著系年及研究资料目录
2007	汪长炳研究文集	南京大学出版社	该书是"南京图书馆百年文丛"之一，由南京图书馆编辑，该书除收录汪长炳论文之外，还收录昔日同事、好友、学生回忆、研究汪长炳先生的文章多篇

时间	书名	出版社	说明
2008	王云五文集	江西教育出版社	江西教育出版社自 2008 年起陆续推出王云五文集，内容涉及出版、汉字排检、思想史等
2009	东西文化交流论丛	商务印书馆	该书收录了钱存训有关东西文化交流、欧美中文收藏以及中外学人纪念的文章 18 篇
2010	袁同礼文集	国家图书馆出版社	该书由国家图书馆编辑，收录袁同礼所著单篇文章、书评、演讲词及序跋
2011	赵万里文集	上海科学技术文献出版社	该书系"芸香阁"丛书之一，由冀淑英、张志清、刘波整理编辑，全书分三卷，收录了赵万里有关图书馆学、目录学、历史学的论著
2012	杜定友文集	广东教育出版社	该书系"图书馆学家文库"之一，由广东省立中山图书馆及中山大学图书馆联合编辑，全书共计 22 册，收录杜定友编著的专著、教材、工具书、史料汇编、论文、随笔、序跋、文告、书信和文学作品等 440 种（篇），其中第 22 册还附有杜定友先生女儿杜燕撰写的《慈父杜定友回忆录》以及《杜定友著述系年》和《杜定友研究论著目录》
2012	回顾集：钱存训世纪文选	广西师大出版社	该书由潘铭燊主编，选录钱存训过去所发表的代表作品及相关文章，分作 10 个部分，包括：百岁回顾、旧作新刊、古代文献、纸墨印刷、文化交流、怀念师友、写作缘起、序跋题记、著述评介和访问传记等，回顾了钱存训一个世纪以来的学术成果和有关学术活动

时间	书名	出版社	说明
2013	图书分类法评论选集	武汉大学出版社	该书系"武汉大学百年名典"丛书之一，收录了皮高品有关图书分类法论著20篇，内容较之1983年内部出版的《图书分类法评论选集》更加丰富
2013	钱存训文集	国家图书馆出版社	该书由国家图书馆出版社编辑，全书共三卷，第一卷收录作者专著《书于竹帛》和书史论丛文章25篇；第二卷为专著《中国纸和印刷文化史》；第三卷收录图书目录学文章13篇、史学与回忆文丛11篇和《留美杂忆》
2013	钱亚新别集	南京大学出版社	该书由谢欢整理，收录钱亚新有关图书馆学、目录学研究的随笔、评论、讲话数十篇，以及钱亚新回忆录及诗词，是对《钱亚新集》、《钱亚新文集》的补遗，书后附有钱亚新研究资料目录
2014	张元济与中国图书馆事业	上海科技文献出版社	该书由张人凤编辑整理，收录了张元济撰写或编辑的有关图书馆事业的文章、讲话、章程等
2015	顾廷龙全集	上海辞书出版社	该书由顾诵芬、吴建中等人主编，全集分为"文集卷""著作卷""读书笔记卷""书信卷"，自2015年由上海辞书出版社陆续出版，至2017年陆续出齐
2016	沈祖荣集：汉、英	武汉大学出版社	该书系湖北"荆楚文库"之一，收录了沈祖荣不同时期中英文论著47篇，较之《中国图书馆界先驱沈祖荣先生文集》有所增补
2016	李燕亭图书馆学著译整理与研究	中国社会科学出版社	该书由翟桂荣整理编纂，收录了李燕亭《图书馆学讲义》、《图书馆员之训练》两种论（译）著以及图书馆学、诗词等文稿17篇

时间	书名	出版社	说明
2016	戴志骞文集	国家图书馆出版社	该书由韦庆媛、邓景康主编，全书分上下两册，收录了戴志骞中英文论著、单篇文章、书评、演讲词等各类型著作
2016	赵万里文存	江苏人民出版社	该书由清华大学国学研究院主编，收录了赵万里在目录版本、辑佚校勘、金石文献及词曲研究等领域的论著
2017	杨昭悊集	武汉大学出版社	该书系湖北"荆楚文库"之一，收录了杨昭悊图书馆学、经济学、教育学等各类论著19篇
2017	皮高品集	武汉大学出版社	该书系湖北"荆楚文库"之一，全书共三册，由周荣、吴芹芳、谢泉等人整理，收录了皮高品撰写或编制的图书馆学、分类学、分类法等各类著作
2017	金云铭文集	国家图书馆出版社	该书由福建师范大学图书馆整理编辑，收录了金云铭有关图书馆学的专业论著以及诗词、回忆录等

　　挂一漏万，上表难免有遗漏，但是从上表来看，中国图书馆学人文集的编纂工作还是有很长的路要走。

　　从事图书馆学人研究，在编纂或使用学人文集时，要注意后人编辑的文集与作者生前拟定目录之间是否有差距。学人文集通常有三种情况：第一，自编文集，即学者生前拟定文集目录，严格根据该目录出版；第二，学者生前拟定好目录，但生前未能得见文集出版，在其去世以后其家人、友朋或学生没有严格按照该目录出版文集，在原定目录的基础上有所增删；第三，学人生前未编任何目录，其去世后，完全由后人编辑整理其文集。

　　研究者在编纂或使用学人文集时，首先要考虑属于上面哪一种情况，其中最为复杂的是第二种。如果最后出版的文集篇目，相较于学人自定文集目录有所删减，那么就要分析是什么原因导致某些篇目没有出版；如果篇目有所增加，也要注意所增加的文字是不是那位学者想加入文集的，这类增加的"散佚"文献，有些学者是真的遗忘了，但是也有一些学者是故意为之，不想将这些文字加入自己的文集，想让这些文字消失在历史的长河中。因此，后世研究者要注意这个问题，包括在整理编辑前人文集时，也要注意这一点。当下有一部分研究人员，尤其是现当代文学领域的一些研究者，以找寻、发掘某位作家的"佚文"为乐，不少还以此自矜，唯独没有去考证这些文字是不是作家有意遗忘，有意不想让后人知道。如果真的是属于故意制造遗忘，那么研究者就得分析背后的原因。图书馆学界也有个别这样的现象，有学者生前拟定有文集目录，但是生前没有来得及出版，去世后其学生编辑整理其文集，篇目较之该学者生前拟定的有很大的不同。这位学生可能是出于好意，想尽量全面地展示老师的成就，但是其他研究者如欲研究这位学者，在使用这位学生编辑的文集时，就得注意研究有些篇目那位学者生前为什么没有列入，这有时候也能为研究学人提供一种新的视角。

5.2.1.3　回到历史场景，给予客观评价

在完成年谱与文集的编辑整理工作之后，就需要对图书馆学人展开研究，研究时需要遵循如下几个原则。

（1）回到历史环境，作同情之理解

对于一位人物的研究，一定要回到其所处的历史环境，了解其所处的时代、文化、教育背景。人是时代的产物，脱离了时代是无法准确理解一位人物的。一定要避免用今人的眼光、观念去看待前辈学者，在本书章节2.4中已有所论及。例如，中国现代图书馆学相对年轻，早期很多学人都经历过"极左"的政治环境，对于在这样环境中的表现，我们要"设法参与"，设想我们身处那样的环境时会如何应对，做到同情之理解。

（2）不能只看到身份符号，要全面看待一位学者

很多人在从事图书馆学人研究时，会不自觉地只看到其作为"图书馆学家"的身份符号，而忽略了其作为"人"的自然属性。图书馆学人首先是一个"人"，一个吃着五谷杂粮、有着七情六欲的"自然人"，自然人不可能是"完人"。因此在研究时，既要看到其学者的一面，也要看到其普通人的一面，不能因为其学术成就就忽略了其普通人的一面，也不能因为其学术上的成就忽略其生活中的不足。自然人是最为复杂的，因此就要谨慎使用"善/恶""好/坏""进步/反动"等二元评价标准。

（3）广泛比较，客观评价

在研究图书馆学人时，总归要给予被研究者一个评价，这个评价或许是全方位的，或许只是针对某一活动、某一思想、某一本著作的，但做这些评价时，首先一定要尽量秉持客观的原则，尽管涉及价值判断，受限于时代、研究主体等，百分之百的纯客观是不可能做到的。如何保证尽量客观呢？首先要确定基本事实，例如俞爽迷 1936 年出版的《图书馆学通论》一书多处抄袭杨昭悊《图书馆学》中的内容，因此在评价俞爽迷的图书馆学研究或《图书馆学通论》一书的地位时，这一基本事实是无法抹杀的。基本事实是研究、评价历史人物的基础。①

其次，正确对待已有研究成果。面对一位图书馆学人，或许学界已经有不少研究成果，这些成果或许是这位学者同时代人的评价，或许是后世学者的研究，不管何种，在面对这些研究成果时，一定要客观分析，尤其是同时代人的评价，需要研究评价者与被评价者之间的关系，是亲属？师生？友朋？还是毫无关系？因为亲属、师生、友朋的研究成果，难免会带有一些主观情感。

---

① 葛剑雄. 历史人物的评价应该以事实为依据［J］. 探索与争鸣，2004（3）：16-17.

最后，广泛地比较。图书馆学人的思想、言行、观念的价值只有在广泛比较中方能体现，这种比较可以是纵向的，也可以是横向的，正如陈寅恪在《元白诗笺证稿》中曾指出："故今世之治文学史者，必就同一性质题目之作品，考定其作成之年代，于同中求异，异中见同，为一比较分析之研究，而后文学演化之迹象与夫文人才学之高下，始得明了。否则模糊影响，任意批评，恐终不能有真知灼见也。"①

5.2.2 群体研究

群体研究顾名思义就是对某一个群体展开研究，相较于个体研究，群体研究的视野更为宽广，所需搜集的资料也更为繁杂。图书馆学人群体研究有外部和内部两种路径，外部路径就是把所有的图书馆学人当作一个群体来进行研究，外部视角下的图书馆学人群体与档案学学人群体、博物馆学学人群体、出版人群体相区别，外部视角下图书馆学人群体研究基础是搞清图书馆学人群体的基本情况，进而再与其他群体进行比较。就目前来看，外部视角下的图书馆学人群体研究还停留在第一个阶段，其成果也表现为各类工具书中对于图书馆学人的介绍，如宋景祁等人《中国图书馆名人录》（又名《中国图书馆界人名通信录》，上海图书馆协会，1930）、吴仲强主编的《中国图书馆学情报学档案学人物大辞典》（香港亚太国际出版有限公司，1999）、台湾"中国图书馆学会"出版委员会主编的《图书馆人物志（一）》（台北"中国图书馆学会"，2003）、黄元鹤、陈冠至主编的《图书馆人物志》（五南图书出版股份有限公司，2014）等。就现有的这些人物类工具书来看，还是有很多的拓展空间的。

相较于外部，内部的视角即从图书馆学人群体内部去划分某一个群体，再对该群体进行研究。如基于学缘，有图书馆学界常提的"文华学

---

① 陈寅恪. 元白诗笺证稿 [M]. 北京：商务印书馆，2015：46.

人群体";基于地缘,有民国时期的安徽籍图书馆学人群体、金陵(南京)群体等;基于时间,有第一代图书馆学人群体、第二代图书馆学人群体等;基于某一机构,有国立北平图书馆学人群体等(前面所提的"文华群体"也属于基于机构的一种划分);基于国别,有中国图书馆学人群体、美国图书馆学人群体、日本图书馆学人群体;基于留学国家,有留美图书馆学人群体、留苏图书馆学人群体、留日图书馆学人群体等。

目前学界关于图书馆学人的研究成果,大多是从内部视角出发的。虽然近几年在群体研究领域取得了不少成果,但是相较于个体研究,目前学界对于群体研究的广度与深度都有待拓展。笔者认为,未来的图书馆学人群体研究可以从如下几个方面着手。

5.2.2.1 编辑中国图书馆学人群体传记工具书

学人群体传记工具书是研究学人群体的基础,以美国图书馆学界为例,就编有诸多群体性列传,其中最具代表性的应属波宾斯基(George S. Bobinski)、谢拉(Jesse H. Shera)及怀纳(Bohdan S. Wynar)合编的《美国图书馆传记词典》(*Dictionary of American Library Biography*)。该书为对美国图书馆事业发展做出贡献的每一位重要人物立传,评述其生平功绩及重要思想。[1] 此后,威甘德(Wayne A. Wiegand)、戴维斯(Donald G. Davis)教授分别于 1990 年、2003 年对该书进行了增补,出版了《美国图书馆传记词典(增补本)》(*Supplement to the Dictionary of American Library Biography*)[2] 与《美国图书馆传记词典(二次增补本)》(*Dictionary of American Library Biography*:

---

① George Sylvan Bobinski, Jesse Hauk Shera, Bohdan S. Wynar. Dictionary of American library biography [M]. Exeter:Libraries Unlimited,1978.
② Wayne A. Wiegand. Supplement to the dictionary of American library biography [M]. Exeter:Libraries Unlimited,1990.

Second Supplement)①。差不多每 12 年增补一次的《美国图书馆传记词典》已成为研究美国图书馆学人必备参考资料。除了上述综合性的人物列传之外，其他专门的群体性列传如威甘德的《美国图书馆协会百位主席》(*Members of the Club：A Look at 100 ALA Presidents*) 等也较具代表性。

相较于美国，中国在图书馆学人群体列传工具书编纂方面还有很大的提升空间，虽然有吴仲强《中国图书馆学情报学档案学人物大辞典》一书，但是该辞典存在较大的不足与差误，且出版之后一直未做修订。希望未来有学者能够牵头编纂一本《中国图书馆学人传记词典》，邀请对前辈学人素有研究的学者分头编写，并不断增补，使之成为展示中国图书馆学人群体风貌的窗口。

图书馆学人群体研究内容可以从纵向与横向两个方面切入。纵向就是研究群体的产生、发展、消亡，每一阶段的行为、规范、情感、目标、价值等②；横向就是选择某一方面与其他群体进行比较，如金陵大学图书馆学人群体与文华群体的比较，中央图书馆学人群体与北平图书馆学人群体的比较。当然，还可以突破图书馆学界，如以图书馆学人群体与博物馆学学人群体比较等。

5.2.2.2　明确图书馆学人群体划分标准，深入群体内部展开研究

群体的划分标准既是某一群体形成的重要因素之一，也是群体研究的重要准绳。例如，以学缘划分的文华学人群体、金大学人群体、国立社教学院学人群体等，那么划分的标准——学缘就是研究这些群体特质的重要依据，而这些群体成员的内部活动、维系纽带、行为、规范、情

①　Donald G. Davis. Dictionary of American library biography：second supplement [M]. Exeter：Libraries Unlimited，2003.
②　西奥多·M. 米尔斯. 小群体社会学 [M]. 温凤龙，译. 昆明：云南人民出版社，1988：62.

感、目标、价值等①肯定与文华图专、金陵大学、国立社教学院等有着非常密切的关系。

明确了群体划分依据，就可以深入群体内部对群体展开研究。深入群体内部要研究群体成员的基本信息，如性别、年龄、籍贯、教育背景、研究成果等，通过这些信息的统计分析，了解群体的部分基本特征；要研究群体的产生、发展、消亡，每一阶段的行为、规范、目标等；要研究群体与个体成员之间的关系，有些相对比较松散的群体，其成员对于群体的概念也是比较模糊的，而有些群体则是有明确的规章制度，对群体成员也是有一定约束的，如中华图书馆协会等。群体与个体成员之间的关系是群体研究的一项重要内容，对于这一点，现有的研究关注还是不够的。

5.2.2.3　向外突破，通过比较找寻群体特质

目前学界所做的图书馆学人群体研究，主要还是在图书馆学人群体内部，未来的图书馆学人群体的研究应该逐渐向外突破，广泛地比较。所谓的广泛比较，可以在图书馆学人群体内部比较，如金陵大学图书馆学人群体与文华图书馆学人群体的比较、中央图书馆学人群体的核心人物与北平图书馆学人群体的核心人物之间比较等。更可以突破图书馆学界，通过与其他群体的比较来反观图书馆学人群体的特质。例如，民国时期留美图书馆学人群体和留美的历史学学人群体、教育学学人群体之间有何异同？或者与博物馆学学人群体、档案馆学学人群体比较，发现其异同。这些不同之处，或许就是图书馆学人的特质。

---

① 西奥多·M. 米尔斯. 小群体社会学 [M]. 温凤龙，译. 昆明：云南人民出版社，1988：62.

6　中国图书馆机构研究

在现有的学术研究中并没有真正被称为"图书馆机构史"的相关工作，某种程度上"图书馆机构史研究"的提法属于本章的独创。当然，它实际上是对"图书馆馆史研究"的拓展。在本章中，所谓的"图书馆机构"覆盖了与图书馆事业相关的各类机构、组织或具有实体化倾向的共同体，包括且不仅限于：各级、各类型图书馆，图书馆学教学单位，相关学术组织或行业协会，为图书馆事业服务的书商、数据库商以及其他的企事业单位，具有图书馆特质但并不以"图书馆"为名的机构（如中国基层的文化站及其图书室等）等。

在肖鹏此前的一篇文章中曾提出"图书馆生态系统"的说法，强调"正如一本书的面貌不仅仅由作者决定，一所图书馆的整体面貌、服务能力、发展也不仅仅由图书馆员决定。所谓图书馆生态系统，是指以图书馆为中心，由图书馆和外部利益相关方组成的生态体系和互动空间"。[①]可以说，从狭义层面来讲，图书馆机构史的研究实际上是关于图书馆生态系统中各个机构主体的研究；而从广义层面来讲，这一工作还必须关照生态系统内不同主体的关系、定位以及它们的变化。需要特别指出的是，尽管图书馆生态系统日益扩大、图书馆机构史的实际研究范畴所涉颇广，可处于其中心位置的毋庸置疑仍然是图书馆馆史的编撰与研究。

---

① 肖鹏. 回归命运契约 优化生态系统——图书馆事业、教育与研究的协同发展之路 [J]. 图书馆论坛，2020，40（8）：54-58.

6.1 图书馆机构史的意义

图书馆机构史的编撰与研究之所以重要，大约有三个方面的原因。

（1）机构史的编撰与研究是更深层次图书馆史研究的起点

一个个独立的"馆"或"机构"是陈述和构建图书馆史的基本单位。中国有所谓"只见树木，不见森林"的说法，比喻只见局部而不见整体，但从客观来看，"没有树木，就没有森林"——史学研究的构建必然要依托于底层材料的汇集和堆叠，否则任何的理论话语都是空中楼阁。概言之，作为图书馆史研究者，只有厘清作为个体的图书馆和相关机构的历史，才有可能"由零汇整"和"从零到整"，讲述作为整体的图书馆行业（事业）的发展史，这既是图书馆史研究的基本规律，也是史学研究的基本要求。

（2）机构史在图书馆史研究中应当得到特别的重视

与图书馆史资料的基本保存方式相关，一方面，在图书馆史研究中，最常用到的图书馆档案、图书馆人物往来书信乃至相关的汇编文集等，多数是依托特定的机构保存和传播开来的；另一方面，许多图书馆史的重要事件也往往与特定机构尤其是图书馆脱不开干系。以图书馆人物研究为例，相当一部分工作都需要捕捉特定人物与特定图书馆之间的关联，如杜定友之于中山大学图书馆、广东省立中山图书馆，裘开明之于哈佛燕京图书馆等。以上两个方面，使得图书馆史研究即便不以机构史、馆史为中心，亦或多或少要触及相关方面的考察。

（3）机构史尤其图书馆馆史的编撰工作在当前图书馆实践中具有相当重要的现实意义和实用价值

图书馆史研究是图书馆学研究的一个重要方向，可它在强调实用导向的图书馆学研究中是偏重学术性的。但值得注意的是，机构史尤其图书馆馆史的编撰却具有相当的实用特征，最典型的便是作为图书馆周年纪念或其他重要场合的献礼，用以铭记先辈精神、坚定理想信念。如今，每到图书馆周年纪念活动之际，尤其"逢五逢十"，往往编修馆史、编撰著作，不失为一种有意义、有气质的优良风尚。新近出版的大量机构史著作多得益于这一风尚。

基于上述三方面理由，机构史的编撰和研究不仅重要，甚至可以说是图书馆史研究乃至图书馆学研究中不可分割的组成部分。

6.2 图书馆机构研究的形式与内容

图书馆机构史的编撰和研究一般围绕某个特定的机构展开，如李致忠主编的《中国国家图书馆馆史 1909—2009》以"国家图书馆"为对象，霍瑞娟的《中华图书馆协会研究》以"中华图书馆协会"为对象，彭敏惠的《文华图书馆学专科学校的创建与发展》以"文华图书馆学专科学校"为对象，大体如此。当然也有一些工作会涉及同类型或有较深渊源的多家机构，如倪晓建编的《北京地区图书馆大事记：1949—2006》；或者是以特定机构的重要事件为中心，如李东晔采访整理的《予知识以殿堂：国家图书馆馆舍建设（1975—1987）口述史》，从宽泛意义上来说，也可以归入图书馆机构史的范畴。

如果把古代书藏或藏书楼的相关记述也计入在内，涉及图书馆机构史的作品可谓不胜枚举；而即便将范围仅限于现代图书馆，也堪称丰富。由于篇幅限制，本章主要关心的还是主流的、以一个特定机构为中心的编撰与研究工作。为了更好地阐释机构史编撰与研究的一般性做法，我们根据作品对原始素材的加工程度，把相关论著或工作分为史料汇编、史事编撰、机构研究三类。这一分类可能并不严谨，但基本涵盖了当前机构史编撰与研究的主要范式。其中，史料汇编主要强调不经过太多加工的资料的汇集工作，偏重"零加工"或"浅加工"；史事编撰则开始有一定加工、编撰的工作量，对史料进行了一定处理，形成了历史事实的文本性表述；而机构研究则主要指向那些具有问题意识和学术意识的研究性论文或专著。虽然加工程度有不同，却切不可以生出"此类工作有价值而彼类没有"或"此类工作价值为高而彼类价值较低"的想法。对于社会、学者、业界，这三种形式均有其独特之作用。

进一步，机构史作品的主要内容会因其所选定的形式而定，但不管是浅加工的汇编还是深加工的编撰，抑或是具有较强学术意味的研究专著，都应当重点涉及机构的"内"与"外"两个方面，这里且以《中国国家图书馆馆史 1909—2009》的第一章的三级目录为例[①]：

第一章　顺情应势　京馆诞生

　第一节　国内外环境与背景

　　一、晚清国人对西方图书馆的初步认识

　　二、现代图书馆理念在中国的传播

　　三、各地学会、学堂的图书馆运动及省立图书馆的出现

　第二节　各方奏设京师图书馆

　第三节　京师图书馆筹备开馆

　　一、馆址的选定

　　二、多方征集图书

　　三、组建管理队伍

　　四、制定章程制度

　　五、尽力争取经费

---

① 李致忠. 中国国家图书馆馆史 1909—2009 [M]. 北京：国家图书馆出版社，2009.

可以看到，第一章的"第一节"与"第二节"为"外"，而"第三节"则为"内"。所谓"外"者，就是写明该机构整体的演变和发展的主要历程，往往会涉及其所处的时代以及特定时期的政治、经济、文化等事件，或能够起到从一个机构或图书馆的发展窥探一个时代之发展的独特效用；所谓"内"者，就是梳理清楚某机构的机制、人力、财政、业务、管理等诸方面事宜。接下来再看该书第三章。

第三章　全面发展　应对时局
　第一节　文津街新馆开馆
　　一、端庄壮美的文津街新馆
　　二、开馆典礼
　　三、文津街新馆开馆在国图发展史上的意义
　第二节　新馆开馆至全面抗战爆发前国立北平图书馆的基本情况
　　一、馆内机构及人员配置
　　二、经费状况
　第三节　延揽培养专业人才
　　一、广泛延揽
　　二、多方培养
　第四节　馆藏建设与布局调整
　　一、争取出版物呈缴
　　二、大力采购各类文献
　　三、广泛接受各界捐赠
　　四、接受寄存图书与文物
　　五、开展书刊国际交换
　　六、设立善本乙库
　第五节　编纂目录索引

一、馆藏目录

二、联合目录

三、发行目录卡片

四、专题目录

五、索引

申明开馆情形的第一章自然要涉及国内外环境与背景等诸多事宜，而随着设立之事确定，机构开始运作，还是必须回到以"内"为主，即重新回到以机构为中心的视野。这种"内外兼顾""由外到内"的写法应当是机构史编撰与研究的主要写法，"外"是背景，"内"才是最终要回归的核心。因此，需要重视将机构的基本材料、重要证据条列清晰，再在此基础上兼写"外"事，否则所谓的机构史叙事便容易流于空泛、言之无物。

6.3 图书馆机构史料汇编

立足以上前提，本节首先要讨论的便是所谓的"史料汇编"。顾名思义，史料汇编便是对涉及特定机构的史料进行汇总编辑而形成的作品。诚如上文所言，史料汇编的特点是对原始素材的加工相对较少，尽量保有"原汁原味"。保持"原汁原味"不等于"不费力""不加工"，譬如材料的搜集选择、主题分类等工作需要付出相当的努力。也因为"原汁原味"，史料汇编的作品一般都拥有较强的资料性，内容上比较可靠，能够让读者窥见事物本来之面貌，有时候要比过多的阐释和解读更加客观。当然，在条件允许的情况下，编者也可以围绕相关文本展开句读、校对和笺释工作。

6.3.1 图书馆机构史料汇编主要形式与代表案例

史料的发掘和整理是一项具有重要意义却很容易被忽略的基础性工作。前文提到，馆史编撰与研究工作是图书馆史研究的基础，而史料汇编又可谓基础中的基础。尤其很多图书馆的馆史档案属于内部资料，外人往往难以窥见，因此很多馆史汇编便成为发掘和揭露一手资料的关键前提。可以说，史料汇编的整体规模和水平在一定程度上决定了图书馆史研究的厚重程度。

下文列举了三部（套）具有代表性的史料汇编作品，包括原始档案影印汇编、整理汇编、口述汇编。

（1）原档影印

原档影印的代表性案例是《近代图书馆档案汇编》，该套丛书目前出版三辑，分别以高清扫描影印的形式出版了武昌文华图书馆学专科学校档案、国立罗斯福图书馆档案和景堂图书馆档案，基本上保留了以上诸类档案的原貌，具有独特的资料价值。

以第三辑《景堂图书馆卷》为例，其十二册档案共涵盖三类文本，包括景堂总体情况、各类统计报表和图书目录，下文分别以第一册（总体情况）、第二册（统计报表）和第十二册（图书目录）的目录呈现其概貌①。

第一册

筹办景堂图书馆之次序（办理景堂图书馆的一个计划）　陈赞垣著　景堂图书馆，一九二四年油印本

景堂图书馆概况　景堂图书馆编　景堂图书馆，一九二六年铅

---

① 姚乐野，马振犊. 近代图书馆档案汇编第 3 辑［M］.北京：国家图书馆出版社，2021.

印本

 景堂图书馆指南（民国二十二年一月） 景堂图书馆编 景堂图书馆，一九三三年铅印本

 景堂图书馆简况 景堂图书馆编 景堂图书馆，一九三八年铅印本

 冯平山自记（一九二四年记） 冯平山著 民国间油印本

 冯平山先生七十寿言汇录 一九二九年铅印本

第二册

 本馆各种报告表（中华民国十三年八月至十四年十二月） 景堂图书馆编 景堂图书馆，一九二五年稿本

 十五年份各种表册 景堂图书馆编 景堂图书馆，一九二六年稿本

 十六年份各种表册 景堂图书馆编 景堂图书馆，一九二七年稿本

 附参观广州市图书馆报告书（附购书及顺道香江情形）

第十二册（部分）

 景堂图书馆图书目录（上册 分类目录） 景堂图书馆编 景堂图书馆，一九二八年铅印本

 景堂图书馆图书目录（下册 目录索引） 景堂图书馆编 景堂图书馆，一九二八年铅印本

 景堂图书馆新编图书目录（第二期） 景堂图书馆编 景堂图书馆，一九三三年油印本

 景堂图书馆新编图书目录（第三期） 景堂图书馆编 景堂图书馆，一九三四年油印本

从以上目录可以看到，此套图书对于相关史料基本忠实原档、全本收入，非常系统、完整地展示了民国时期景堂图书馆的整体情况。

（2）整理汇编

与《近代图书馆档案汇编》相比，《山东省图书馆馆史资料选编》同样收录与该馆历史发展密切相关的原始资料，其收集范围涵盖百年来各级政府部门的指令、训令、政策、文件，图书馆与相关机构、个人交往的公私信函，各时期的重要馆务活动、章则、会议纪要、总结、计划、统计资料及有关情况介绍，报刊的相关资料，同仁照片，等等①。但其不同之处则在于，该书汇编的方式并非原档影印，而是进行了文本的转录和重新编排。与影印相比，这种经过一定整理汇编的做法需要投入更多的人力物力，也存在部分原始档案信息丢失的风险，但其优势也显而易见——更便于资料的重新组织，有利于现代读者的阅读和使用。

从框架上来看，该书由上中下三册组成，基本是按照历史的发展对史料进行了爬梳，内容根据山东省图书馆历史发展阶段分为三编共十三章。第一编（1909～1948）共三章：筚路蓝缕事业奠基、制定章则规范管理、书目编辑及其他相关文献。第二编（1949～1976）共五章：事业赓续持续发展、采编文献组织管理、书刊借阅服务读者、健全规章制度加强业务统计、编印书刊注重学术。第三编（1977～2008）共五章：创新机制跨越发展、规范基础业务加强资源建设、拓展领域多元服务、建章立制培养人才、编辑出版书刊开展学术研究。②

（3）口述汇编

《岁月留痕——上海图书馆历史记忆》是国内较早使用口述历史的方式记录图书馆机构史的汇编作品："邀请了上海图书馆 29 位资深业务专家……用口述的方式，客观真实地反映了我馆每个时期的各项业

---

① 王建萍.《山东省图书馆馆史资料选编》出版［J］. 山东图书馆学刊，2015（5）：20.

② 山东省图书馆. 山东省图书馆馆史资料选编［M］. 济南：齐鲁书社，2015.

务……基本涵盖了上海图书馆业务的方方面面，系统地记录了上海图书馆自 1952 年建馆以来的点点滴滴。"① 从体例上来讲，该书是以特定主题的方式，按照馆史、馆藏特色、业务建设、特色服务等四个板块，汇集了上海图书馆的相关史料。例如，馆藏特色就专门论及藏书楼珍本文献、《上海图书馆西文珍本书目》、典藏家谱、盛宣怀档案、馆藏视听珍本文献、中国文化名人手稿馆等六个主题。

可以说，口述汇编本质上也是一种整理汇编，但它并不基于纸本的原始材料，而是立足相应的访谈工作。这意味着，它既能触及传统资料所未及的一些内容，可以与纸质史料形成互补，同时又对整理者和使用者提出了更高、更严格的要求。

6.3.2　图书馆机构史料汇编工作要点

完成一本成功的史料汇编，其关键要点主要在三个方面，即所谓丰富性、体系性和便利性。

（1）史料收集的丰富性

所谓"史料汇编"，其关键在"史料"二字之上。用一种比较极端的说法来讲，一本史料汇编只要收录和揭示了足够丰富、完整而特别的史料，就可称得上一本"成功"的史料汇编。故此，"丰富性"是史料汇编的"第一性"，在条件允许的情况下，应该以"能收尽收、当出则出"的原则开展相关工作。

以《近代图书馆档案汇编：第三辑 景堂图书馆卷》为例，其比较完整地收录了与景堂图书馆相关的概况、指南、报告书、图书目录等各种资料。这些材料以尽量保持原貌的方式进行影印，并没有做太多的处理，但它的价值在于通过出版的方式，把一个民国时期由社会力量兴办

---

① 　上海图书馆.岁月留痕——上海图书馆历史记忆［M］.上海：上海科学技术文献出版社，2015：前言.

与运营的独特图书馆样本重新带回图书馆史的研究世界之中——仅就此一点而言，它的价值便是独一无二的。《近代图书馆档案汇编》前两卷也通过类似的方式，在史料意义上重现了两个具有特殊地位的图书馆相关机构——武昌文华图书馆学专科学校和国立罗斯福图书馆。

（2）史料编排的体系性

在收集到丰富史料的基础上，对史料进行合理的编排是打造一部成功的史料汇编的另一要点。上文原档影印、整理汇编、口述汇编的三个代表性案例都简要介绍了相应的图书编排形式，其基本规律可以总结如下。

第一，一般多以时期为纲，先从整体上划分不同的时间段或若干时期。举凡有必要编制史料汇编的图书馆或相关机构，其建设和发展历史往往在数十年之间经历过多个不同历史时期，其管理体制和模式必然发生过变化，而机构史料的类型和形态恰与管理体制和模式有着比较密切的关系，如 1949 年前后编制和形成的材料多有不同。因此，先划定历史发展的时间段或时期，再在不同时期的板块内安置特定的材料是一种常见的做法，《山东省图书馆馆史资料选编》即遵循此例。当然，也有少数图书是以业务为纲，从不同机构（尤其是图书馆）的业务线条汇集史料。

第二，在各个时间段或时期内，可以根据实际情况基于文献类型或主题/业务编排史料。在类型方面，常见的史料类型包括"整理汇编（《山东省图书馆馆史资料选编》）"一节所列各种，此外又可加上口述史料、相关研究论著等；而在主题方面，则可以参考图书馆不同时期的主要业务内容划定，涵盖流通、分类、编目、活动、人物、交往等。在特定的类型或主题之下，还需要进一步按照相关史料的形成时间编排，不确定时间的则可以根据业务逻辑或字顺等编排。

第三，一些特殊的史料汇编要个性化处理。如一些基于档案馆相关卷宗影印出版的史料汇编，往往会在出版时保留原有档案卷宗的组织架构，以达到原样出版的目的。又如，专题类史料的汇编工作要遵循特定专题或类型的特征，如收录图片为主的《文华图专珍稀史料图录》就以

"昙华初创""风雨历程""文华英才""珍存掠影"等主题分类收录文华图专的人物、建筑、风景、地图、图纸、手稿等图片资料①。

再比如以《中国国家图书馆馆史资料长编1909—2008》为代表的"资料长编",虽然类近"整理汇编",但该书实际上已经不是简单的整理,而是以接近"成书""成史"的框架结构对各类史料进行了爬梳和消化。下文附上该书第一章目录,读者可以和本章第二节"主要内容和基本形式"里收录的最终成文的《中国国家图书馆馆史1909—2009》第一章做一比照性的阅读,以知"资料长编"的详尽程度。②

第一章　舆情呼吁　京馆诞生

　第一节　西方人士在华开办图书馆及图书馆理念的传播

　　一、西方传教士在华开办图书馆

　　二、中国人考察西方图书馆事业

　　三、图书馆理念在中国的传播

　第二节　近代学会学堂兴办图书馆

　第三节　各省筹办成立图书馆

　第四节　清廷批准建立京师图书馆

　第五节　京师图书馆的初创与建设

　　一、京馆初创的人员组成

　　二、京馆初创的经费调拨

　　三、京馆初创的印信颁发

　　四、京馆初创的藏书来源

　　五、京馆初创的规章制度

　　六、缪荃孙筹办京馆活动

---

　① 彭敏惠. 文华图专珍稀史料图录 [M]. 武汉:武汉大学出版社,2020.

　② 李致忠. 中国国家图书馆馆史资料长编1909—2008 [M]. 北京:国家图书馆出版社,2009.

第六节　中国近现代转型期图书馆发展的基本评价

　　一、发展转变趋势

　　二、国立省立图书馆概说

（3）史料利用的便利性

　　史料汇编和整理的最终目的是利用，在条件允许的情况下，史料汇编工作应当尽量为读者提供便利。具体来讲，倘若汇编者有着充分的时间和精力，则鼓励通过以下几种手段提高史料汇编的便利性和可用性。

　　第一，对原始史料进行文字的转录和整理。不少档案类的机构史料多是手稿、信函，其实相当难于阅读，如能整理为繁体或简体文字，则对学界颇有裨益。当然，为了避免整理出错、追溯无源，一个更好的方案是同时附上影印版和文字版，便于读者互相比对利用。

　　第二，编制勾勒史料内容的索引，包括且不仅限于人名索引、地名索引、机构索引、书名索引、事件索引、主题索引等，以帮助读者更快地定位到他们所需要的史料内容。

　　第三，进行数字化或建设数据库。史料汇编往往是"大部头"，标价动辄数万，不利于学林甚矣。如果能够通过数字化的方式推进史料文本的公开和公共利用，或能真正发挥其"天下之公器"的独特作用。

6.4　图书馆机构史事编撰

　　所谓"史事编撰"，是在汇集史料的基础上进一步对相关的史料进行系统的整理和研究，编制形成具有较强系统性的作品，如特定图书馆的馆史、相关机构的机构史论著。与史料汇编相比，史事编撰作品一般不会直接呈现"原汁原味"的史料或原始素材（但往往会把部分重要的材料作为附录或非核心的板块收入相关论著之中），而是在"编"的基础上又进一步展开"撰写"的工作，尽量清晰、完整地呈现相关图书馆或机构的发展历程。

20世纪90年代以来，越来越多的图书馆或行业组织在"逢五逢十"乃至"逢百"的纪念活动时会编撰馆史；图书馆的教育单位在类似的场合也会回望机构的发展历程，以作留念。得益于此，我们看到了不少相关论著相继出版，史事编撰的传统日渐复苏。

6.4.1 图书馆机构史事编撰主要形式与代表案例

史事编撰是在史料汇编基础上"向前一步"的历史叙事，因此如何编排、呈现机构的叙事便成为一个关键问题。上文"史料编排的体系性"一节中已经初步谈到史料编排的几种模式，对于史事编撰而言也有颇多类似之处，具体来讲可以分为三种。

（1）以时期为纲

许多史事编撰的著作都是以时期为纲（有时也将这种形式称为"年体"，不过笔者并不十分赞同），先分时段阐述特定机构的发展轨迹，其后一般再按照事件或业务阐述机构的具体发展历程。

上文提到的《中国国家图书馆馆史1909—2009》全书共分十三章，除了第十三章是"百年传承 国图精神"，重在提炼百年的"国图精神"和国图人代代传承的基本功之外，其他十二个章节都呼应特定的时间段，彼此衔接。例如，第一章为1909年9月至1912年8月，记述京师图书馆初创成立的经过；第二章自1912年8月至1931年6月，记述建馆初期两易馆名、三迁馆舍的艰苦创业历程；第三章自1931年6月至1937年6月，记述兴建文津街馆舍后全面发展的概况；等等。①

另一个代表性案例是《思源籍府 书香致远——上海交通大学图书馆馆史（1896—2012）》，该书各篇章标题即把对应的年份列出，下文

---

① 李致忠. 中国国家图书馆馆史1909—2009 [M]. 北京：国家图书馆出版社，2009.

列出以供参考。①

第1篇　峥嵘岁月 (1896—1949)

　　1.1　从清末藏书楼到民初图书馆

　　1.2　近代化演进与变迁

　　1.3　战争时期的交大图书馆

第2篇　调整、西迁、停滞 (1949—1976)

　　2.1　建国初期的交通大学图书馆

　　2.2　院系调整与图书馆

　　2.3　交通大学及图书馆西迁

　　2.4　"文革"时期的图书馆

第3篇　现代化征程 (1976—2007)

　　3.1　图书馆现代化发展的时代背景

　　3.2　包兆龙图书馆的崛起

　　3.3　馆藏与分馆建设

　　3.4　图书馆自动化、数字化、网络化发展

　　3.5　随需提升的参考咨询服务

　　3.6　情报服务、教学与研究

　　3.7　学术交流与合作

　　3.8　校内外交流与社会责任

第4编　创新引领迈向未来 (2008—2012)

　　4.1　闵行校区新图书馆建设

　　4.2　图书馆发展新思路

　　4.3　组织结构改革

_____

　　①　陈进. 思源籍府 书香致远——上海交通大学图书馆馆史（1896—2012）［M］. 上海：上海交通大学出版社，2013.

4. 4　资源建设

4. 5　新技术与新系统

4. 6　学科化服务的发展与演进

4. 7　国内外学术交流

4. 8　与时俱进的学术研究

4. 9　再铸辉煌

　　在整体性布局以时期为纲的基础上，可以看到《思源籍府 书香致远——上海交通大学图书馆馆史（1896—2012）》的第 1 编和第 2 编以事件为目（二级标题），而第 3 编和第 4 编则以业务为目。在内容的书写上，前两编相对为概述性，比较简略；后两编更加细化，较为详尽。这种"略远详近"的做法也是当前各史事编撰著作的特点，主要是因为图书馆早年的历史去今久远，资料基础相对薄弱，部分事件也不宜论断；而改革开放尤其是 2000 年以后的材料一般较为丰富，可以比较系统地进行叙述和记录。

　　（2）以业务/主题为纲

　　除了以时期为纲之外，也有一些著作是按照业务或主题为纲的方式来搭建整体架构，在本书中将其称为"以业务/主题为纲"（也有人参照古例，将其称为"志体"）。以《厦门图书馆馆史（1919 年—1998 年）》为例，该书分为八章，除了第一章和第八章之外，大体是按照业务进行编排，其目录如下。①

一、建置与沿革以及馆舍变迁

二、人员编制与机构设置

---

　　① 厦门图书馆. 厦门图书馆馆史（1919 年—1998 年）［M］. 厦门：厦门图书馆，1999.

三、经费

四、藏书建设与发展

五、读者服务工作的开展情况

六、业务辅导、研究工作与学术交流

七、鼓浪屿中山分馆

八、厦门图书馆纪事

类似的还有《西北工业大学图书馆馆史：1938—2002 年》，其分为十一章，除了第一章为概述之外，后续各章分别论及组织与管理、馆舍建设、文献资源建设、文献分编工作、读者服务工作、参考咨询与情报服务、自动化与数字图书馆建设、职工队伍建设、学术研究、馆际协作与资源共享。而值得注意的是，以业务/主题为纲的著作，往往以时期为目，也就是说，每一章内部按时段分节进行史事的记述。如此，书第八章论及图书馆自动化与数字图书馆建设，共分为五节，分为传统应用阶段（1983 年以前），起步试验阶段（1984—1991 年），自主开发和应用阶段（1992—1996 年），系统改造、升级和全面建设阶段（1997—2002 年），数字图书馆建设阶段（2002 年—）。[①]

（3）因机构制宜的纲目架构

通过上文可以看到，以时间为纲的史事编撰作品，其早年史料和历程往往会相对丰富一些。特别是民国时期，图书馆或相关机构处于早期发展阶段，加上时局纷乱不定，机构业务往往没有定制，变化较多，以业务为纲进行史事编撰并不现实。如果机构早期资料较少或成立的时间相对晚近，倒不如直接以业务或主题为纲，以呈现其当代的整体发展面目。

---

① 苟文选. 西北工业大学图书馆馆史：1938—2002 年 [M]. 西安：西北工业大学出版社，2003.

由于机构发展历程的复杂性以及编撰者目的的不同，也有不少作品是采用时间与主题交叉的形式组织纲目的。如《重庆图书馆馆史1947—2007》，前五个章节分别概述从民国时期到 2007 年的机构发展历程，后续又有两个专题专门讨论"抗战文献及联合国资料的来源与特点"和"前进阶段中的古籍工作"。① 严格来说，上文中的《厦门图书馆馆史（1919 年—1998 年）》虽然是"以业务为纲"的典范，但其第一章实际上就是对历史的系统回顾，如果这一章的篇幅更长一些或拆成若干章节，则可称为"以时期—业务为纲"的交叉形式。总而言之，编撰者应当因机构制宜，合理选择不同的编排方式进行机构史的书写。

6.4.2 图书馆机构史事编撰工作要点

（1）以史料汇编作为起点

史料汇编是史事编撰的基础。假如没有较好的史料收集工作基础，则相关的图书馆馆史或机构史作品就是空中楼阁。上文提到要因机构制宜确立纲目，其实这一说法的本质也可以视为"因史料基础制宜确立纲目"。因此，有很多编撰者在出版相应的史事编撰作品之前，会提前或同时出版相应的史料汇编，上文提及的《中国国家图书馆馆史 1909—2009》和《中国国家图书馆馆史资料长编 1909—2008》就是一例。史料汇编不必一定要出版，却是史事编撰工作无法回避的关键起点。

因此，在开展史事编撰之前：第一，要全面收集相关史料。正如前文所提，笔者认为这一工作最好不要考虑所谓的"收集范围"，而是"能收尽收"。尤其是机构之前若没有专门收集、整理史料的部门或人员，则无异于一次系统保存资料的重要契机，后来者往往可以从中受益。第二，要进行比较系统的整理工作，尤其要对相关资料进行鉴别查证、确定真

---

① 重庆图书馆. 重庆图书馆馆史（1947—2007）［M］. 北京：北京图书馆出版社，2007.

实可用的材料范围，这一方面自然要涉及史学研究的一些基本方法。第三，要做相对系统的整理工作，除了形成史料档案、合理存放便于后续取用之外，还可以根据精力的投入程度编制大事记、资料长编和重要索引。其中，大事记是最初步的，可以帮助编者确定各时期的重要锚点，也便于后续确立叙事主线；资料长编则相对复杂一些，有时候甚至已经具备比较细致的章节段落，可以成为后续编撰的核心基础材料；对于一些重要的内容，尤其是跨越多个不同文本或材料的，应当考虑编制索引，其编制逻辑可以参考上文章节6.3.2的"史料利用的便利性"一节。

（2）以叙事主线立定框架

章节6.4.1中已经阐述了史事编撰作品几种可行的编排框架，编撰者可以根据编撰目的，结合史料情况加以选择。一旦确定纲目，则基本上也是确定了对应的叙事思路，接下来便要继续在这个基础上确立相应的二级、三级乃至四级标题，相关内容在上文中多有阐述，这里就不再赘述。

值得一提的是，不同的图书馆有不同的业务亮点和发展特色，有的图书馆以总分馆业务闻名、有的图书馆以阅读品牌活动闻名，在叙事的过程中必然要加以重视。相应的，这些关键的工作也需要在框架或纲目中呈现，如在上文《厦门图书馆馆史（1919年—1998年）》的目录中，可窥见其第七部分为"鼓浪屿中山分馆"，这无疑与厦门图书馆的特色有关。史事编撰的核心是讲好故事，进一步来说，讲好一家图书馆的故事是讲好中国图书馆故事的前提，此事不可谓不重要。

（3）以附录资料补充叙事

附录也是史事编撰作品的组成部分，对正文有重要的补充作用。一般来讲，相关作品的附录会收录大事纪要、领导任职情况、重要的业务数据或报道等。《重庆图书馆馆史（1947—2007）》的附录比较具有代表性。[1]

---

[1] 重庆图书馆. 重庆图书馆馆史（1947—2007）[M]. 北京：北京图书馆出版社，2007.

附录一：重庆图书馆大事记

附录二：重庆图书馆机构设置及沿革示意图

附录三：历任馆长、书记名录

　　　　现职职工名录

　　　　重庆图书馆发展概况统计表

附录四：重庆图书馆职工科研成果获奖目录（部分）

附录五：重庆图书馆离退休职工名单

附录六：重庆图书馆离馆职工名单

　　有的附录实际上就是原始史料的汇编，如《江西省图书馆馆史（1909—2010）》的附录即为《新中国成立前江西省立图书馆史料辑录》①；还有的附录是重要图书馆人物的小传或回忆，如《图书馆馆史（山西师范大学校史·图书馆卷）》的附录《图书馆人精神》，收录郝文兰、王兴云、张履芳、魏永清、陈生保等同志的纪念文字②。

6.5　图书馆机构史研究

　　图书馆机构史研究是研究与图书馆相关的机构的。如果说史料汇编作品的关键在于资料性，史事编撰作品的关键在于故事性，那么机构史研究作品的要义在于研究性。一项出色的机构史研究，不管它是专题性的抑或整体性的，往往要依赖充实的史料搜集工作。如果是针对机构整体的研究，其研究者往往会自行编制年谱、大事记或撰写机构、人物传记，以作为准备工作，在这个层面上，整体性的机构史研究可以被视为

---

① 周建文，程春焱. 江西省图书馆馆史（1920—2010）［M］. 南昌：江西人民出版社，2010.

② 赵春旻. 图书馆馆史（山西师范大学校史·图书馆卷）［M］. 太原：山西人民出版社，2008.

史料汇编、史事编撰的"再进一步"。

最近几十年，随着图书馆史逐渐被视为一个学术领域，机构史研究作品的数量也日渐丰富，针对一些重要机构如中华图书馆协会、国家图书馆、上海图书馆、文华图专等都出现为数不少的专文乃至专书。

6.5.1　图书馆机构史研究主要形式与代表案例

（1）专题性研究

尽管本章将图书馆机构史研究划分为"专题性研究"和"整体性研究"，但客观来说这只是为读者理解之便利而划分，这两者实际上是一个包含与被包含的关系——专题性研究几乎必然以整体性研究为基础；而一些被视为整体性研究的图书，也未必能够涵盖一个机构所有的维度和相关专题。

在这里，专题性的机构史研究指的是那些聚焦于特定机构某一方面、某一业务或某一主体的专门研究，如《国家图书馆参考工作史研究》，这一专书聚焦于国家图书馆的参考工作，系统研究了其从 1909 年到 2008 年百年间的发展历程①。不过从总体上来看，专题研究的专书较少，以学术论文或回顾文章居多。如彭斐章和彭敏惠的《文华图专目录学教育与目录学思想现代化》就是一篇典型的专题性机构史研究论文，该文基于"文华图专创建发展历程中的目录学教学方面五种典型材料"，结合 1920 年、1928 年、1936 年三个关键时间节点进行历史进程分析，探讨了文华图专作为教育机构的目录学教育工作以及其对推进目录学思想现代化的贡献②。

（2）整体性研究

所谓整体性的机构史研究，指的是从整体层面研究某个图书馆相关

---

① 李凡. 国家图书馆参考工作史研究［M］. 北京：国家图书馆出版社，2018.
② 彭斐章，彭敏惠. 文华图专目录学教育与目录学思想现代化［J］. 图书馆论坛，2009，29（6）：9-18.

机构的工作，这些工作往往由多项专题性研究系统汇集而成，有的时候也带有一定的史事编撰内容。

　　近年来，有一些重要的图书馆机构备受关注，甚至同时出现多本研究专著。以文华图专为对象，有周洪宇的《不朽的文华：从文华公书林到文华图书馆学专科学校》和彭敏惠的《文华图书馆学专科学校的创建与发展》。周的第一章为背景阐述，第二章到第四章阐述了1910年到1953年不同时期的文华图专历史发展，带有一定的史事编撰色彩，从第五章开始，周构筑"文华共同体"等概念，对该机构的职权、教育模式、师生情况等进行了分析，发力进行历史话语的构建和阐释。① 如果说周的视角是从社会整体影响看文华图专，那么彭更重视的是从图书馆学的视角看文华图专，从创建、办学条件、教学、专业互动、学术研究等不同角度探讨其教育经验与历史定位，更加侧重对具体问题的考证和处理②。

　　以中华图书馆协会为对象，则有李彭元的《中华图书馆协会史稿》和霍瑞娟的《中华图书馆协会研究》。李和霍都是在分期研究的基础上进一步展开专题研究，而从专题的内容上来讲，李更侧重协会的"学术年会、国际交流与编辑出版"等活动③，而霍则对组织架构、规章制度、资源调动、项目管理等管理内容给予了更多的关注④。

　　从以上两个案例、四本专书可以看出，整体性的机构研究有两大特点：第一，机构的历史考察是基础，任何一项机构史的研究工作首先必须能够说清机构的发展历程和重要事件，其后才能有所发挥和创造；第

　　① 周洪宇. 不朽的文华：从文华公书林到文华图书馆学专科学校［M］. 武汉：华中师范大学出版社，2013.
　　② 彭敏惠. 文华图书馆学专科学校的创建与发展［M］. 武汉：武汉大学出版社，2015.
　　③ 李彭元. 中华图书馆协会史稿［M］. 北京：国家图书馆出版社，2018.
　　④ 霍瑞娟. 中华图书馆协会研究［M］. 北京：国家图书馆出版社，2018.

二，在历史考察基础上的问题意识不同，会形成截然不同的史料运用逻辑和学术叙事架构，因此文华图专和中华图书馆协会的各两本专书因关注焦点和学术提问的不同，其风格与纲目也大相迥异。

6.5.2 图书馆机构史研究要点

（1）史料与史事是基本前提

前文已经系统阐述了史料汇编、史事编撰和机构史研究这三类工作，它们都可以被称为"机构史编撰与研究"。基于上文的讨论，我们可以看到这三类工作并不是非此即彼、互相排斥的。相反，很多情况下前一类工作往往是后一类工作的基础，如史事编撰不可能不提前汇集史料，而机构史的研究（尤其是整体性研究）更应当做好史料搜集与大事编撰等前置工作。

（2）问题意识是研究的关键

机构史研究的研究性主要体现在"问题意识"之上。当下，图书馆机构史研究中比较具有代表性的"问题"可以分为两类。

第一类是事实性的问题，特定事件的发生时间是否准确、情况是否属实，特定人物是否曾经就职某机构，机构业务的具体开展情况实际如何，等等。这些事实性问题的重要性怎么强调都不为过，因为如果没有基本事实，立足其上的话语构建恐怕并不稳妥。近年如顾烨青、郑锦怀等一批学者发力尤多，解决或探讨了许多基本的事实性问题。

第二类是理论性问题，这一类问题往往需要将机构的历史置入特定的学术框架、理论之中（甚至构建起一套独立的理论话语），从愈加深刻、宏观的维度剖析机构的行动，透视其在人类社会中的整体作用和影响。如周洪宇对"文华共同体""文化集团"的提炼即是一例。

（3）致用价值应当受到关注

图书馆机构史的研究自然属于史学研究的范畴，但与此同时，它也应该立足所谓的"图书馆学立场"。肖鹏曾在数年前的一篇文章中认为，虽然图书馆史的研究日渐增多，但是"图书馆学领域的史学研究对学科与实践支撑功能日渐衰弱"；历史的基本功能是"求真"（为学问而学问）与"致用"（为变革现实而研究历史），但是在"这两个传统的治史旨趣之中，本学科无疑更倾向于'致用'一侧。例如，在中国图书馆事业百年之际出现的一系列人物史、思想史研究，便是在历史的回顾与追溯中再造了当代公共图书馆精神，对新世纪以来公共文化服务体系的发展影响深远".①

　　这种"致用"的取向在对机构史的研究中更应该得到重视。在对机构史的研究过程中，我们应当时时在"旧纸堆"与"新世界"之间徘徊踱步，着力从现代图书馆事业发展的需要出发，在历史之中挖掘经验与教训。这些经验与教训不是空泛而宏大的，而是必须来自充分的史料基础、深刻的理论目光和具体而真实的案例——唯其如此，才能真正发挥图书馆机构史的价值。

---

　　① 肖鹏. 民国时期中美图书馆交流史序说：研究综述、理论基础与历史分期[J]. 中国图书馆学报，2018，44（3）：96-111.

7 中国图书馆学论著研究

　　论著主要是指学术性图书、论文和研究报告等形式的研究成果①，它是学人学术观点和学术思想的集中呈现，也是学人学术贡献和学术地位的证明。传统的学术批评方法较为强调"作者"，认为作品是作者意志的产物和从属，所以学术史的撰写多都以学人为线索，比如我国古代诸多的学案体著作。20 世纪以来，西方文艺批评领域相继兴起了俄国形式主义、英美新批评和法国结构主义等理论，逐步消解了作者的权威性，即"作者已死"。这种观念简而言之就是强调"用文本说话"，抛开作者身份、背景对文本阐释的限制，打破了过去主要以作者（学人）为中心的学术研究范式，在整个人文社科领域都产生了广泛而深刻的影响。当然，在学术史研究的语境下，我们即便是以论著为主要研究对象，也不可能完全抛开学人，仍然需要将论著置于作者及其所属学术团体的语境下加以探讨，这样才可以更准确、公允地找到其在学术史上的地位和价值。

　　在中国图书馆学史上，既有着很多经典的、知名的论著，也有一些仍然沉睡在架尚待发掘其价值的论著。我们对它们展开研究，一方面可以在新的时代背景下去"翻译"和传承前辈的智力遗产，揭示其洞穿时空的恒久价值；另一方面，我们也能"站在前人的肩膀上"，通过总结

---

　　① 叶继元. 学术规范通论［M］. 第 2 版. 上海：华东师范大学出版社，2017：125.

前辈的得与失，找到自己的研究方向。

7.1 中国图书馆学论著研究回顾

7.1.1 民国时期图书馆学论著研究

清朝末年，西方科技思想和大学制度传入中国，中国学者的现代学科意识开始出现萌芽，再加上梁启超开风气之先的《中国近三百年学术史》所引发的潮流，很多学者一方面大力吸收西学，另一方面则通过对学术史的书写来寻找、传承旧学国故的文化基因，从而建构专业上的自我认知。撰写学术史必然又离不开对经典论著的探究，因而出现了诸如余嘉锡《目录学发微》、姚名达《中国目录学史》、杜定友《校雠新义》、蒋元卿《校雠学史》等著作中对诸多中国古代图书馆学经典论著的回顾、梳理和研究。

此处以当时学界对郑樵《通志·校雠略》的若干研究为范例："郑樵校雠学说在民国以前鲜为人重视，从民国开始对其重视程度显著增加，并逐渐将其作为一门专科之学来研究。"① 民国时期，顾颉刚、余嘉锡、刘咸炘、向宗鲁、胡朴安、胡道静、蒋元卿、姚名达、钱亚新等学者都在各自的著作中对《通志·校雠略》进行了研究，谢欢将他们分为新、旧两派，并对这些学术观点进行了总结，如表 7-1 所示。

---

① 谢欢. 郑樵校雠学说研究的民国转向 [J]. 中国图书馆学报，2017，43 (5):116-126.

表 7-1 民国时期"旧派"与"新派"学者研究
郑樵校雠学说的区别

比较项目	"旧派"学者观点	"新派"学者观点
研究时间	主要在 20 世纪 20 年代末到 30 年代初	20 世纪 30 年代到 40 年代
研究基础	基本都有扎实的文史功底，熟谙中国古代典籍，治学范围囿于经、史、子、集的传统学术研究范畴，部分学者也吸收了一点西学	文史功底较为薄弱，所接受的多为现代西方学术训练（主要是图书馆学教育）
研究范围	以郑樵类例之说为主，兼及一些具体文献的归类	综合研究郑樵校雠学中分类、编目、求书、典藏等内容，同时考察郑樵校雠学说体现现代学术的研究方法问题
研究重心	从古代典籍内容出发研究郑樵的校雠学说，强调"辨章学术、考镜源流"	从现代图书馆学视角出发，强调利用、便捷等现代图书馆学所提倡的内容
研究性质	传统文史研究	跨学科的"交叉、融合"研究
研究结论	有褒有贬，但总体倾向以贬为主	以褒为主

可见，民国时期不仅对郑樵校雠学说的研究显著增多，而且越来越偏向于正面、积极，这与民国时期吸收西学、反思国学以重建中国学术研究的大潮不无关系。其中，钱亚新《郑樵校雠略研究》一书率先以西方舶来之现代图书馆学的研究视角出发，对郑樵《通志·校雠略》进行了全面分析，他在书末总结如下①。

总而言之，郑樵的校雠略不仅为我国校雠专书的滥觞，而且是建立这门学问的先锋。又因为其中所具的眼光远大，态度客观，批评严格，兼之方法可以实验，原理合乎定律，所以这书实在为校雠学开辟了探讨的新途径，而使其走向了科学研究的轨道。……郑氏草创之功，兴学之绩，是值得我们永久缅怀而敬慕的，尤其在当今

---

① 钱亚新. 郑樵校雠略研究 ［M］. 上海：商务印书馆，1948：117.

建设民族文化的大时代中，更值得我们将先贤的学说加以发扬光大呢！

民国时期，中国第一代和第二代图书馆学人曾在将旧学（中国目录学）融入新学（西方图书馆学）方面付出了巨大的努力，《郑樵校雠略研究》就是其中一种代表性成果，同时也体现出了论著研究作为一种治学方法的价值所在。

除了以中国古代图书馆学论著为研究对象之外，更有学者看到了民国新出版论著的学术史价值。金敏甫在 1928 年发表了《中国图书馆学术史》一文（后编入《中国现代图概况》，广州图书馆学会 1929 年版），他对当时新出版的图书馆学论著进行了相当全面的分析和比较，提出将日本图书馆协会的《图书馆小识》之翻译作为"中国图书馆学术书籍之滥觞"和"东西洋图书馆学术流入时期"之代表，又将杜定友《图书分类法》《汉字排字法》及洪有丰《图书馆组织与管理》作为"中国图书馆学之创始"①。金敏甫以论著为线索的学术史研究，在中国图书馆学界率先构建了学科史的叙述框架，"开创了中国图书馆学研究的新领域，因为对于图书馆学术史的研究，在近代只有金敏甫一人较系统地研究过，即使在现代，也迟至 20 世纪 90 年代才产生"②。

7.1.2 新中国成立后的图书馆学论著研究

纵观新中国成立以来的图书馆学论著研究，每一代图书馆学人（主要是第二代至第五代）都保持着开展论著研究的高度自觉。

新中国成立初期，我们对苏联图书馆学经典论著的译介和研究，塑造了当时图书馆事业的工作、研究和教育制度。黄宗忠、周文骏、彭斐

---

① 金敏甫. 中国图书馆学术史 [J]. 图书馆周刊，1928，2（2）：1-25.
② 吴稌年. 金敏甫对图书馆学术研究的贡献 [J]. 大学图书馆学报，2011，29（1）：117-122＋95.

章、谢灼华等人对毛泽东《矛盾论》、《实践论》、《关于正确处理人民内部矛盾的问题》等论著的研究，促使了我国本土图书馆学理论"矛盾说"的产生①。1957年，刘国钧发表《什么是图书馆学》，该论著迅速引起了图书馆学界的广泛讨论，并促使中国图书馆学界迎来了20世纪学术研究的第二次高潮。

"文革"时期，图书馆事业陷入长期停滞。改革开放以后，一批图书馆学者开始对古代图书馆学重要论著进行重新审视与评价，这股风潮推动了中国图书馆学的复苏与重建。谭迪昭的《图书馆学基础知识》（1986）、谢灼华的《中国图书和图书馆史》（1987）、宓浩的《图书馆学原理》（1988）、王子舟的《图书馆学基础教程》（2003）、吴慰慈的《图书馆学基础》（2004）等图书馆学领域的重要教材，都对我国古代图书馆学经典论著进行了阐述。

20世纪80年代至21世纪初期，学界对我国古代图书馆学论著的若干研究直接塑造了新时期中国图书馆学学科教育的话语体系。西南大学图书馆研究馆员何官峰在《古代图书馆学人及论著研究综述》一文中总结了中国古代主要的图书馆学论著②，如表7-2所示。

表7-2　古代图书馆学论著简表

时代	主要论著
先秦	《周礼·秋官》、《尚书·金滕》、《韩非子·喻老》
汉	《别录》、《七略》、《汉书·艺文志》
六朝	《论秘书丞郎表》、《秘书不应属少府表》、《中经新簿》、《七志》、《七录》
隋唐	《请开献书之路表》、《经典释文》、《隋书·经籍志》、《古今书录·序》

---

① 吴稌年，顾烨青."17年"图书馆事业与学术思想史研究［M］.北京：国家图书馆出版社，2020：447-461.

② 何官峰.古代图书馆学人及论著研究综述［J］.山东图书馆学刊，2016（1）：23-26.

时代	主要论著
宋	《麟台故事》、《通志·序》、《通志·校雠略》、《通志·艺文略》、《通志·图谱略》、《郡斋读书志》、《直斋书录解题》、《藏书记》
元	《文献通考·总叙》、《文献通考·经籍考》
明	《论图籍之储》、《访求遗书疏》、《范氏东明书目》、《四明范氏书目》、《国史经籍志》、《少室山房笔丛》、《庚申整书小记》、《澹生堂藏书约》、《燕间清谈笺·论藏书》
清	《绛云楼书目》、《绛云楼题跋》、《汲古阁书目》、《隐湖题跋》、《天一阁藏书记》、《流通古书约》、《读书敏求记》、《藏书纪要》、《儒藏说》、《校雠通义》、《武林藏书录》、《藏书绝句》、《藏书》、《书林清话》、《藏书十约》

其中，像汉志、隋志、《麟台故事》、《通志·校雠略》、《文献通考·经籍考》、《儒藏说》等论著，目前学界对它们已经有了丰富的研究成果；也有些论著的思想价值尚待挖掘，如《少室山房笔丛》、《十驾斋养新录》等。

进入 21 世纪，以王子舟《杜定友和中国图书馆学》（2002）、范并思《20 世纪西方与中国的图书馆学——基于德尔斐法测评的理论史纲》（2004）、程焕文《晚清图书馆学术思想史》（2004）等著作为先声，我国图书馆界形成了一股对中国近现代图书馆史研究的热潮。当然，上述几部著作都是以学人研究为主线，论著研究散见于各个章节。随着研究的深入，论著研究开始在中国图书馆学术史研究中占据一定的位置，譬如范凡《民国时期图书馆学著作出版与学术传承》（2011）、韩永进《中国图书馆史·现当代图书馆卷》（2017）、吴稌年和顾烨青《"17 年"图书馆事业与学术思想史研究》（2020）、曾凡菊《民国时期图书馆学学术转型研究》（2020）等著作，都列有专门的章节讨论前人的重要论著。其中，范凡的《民国时期图书馆学著作出版与学术传承》最具有代表性，该书由其博士学位论文发展而来，首次全面地研究了民国时期图书馆学通论、图书馆事业、图书馆史、图书馆建筑设备、图书馆管理法、图书分类和编目、目录学等主题下的重要论著，很好地反映了民国时期中国图书馆学的体系、特色与成就，是"民国时期图书馆学论著研究的集大成者"①。

在期刊论文方面，有关近现代图书馆学的论著研究更是不胜枚举。笔者列出了近年来比较受到学界关注的中国现当代图书馆学论著，如表7-3所示，读者可以自行检索查阅相关成果。

表7-3　近年来较受关注的现当代图书馆学论著简表

作者	论著题名（出版年）
杨昭悊	《图书馆学》（1923）
李小缘	《民众图书馆学》（1928）
杜定友	《图书馆通论》（1928）、《校雠新义》（1930）
郑鹤声、郑鹤春	《中国文献学概要》（1930）
张舜徽	《广校雠略》（1945）、《中国文献学》（1982）
刘国钧	《什么是图书馆学》（1957）
卢震京	《图书馆学辞典》（1958）
钱存训	《书于竹帛》（1962）
北京大学图书馆学系、武汉大学图书馆学系	《图书馆学基础》（1981）
王重民	《中国善本书提要》（1983）
吴慰慈	《图书馆学概论》（1985）
谢灼华	《中国图书和图书馆史》（1987）
黄宗忠	《图书馆学导论》（1988）、《图书馆管理》（1992）
宓浩、黄纯元	《图书馆学原理》（1988）
杨威理	《西方图书馆史》（1988）
张秀民	《中国印刷史》（1989）
倪　波	《文献学概论》（1990）

① 张书美. 研究民国时期图书馆学论著的里程碑——读范凡的《民国时期图书馆学著作出版与学术传承》[J]. 大学图书馆学报，2013，31（4）：124-127.

作者	论著题名（出版年）
曹　之	《中国古籍版本学》（1992）
程焕文	《沈祖荣评传》（1997）、《程焕文之问》（2016）
于良芝	《图书馆学导论》（2003）
范并思	《图书馆资源公平利用》（2005）
柯　平	《图书馆知识管理研究》（2006）
王子舟	《图书馆学是什么》（2008）
张树华、张久珍	《20 世纪以来中国的图书馆事业》（2008）
《中国图书馆分类法》编辑委员会	《中国图书馆分类法》（1971—　　）
《中国分类主题词表》编辑委员会	《中国分类主题词表》（1987—　　）

　　事实上，如果严格从论著的定义来说，学术性的期刊也应归入上表。就目前的研究而言，民国时期几份重要的图书馆学期刊《图书馆学季刊》、《中华图书馆协会会报》、《文华图书馆学专科学校季刊》、《国立北平图书馆馆刊》等已经受到学界重视，但相较于 110 多种的总量而言，还有大量的期刊有待研究。此外，随着引文分析、问卷调查等文献计量方法的盛行，针对当代图书情报学期刊的研究亦有不少，这些方法为学科专业刊物的发展提供了良好的学理支撑。

7.2　中国图书馆学论著研究取法

7.2.1　论著研究的目的

　　明确研究目的是学术研究的第一步，尤其是对论著研究而言，前人论著的文本早已形成"白纸黑字"，但不同的研究目的决定了我们选择哪种或哪一些研究对象以及采用什么样的研究视角和研究方法去解读研究对象。

(1) 回归原境，厘清真相

郑樵在《通志·校雠略》中批评班固望文生义，只凭书名而未见原书就鲁莽地将图书分类，这犯了史学研究中的一大忌讳——不检查原始资料。古代资料难找，现代资料太多，这些都会对资料的检索造成困难，所以我们有时候不免转引他人的材料。不过，由于理解错误、道听途说等各种原因，他人的材料即便来自正式发表的论著，也并不一定就准确可靠地描述了历史真相。

以平保兴《〈引得说〉是一本我国近代最早系统研究索引专著说质疑——兼论钱亚新〈索引和索引法〉之特色及其学术思想》① 和谢欢《再谈我国第一部现代索引专著》② 两文为例。侯汉清和王雅戈曾提出，钱亚新所著《索引和索引法》（1930）虽然较早，但却是对布朗（G. B. Brown）所著《索引法手册》的"编译"，因此不能算是我国最早的现代索引专著。③ 平保兴和谢欢都对此论断产生了质疑，前者在其文章中发现了钱著中的中国本土化表达与智慧，而后者深入英文原著，通过比较发现钱著在索引理论部分完全是创新之作。因此，平保兴和谢欢的两篇论文就为将钱亚新之《索引和索引法》称为中国近（现）代第一部索引专著的观点提供了强有力的证据支持。

基于厘清历史真相的研究目的，我们在做类似的论著研究时，一是要注重细节，因为谬误往往就发生在极不起眼的地方，唯有细心才能发现问题；二是要多方查证，多利用同时代的、有联系的材料进行比较，

---

① 平保兴.《引得说》是一本我国近代最早系统研究索引专著说质疑——兼论钱亚新《索引和索引法》之特色及其学术思想 [J]. 图书馆理论与实践，2010（5）：45-47.

② 谢欢. 再谈我国第一部现代索引专著 [J]. 图书馆杂志，2013，32（10）：101-105.

③ 侯汉清，王雅戈. 中国近代索引研究的开山之作——《引得说》[J]. 大学图书馆学报，2006（5）：76-81.

从而找到令人信服的证据；三是要少说否定的话，因为"寻找历史真相，下断语时，肯定的断语比较有把握，只要你找到了可信的史料，纵然只有一条，有时也可以下肯定的断语"，"但否定的判断就不容易，也可以说极其困难，尤不可因为自己没有见到正面的史料，就否定有某件事的存在"①，个人能掌握的史料始终是有限的。

（2）以新译旧，传承学科

一代人有一代人之语言，语言演化可能会造成对文本的理解障碍，导致后人无法读懂前人的论著，因此需要在语言表达上进行转换。比如，司马迁在引用前人资料撰写《史记》时，就以汉武帝时的"时语"翻译了秦汉以前的古语，"其故一则因于古字难明，故不能不变其易者。再则因于时有古今，用字亦当不同，史公汉人，以时语行文，亦风气使然也"②。再如，我们学习古代图书馆学，最佳途径当然是阅读《麟台故事》、《通志·校雠略》等原著，但毕竟今天的读者对古文字的理解存在一定障碍，所以如果只是希望了解概貌，或是想节约时间，我们选择阅读现代出版的教科书，或是阅读《中国古代图书馆学研究》（蒋永福著，中国社会科学出版社，2021年6月版）等现代学人所做的专题论著研究就更为适合。

一代人也有一代人之学术责任。民国时期，图书馆学由西方舶来，当时学者最重要之责任就是译介和引入西方科学以改造传统，正如沈祖荣所言："凡有何英美新出版之图书馆学名著，或业经人实验之改良新法，已发表于英美图书馆学刊物者，当量力翻译介绍。"③ 不过，当时之译著不见得只是翻译，多多少少也融入了译者的意见，甚至译者加以阐发，譬如前文提到的钱亚新之《索引和索引法》。类似的译著，从广

---

① 严耕望. 治史三书（增订本）[M]. 上海：上海人民出版社，2016：27.
② 靳德峻. 史记释例 [M]. 上海：商务印书馆，1933：27.
③ 沈祖荣. 我对于文华图书科季刊的几种希望 [J]. 文华图书科季刊，1929，1（1）：3-6.

义上来说也是一种论著研究。在新中国成立初期，学者们集体译介和研究苏联经典论著；20 世纪 80 年代以来，图书馆学界又通过对古代图书馆学论著的研究重构了中国图书馆学的学科史内涵；21 世纪以来，图书馆学界加强了对近现代图书馆学人、论著、机构和事业的研究，目的则是深化本学科的共同体意识。学者在这类论著研究当中，都是以当时的、最新的理论话语体系去重新阐释过去的或是外来的论著成果，进而履行了一代学人共同的学术责任。

（3）古为今用，借花献佛

有学者主张将"历史研究"和"历史运用"做区分——历史研究重在提供事实真相、总结客观规律，而历史运用则受到思想观念的影响，会根据现实需要对历史材料加以取舍，从而实现"古为今用"的意图①。所谓"春秋笔法""微言大义"，就是孔子通过典籍编纂来蕴藏和传递自己的政治理想，正是"历史运用"的一个范例。这里需要强调的是，"历史运用"绝不代表故意地隐瞒和扭曲历史真相，而是必须在尊重历史的前提下，在叙述技巧上有所安排。在论著研究中，在尊重原作者初衷的前提下，我们可以对论著中出现的若干观点进行归纳和综合，有机地融入自己对论著的解读，从而达到"六经注我""借花献佛"的目的。

以我国学者对美国图书馆学家巴特勒《图书馆学导论》一书的研究为例，徐嘉麟、李永安、袁咏秋、李家乔、姜志奎、黄纯元、范并思、张大英、杨文祥、刘丽斌、王子舟、张歌、谢欢等都对这本图书馆学经典之作做出了自己不同的解读。有学者重点解读图书馆的社会学分析②，有学者

---

① 葛剑雄，周筱赟. 历史学是什么 [M]. 北京：北京大学出版社，2015：174 -175.

② 霍国庆，孟广均，徐引篪. 西方图书馆学流派论评（一）[J]. 图书情报工作，1998（4）：4 - 10.

重点解读了巴特勒跨学科研究对图书馆学科学化的影响①，也有学者重点解读了阅读研究和图书馆史研究②。不同学者对细节的解读也有不同。例如，有的学者认为巴特勒构建了普适而平衡的"科学—技术—人文"学术框架③，有的学者则认为巴特勒更强调其中科学特别是人文学的发展④，还有的学者认为巴特勒描述了图书馆从技术到科学的跃升但未谈及人文学的因素⑤。由此可见，论著研究不仅是对原作者和原文本的客观阐释，而且也可以承载研究者的新观点与新思想。

7.2.2 论著研究的对象

（1）单著研究

单著研究，即选择某一种论著作为研究对象，其好处是研究主题非常集中，重点在于深度揭示某一种论著的知识价值、思想价值或艺术价值。同时，一千个读者眼中就会有一千个哈姆雷特，虽然学者们面对着同样的文本，但由于研究背景、研究目的、研究视野和研究方法不同，不同的学者可能会得出不同的研究结论。此处以刘国钧的经典论著《什么是图书馆学》为例。

《什么是图书馆学》一文正式发表于《中国科学院图书馆通讯》1957年第1期，文章提出了图书馆的"五要素说"——图书、读者、领导和干部、建筑与设备、工作方法，并且肯定了图书馆学是一门"科学"，具体包含：关于整个图书馆事业的研究——图书馆事业史、图书

---

① 杨文祥，刘丽斌. 美国图书馆学学术源流与方法论思想历史嬗变的理论反思——关于21世纪图书馆学方法论体系及相关问题的若干思考之三［J］. 图书与情报，2008（3）：1-8.

② 王子舟，张歌，谢欢. 巴特勒《图书馆学导论》中译本导言［J］. 图书馆论坛，2018，38（6）：56-64.

③ 张歌. 巴特勒的图书馆学理论研究［J］. 图书馆杂志，2020，39（5）：13-20.

④ 黄纯元. 论芝加哥学派（中）［J］. 图书馆，1998（1）：10-13.

⑤ 同①.

馆建设原理、各类型图书馆的专门研究等；关于图书的研究——目录学、版本学、校勘学、图书史、图书生产技术等；关于读者的研究；关于领导和干部的研究；关于建筑与设备的研究；关于工作方法的研究——图书馆方法学（图书管理学）。刘国钧的这篇文章虽然篇幅不长，但是思想内涵丰富，并且发表于总结民国图书馆学成就和奠定新中国图书馆建设基础的关键时间节点，因此影响深远。

该文刊发以后，迅速引起了学界注意。同年 5 月 25 日，北京大学图书馆学系举办的科学讨论会专门研讨了这篇论文。会议由王重民主持，"共进行七小时"，雷达娅、关懿娴、周文骏、张树华、何善祥等学者均有发言。讨论集中在三个问题上——"一、图书馆学的性质；二、图书馆学的对象、内容、范围；三、图书馆学与目录学的关系"，与会学者一致肯定《什么是图书馆学》一文"写得很及时，具有极大的现实意义"，"促进了全国图书馆学科学研究工作的开展"①。当然，当时也存在批评意见，如刘国钧"将图书馆学的对象割裂为许多部分，并且把它们孤立于图书馆事业之外来进行研究"，"将会把图书馆学导致形而上学的道路"；"要素提法并不妥当，它只能说明图书馆事业不能缺少什么，却不能说明图书馆事业是什么"；等等。②

在此之后，学界对《什么是图书馆学》的关注和讨论一直延续下来。根据吴稌年和顾烨青的回顾性研究，从该文发表至今，对它的若干研究成果可分为四个阶段。第一阶段主要是前述北京大学图书馆学系召开的学术研讨会以及一些学术文章，如《图书馆学是一门科学——它有科学基础，也有科学内容》（崔慎之，《广东图书馆通讯》1957 年第 3 期）、《我国图书馆学的对象和内容管见》（周文骏，《学术月刊》1957

---

① 朱天俊. 北京大学图书馆学系 1957 年科学讨论会上关于"什么是图书馆学"一文的讨论情况［J］. 北京大学学报（人文科学），1957（3）：104 - 107.

② 吴慰慈，蔡箐. 刘国钧先生在图书馆学理论领域中的深远影响［J］. 图书情报工作，2007（3）：14 - 17+11.

年第 9 期）等。第二阶段是"反右"运动开始至 1961 年左右，刘国钧的文章被认为是故意抹杀图书馆的阶级属性，是资产阶级的图书馆学术思想，受到了"上纲上线"的严重批判，其中代表性的文章是北京大学图书馆学系 1956 年级"什么是图书馆学"批判小组撰写的《批判刘国钧先生的"什么是图书馆学"》。第三阶段是改革开放后，图书馆界开始重新评价《什么是图书馆学》，将其总结为"要素说"，重新肯定了该文的历史作用和理论价值，同时也为新时期学界对刘国钧的重新评价——"20 世纪中国图书馆学大师""中国现代图书馆学里程碑式的学者"等论断①提供了支撑。2006 年以来，图书馆学界迈入了对《什么是图书馆学》一文深入研究、反思和全面评价的第四阶段，代表性成果是王子舟教授在 2007 年策划组织的"纪念刘国钧先生《什么是图书馆学》发表 50 周年"专题研究，学者一致肯定了《什么是图书馆学》作为新中国成立以来图书馆界首部经典之作的历史地位。吴稌年和顾烨青同样认为，《什么是图书馆学》是"图书馆学在中华人民共和国成立后社会主义建设时期的一部开创之作、奠基之作和方法论之作"②。

《什么是图书馆学》发表至今已逾六十年，但我们对它的研究仍然没有停止。这个例子很好地证明了经典论著是可以反复阅读、常读常新的，在不同的历史条件下，我们既能"以史为鉴"，遵循经典论著所发现的客观规律，也可以赋予它新的内涵。

（2）群著研究

顾名思义，群著研究就是选择一系列存在某种联系的论著作为研究对象，这种联系可以是同一作者、同一作者群体、同一时代、同一地区、同一主题或同一类型等。相较于单著研究，群著研究所需要搜集、

---

① 吴稌年. 30 年来对刘国钧学术思想的研究 [J]. 国家图书馆学刊，2011，22（4）：76 - 81.

② 吴稌年，顾烨青. 风标甲子年，悠悠思《什么》——纪念刘国钧先生《什么是图书馆学》发表 60 周年 [J]. 图书馆论坛，2017，37（7）：81 - 92.

阅读和评析的论著更多,虽然难度略高,但更容易揭示出某种学术潮流、学术脉络、学术关联或学术现象。

以范并思教授《图书馆学理论道路的迷茫、艰辛与光荣——中国图书馆学暨〈中国图书馆学报〉六十年》一文为例。该文是一篇经典的综述性文章,体现了重要论著作为学术史锚点的方法论价值。笔者罗列出了范并思教授在文中提及的主要论著及其所处时期、历史贡献,如表7-4所示。

表7-4 范并思教授《图书馆学理论道路的迷茫、艰辛与光荣——中国图书馆学暨〈中国图书馆学报〉六十年》提及的主要论著及其所处时期、历史贡献

所处时期	论著题名	论著作者	历史贡献
迟到的起点 (1949—1956)	新图书馆手册	杜定友	代表性的科普著作
	向科学进军中的图书馆工作	人民日报社	昭示近现代图书馆学重新启动
持续的徘徊 (1957—1966)	图书馆学通讯(1957年)		介绍国外图书馆活动
	什么是图书馆学	刘国钧	基础理论研究取得一定进步
	全国图书协调方案	国务院	对文献资源共建共享的研究明显超越了民国时期
	图书分类法意见	杜定友	提出根据马列主义确定分类大纲
	图书分类法的路向	杜定友	提出充分利用字顺排列法制作目录
	论编制图书分类法的基本原则	张德芳	理性讨论了图书分类法编制原则
	标题目录和科学研究	毛坤	指出图书分类法落后于现实

所处时期	论著题名	论著作者	历史贡献
艰难的起步 (1973—1978)	马尔克计划简介—兼论图书馆引进电子计算机问题	刘国钧	缩小了中外图书馆学的距离
	主题法与分类法	丘　峰	回归检索层面讨论主题法和分类法
	现代西方主要图书分类法评述	刘国钧	体现出学者们对于纯粹图书馆学的敬畏
	用电子计算机编制图书目录的几个问题	刘国钧	同上
	谈谈叙词表	刘湘生	同上
漫长的重建 (1979—1990)	图书馆工作的传递作用、体系和发展	周文骏	基础理论研究的亮点，后深化为"文献交流理论"
	图书馆学基础	北京大学和武汉大学图书馆学专业教师	重建经验图书馆学
	关于开展"知识学"的研究的建议	彭修义	批判图书馆学理论研究和大学教育，引起强烈反响
	论我国新时期的图书馆学研究	邱　昶、 黄　昕	严厉批评我国图书馆学研究现状
	论我国图书馆学的危机及其革命	沈继武、 刘　迅	将"危机说"进一步系统化
	应该转变图书馆研究的方向	张晓林	引发讨论，使经验图书馆学批判达到了高峰
	知识交流和交流的科学——关于图书馆学基础理论的建设	宓　浩、 黄纯元	创建知识交流论
	情报检索语言	张琪玉	将检索语言纳入图书馆学分支，是新图书馆运动以来中国图书馆学学科理论创新的首次尝试
	《图书馆学通讯》刊载"全国文献资源调查与布局研究"系列报告		文献资源建设从概念走向正式研究领域，是我国经验图书馆学发展到新图书馆学的一个缩影

所处时期	论著题名	论著作者	历史贡献
迷茫中破局 (1991—2001)	图书馆学基础理论研讨会述要	吴慰慈	记录庐山基础理论讨论会取得的共识：加强图书馆研究的科学性
	世纪之交的思考	刘　迅、范并思	提出了绘制图书馆学的学科地图
	关于图书馆未来的对话	吴建中	标志着世纪之交的中国图书馆学国际交流登上新台阶
	数字图书馆：定义、影响和相关问题	汪　冰	中国图书馆人大规模关注的数字图书馆技术的代表性论文
新世纪的 理论光辉 (2002—2016)	对"图书馆自由"的理论思考	李国新	图书馆权利由此受到关注
	公共图书馆精神的时代辩护	范并思	启发图书馆精神研究
	图书馆服务宣言	中国图书馆学会	中国现代图书馆服务理念的重建工作基本完成
	图书馆2.0：构建新的图书馆服务	范并思、胡小菁	早于西方发表图书馆2.0的研究成果
	试论图书馆阅读推广理论的构建	谢　蓉、刘　炜、赵珊珊	反映出中国图书馆已经开始对阅读推广的认识问题和价值观问题进行深入系统的研究

　　对这三十余种论著的分析和评价，支撑了范并思教授认为中国图书馆学理论研究学术史存在六个分期的观点，也能令读者切入学术史发展的脉络，对整体学术景观有一个更加直接的认知。

　　再以谢欢《"图书馆教育"一词含义的历史演进——基于对各时期代表性图书馆学通论性著作的概念史考察》一文为例，作者关注到了"图书馆教育"和"图书馆学教育"两个词在中国图书馆史上混淆使用的现象，通过分析各个时期具有代表性的"图书馆学通论性著作"的有关概念表述，发现"图书馆教育"一词兴起于 20 世纪 20 年代，并在 1949 年以前得到了广泛的应用；新中国成立至 20 世纪 70 年代末，该词走向衰落；20 世纪 80 年代以后，"图书馆教育"一词虽然恢复使用但趋于窄化，并且逐渐被"图书馆学教育"一词所替代。两个词的此消彼长，既反映了专业术语的规范性历程，又反映了"中国图书馆学从'器'到'道'的转变"①。该研究作为一种概念史考察，以时间为纵坐标，以同一主题和同一类型的一批论著的具体文本为横坐标，进而发现了概念的演进、分化和升替的规律，这个类型的课题仅凭单著研究是难以完成的。

(3) 构成要素研究

由于研究目的的不同，有时我们甚至只需要关注论著的某个或某些构成要素，这些构成要素甚至与论著本身的内容、思想或观点没有太密切的关系。在书籍史研究中，我们常常会聚焦于一些书籍的构成要素，不仅仅是内容，还有诸如图书的材质、布局、字体、装饰、插图、装帧、封面和标题等要素，如曹之教授在其《中国古籍编撰史》一书的下编第三章"编撰方法论"中就详细探讨了中国古籍的书名、序跋、凡例、目录、计量方法、引文、广告、插图等构成要素。② 这些论著的"边角料"实际上蕴含着丰富的知识信息，比如古籍的牌记可作为广告史和传播史研究的材料，毫不起眼的刻工姓名则可作为古籍版本研究和区域经济研究的材料。

再如，张麒麟在其博士学位论文中为了研究中西方论著中的参考文献规范演变问题，曾列出两条引文示例：

---

① 谢欢. "图书馆教育"一词含义的历史演进——基于对各时期代表性图书馆学通论性著作的概念史考察 [J]. 图书情报知识，2016，(6)：32-41.
② 曹之. 中国古籍编撰史 [M]. 武汉：武汉大学出版社，2006：458-521.

G. L. Hendrickson "Origin and Meaning of the Ancient Characters of Style," Am. Jour. Phil. XXV (1905), pp. 250 – 75.

（引自《芝加哥手册》1906 年初版）

五〇，清文献通考第二五六卷。第四页（上）——第五页（下），浙江书局本，光绪一三年，（一八八七）。

（引自《清华学报》1924 年第 1 期）

《芝加哥手册》是西方现代最重要的引文格式指南，它在第 1 版中所列出的标准格式当然不会是凭空而来的。我们必须追问的是，西方学者精确著录引文出处的意识是如何产生的？为什么会要求著录姓名、标题和出版年等项目，而不是其他？西方文献何时被分卷，何时有了页码，缩写技术从何而来？《芝加哥手册》同时代的格式手册又是如何规定的？诸如此类问题，必须逐个解决，才能比较完整地呈现西方引文著录规范的发展史。《清华学报》中的示例也是如此，中国古代引书自有规则，《清华学报》做出的示例有何创新之处，或是从哪里借鉴而来？它与西方参考文献规范的区别是什么？它在页码、版本、纪年、标点符号的使用上为何能呈现出中国的本土化特色？尽管作者研究的只是论著中随处可见却常常被忽视的参考文献引用格式，但它作为论著的一种重要构成要素，实际上能从一个微小的侧面体现出中西方学术演进的脉络。①

7.2.3 论著研究的门径

（1）札记

写札记是中国史学研究的优良传统，很多学者都习惯于通过日积月累的学术性札记来展现自己的学术成果，如顾炎武在《日知录》序中曾言："愚自少读书，有所得辄记之，其有不合，时复改定。或古人先我

---

① 张麒麟. 引文规范演变过程及其机理研究 [D]. 南京：南京大学，2021.

而有者，则遂削之。积三十余年，乃成一编。"① 这些札记体著作之中，当然也有以论著研究为主题的，如钱大昕《廿二史考异》、赵翼《廿二史札记》、王鸣盛《十七史商榷》等。

如何撰写札记？历史学家荣新江教授认为，在读书过程中"千万要抓住自己的灵感、心得、发现、联想等收获，并翻检相关的材料，写成笔记，在有空的时候，把笔记加以丰富，写成正式的学术札记"，札记不必追求完整，"有新知、新意"即可，要"用最短的文字，写明白自己要说明的问题"。②

这里举蒋广学教授的《读〈黄丕烈评传〉札记》一文为例③：

> 与黄丕烈同时代的著名学者洪亮吉曾在《北江诗话》中将藏书家分为五等：考订家、校雠家、收藏家、赏鉴家、掠贩家，黄丕烈就是"第求精椠，独嗜宋刻，作者之旨意纵未尽窥，而刻书之年月最所深悉"的赏鉴家。读姚生书，深感洪氏对荛翁之评价最为确切。固然，荛翁藏书是为了学术之真，但他并不是以直接研究学术之真为己务，而是为学问家提供真本为己务。职责有分，其学当有别矣。故不可以学问家的标准来评价荛夫。不过，长期与黄丕烈共事的顾广圻，虽然藏书学的成就远逊于黄丕烈，但可列为学问家：由惠栋开创的吴学，经江声，传之广圻，竟与皖学中坚段玉裁凛凛对决。如能给他立传，并与《黄丕烈评传》共为一书，必可将乾嘉书业史与学术史关系之脉络，梳理得更为清晰。

---

① 顾炎武. 日知录、日知录之余 [M]. 上海：上海古籍出版社，2012：13.

② 荣新江. 学术训练与学术规范——中国古代史研究入门 [M]. 北京：北京大学出版社，2011：225.

③ 蒋广学. 读《黄丕烈评传》札记 [J]. 大学图书馆学报，2010，28（4）：116-118.

蒋广学教授是《中国思想家评传丛书》的常务副主编，他在札记中不仅肯定了洪亮吉对黄丕烈的评价，而且特别点出了应当对顾广圻展开研究。短短的一段札记，对于从事乾嘉学术史和清代藏书史研究的学者很有参考价值。

所以，我们在阅读前人论著的过程中，可以有意识地撰写这样短小精悍的札记，并按照某个主题或某种逻辑排列起来，有闲暇时加以整理和充实，最终形成更加完整的研究成果。

(2) 提要、书目

提要是一种简明扼要地解释文献题意、介绍作者生平与学术思想、揭示文献内容以及评价学术得失的方法，我国古代有"解题""书目""叙录""录""志""考"的称谓①。札记和提要虽然都是短小的文体，但札记更强调个人的创见、灵感与思考，提要则要求尊重文献的原意，以简练的文字描述文献概貌。学会撰写提要可以起到保存文献、帮助记忆和检索的作用，一篇优秀的提要则更要体现"辨章学术、考镜源流"的功能。本书第八章"中国图书馆史研究阅读书目"即采用了提要式的撰写方法，读者可参阅学习，此处不再赘述。

在研究中，除了撰写单著的提要外，我们往往还需要编制群著的书目、目录。当然，关于图书馆学论著已有很多现成的目录，如卢震京著《图书馆学辞典·图书馆学书目解题》、蓝乾章著《七十年来的图书馆学研究》、董秀芬主编《图书馆学 情报学 档案学论著目录》、吴慰慈主编《图书馆学书目举要》、卓连营和李晓娟主编《中国图书馆学著作书目提要（1909—2009）》等。但这些通用性目录不一定适合个别性的研究，最好还是养成根据自己的研究方向编制专题目录的习惯。除了撰写提要外，还应当著录书目，按照统一、标准的格式对论著的题名、作者、出版地、出版机构、出版年、关键词等揭示文献特征的标目逐一著录，这

---

① 彭斐章. 目录学教程［M］. 北京：高等教育出版社，2004：127-128.

样既方便检索和查考资料，也方便进行统计分析。

(3) 书评

书评，就是对图书的评论。① 写作书评，不仅是要介绍图书内容、作者生平，而且需要从思想性、知识性和艺术性等角度揭示一部图书的价值，点出其优点和缺陷。如果是撰写学术性的书评，最重要的工作则是评价某本书在学术史上的地位和意义，点明它与相关论著相比独特的学术贡献。

写好一篇优秀的学术性书评是非常具有挑战性的，而且这类书评其实已经等同于一篇"论著研究"的学术论文，不仅可以在专业学术期刊上直接发表，而且甚至还能成为原书的重要补充。荣新江教授曾举一例，莱顿大学汉学院前院长何四维教授曾写有《中国在中亚：早期（公元前 125 年—公元 23 年）》一书，罗马大学中亚和印度学专家达菲纳教授（Paolo Daffinà）则为其写过一篇书评——《评〈汉书·西域传〉的新译本》，后来何四维教授亲口提出了阅读其书的建议："看我这本书，一定要看达菲纳的书评。"②

那么，书评该怎么写？历史学家张玉法先生在《如何评论一部史学论著》一文中介绍了哥伦比亚大学教授韦伯（R. K. Webb）关于撰写书评的"标准纲要"，兹引如下③：

一、这本书是写什么的？

　1. 该书的特殊论题是什么？书的标题能否概括它？

　2. 除了特殊的论题外，作者是否也想说明与论题有关的其他

---

① 徐召勋. 图书评论学概论［M］. 郑州：河南大学出版社，2006：1.

② 荣新江. 神圣的殿堂：莱顿大学图书馆东方写本与图书部［J］. 中国典籍与文化，2003（2）：55-61.

③ 张玉法. 历史学的新领域［M］. 台北：联经出版事业有限公司，1978：151-153.

一般性问题？

3. 该书有无新的发现？这可以用一句话来说出吗？作者是否曾如此说过了？你在何处看到了作者的发现？

二、这本书所用的资料为何？

1. 作者是否运用了第一手资料？运用的程度如何？是否真的是第一手资料？抑或只是当时的资料或较早的资料？

2. 作者是否引用了其他学者的研究成果来支持他的论点？假使如此，是否减损了其著作的价值？

3. 这本书与其他同类著作的关系如何？这本书是不是接续前此研究的成果而继续发挥？作者在写书前是否告诉了读者前此对此一论题的研究概况？该书是否反驳了以前对此一论题的有关发现？

4. 作者的发现得力于生活或历史的普通概念者有多少？作者是否说明了他的立场？还是作者仅认为读者会知道他的立场？作者是否知道其未经证实的假设对其结论发生了多少影响力？

三、资料与结论间的关系如何？

1. 结论是不是依据资料逻辑推演而来？同一资料能否引出相反的结论？

2. 其资料不确而有损结论的地方有多少？

3. 资料是否经过选择？选择的标准如何？是不是因为易找？易懂？还是易于证明其先入为主的观念？

四、这本书所给人的美感如何？

1. 作者的写作技巧如何？文体是否有力而清楚？书的各部分组织合乎逻辑吗？书是否令人爱读？

2. 作者是否运用了文学的笔而使该书更具有吸引力？譬如说，在他下重要的结论之前，是否架构了一种戏剧性的悬疑？

张玉法先生还进一步补充道：作者在撰写历史书评之前应明白三件事，

一是这本书所当运用的资料，二是与这本书论题相类的其他著作，三是治史的方法，否则就无法公正地评价这本书的价值，对于读者而言乃是"知识上的欺骗"。

张玉法先生所说的前两件事，与汉学家杨联陞先生所言"写书评最重要的，是要先知道这一门学问的现状、行情"① 不谋而合，就是强调写书评之前要熟悉学术史。只有清楚地认识学术史，才能通过书评写作把自己关于某种论著的研究观点融入某个专题下的整体叙事，这样的书评也就具有了较高的学术价值。

（4）综述

综述就是"集束式"的书评②，是学者在某一专题范围内，将阅读各种论著后形成的大批"书评"进行分析、综合、提炼和重组，最终形成一篇能够全面反映该专题研究现状、研究动态、存在问题和发展趋势的文章。在现代学术环境下，撰写综述通常是研究的起步工作，比如硕士、博士学位论文的第一章就应当是文献综述。通过撰写综述，可以更充分地认识一种论著在其学术史上的地位和价值，为后续研究打下坚实基础。

此处引肖鹏《民国时期中美图书馆交流史序说：研究综述、理论基础与历史分期》的部分文献综述（参考文献略）为例③。

1. 美国对中国图书馆学思想和图书馆事业的影响

回顾严文郁[15]等对民国时期中外图书馆关系的梳理，可以发现，尽管所谓"交流"是相互的，美国对中国图书馆学理念与图书

---

① 杨联陞. 书评经验谈 [M] //哈佛遗墨：杨联陞诗文简. 北京：商务印书馆，2004：143.

② 葛兆光. 从学术书评到研究综述——与博士生的一次讨论 [J]. 杭州师范大学学报（社会科学版），2012，34（5）：129 - 136.

③ 肖鹏. 民国时期中美图书馆交流史序说：研究综述、理论基础与历史分期 [J]. 中国图书馆学报，2018，44（3）：96 - 111.

馆事业的影响却无疑是这一交流关系中的主旋律，包括鲍士伟来华[16-17]、庚款退还[18]、美国图书馆协会援华[19-21]等历史事件，均展现了民国时期美国对中国图书馆理论与实践的深刻影响。在一系列相关研究中，程焕文较早奠定了基础性的分析框架[22]，吴稌年[23-24]、陈英[25]等学者也从总体或特定的研究视角展开了观察；李刚等专门讲述了以留学生、翻译著作和国际及境内外学术交流三个主题为中心的中外图书馆学交流[26]，这一研究汇集了麦群忠[27]、顾烨青[28]、范凡[29]等的研究成果，并有所增补，是比较全面的回顾。

总体上来讲，现有研究的解释路径或多或少与费正清的"冲击—反应"模式相契合，如有学者甚至直接点明，中国对现代图书馆制度的接受很大程度上是由于外部力量的干预与一定的偶然性因素[30]。在这种相对一致的解释模式下，涂光霈的研究[31]便显得颇为特别，其博士论文选取了埃弗雷特·罗杰斯的"创新扩散"理论，用以诠释从1898到1947年期间美国图书馆学在中国播种、扎根的全过程，尝试挣脱传统上"从仿到创"这类固化的解释路径。

以上研究多采纳宏观的观察视角，也有不少研究聚焦于图书馆事业的某一方面，从特定主题探索美国对中国图书馆界的影响。其中，最常涉及的两个领域分别是：（1）图书馆教育。民国时期中美图书馆的教育交流主要依赖留美群体的知识流转，因此本主题的论著颇多，尤其关于文华图专的相关研究更是学界的焦点所在[32-34]；而近年如郑丽芬[35]等，开始用及纽约公共图书馆学校档案等一手材料，大大深化了相关研究内涵。（2）图书馆技术。现有论著十分清晰地勾勒出一条从"沿袭欧美"到"本土创造"的图书馆技术方法（尤其是分类法）发展路径，成果丰硕，这里不再赘说。但是，"技术交流"应当涵盖从"技术方法"到"技术设备"的全面谱系，除了技术方法的交流，也要包纳书架、缩微胶卷等技术设备的交流，尤其后者，是当前研究的盲点，只有刘劲松等少数学者[36]做出了探讨。

由上例可见，综述在文字表达上相当简练，不仅罗列出了核心作者、核心观点和核心文献，而且对相近观点、相近视角的研究进行了归纳、评价和总结，从而全面、批判地回顾了现有研究的价值和不足，这也支撑了作者后续研究的展开。

(5) 统计

统计是群著研究中常常用到的方法，可以利用客观数据找到比较重要的作者、机构、出版物、出版年份，也能发现群著所呈现出的某种趋势。当然，这不代表单著研究不能使用统计的方法，著名的齐普夫定律就描述了单著中的词频分布。这里以范凡《民国时期图书馆学著作出版与学术传承》一书的第二章"民国时期图书馆学著作出版情况总体分析"为例，说明统计方法如何使用①。

第一步，描述样本。我们使用的是真实数据还是实验数据，是抽样数据还是全量数据？抽样方法为何？样本是否存在缺漏？这些都涉及样本的科学性，我们应当做出说明。范凡在书中列出了她所利用的资料来源，包括诸如开明书店编《全国出版物总目录》(1935)、现代书局编《现代书局图书总目》(1935)、平心编《生活全国总书目》(1935)、杨家骆著《图书年鉴·新书总目提要》(1933)等1949年以前编制的书目数据，以及诸如重庆市图书馆编《图书馆学术论文资料索引》(1957)、卢震京著《图书馆学辞

① 范凡. 民国时期图书馆学著作出版与学术传承 [M]. 北京：国家图书馆出版社，2011：34 - 64.

典·图书馆学书目解题》（1958）、李钟履《图书馆学书籍联合目录》（1958）、商务印书馆编《商务印书馆图书目录 1897—1949》（1981）、中华书局编《中华书局图书总目 1912—1949》、四川省中心图书馆委员会编《抗日战争时期出版图书联合目录》（1992）、北京图书馆《民国时期总书目 1911—1949 文化科学艺术》、蓝乾章著《七十年来的图书馆学研究》（1980）等 1949 年以后编制的书目数据。经过数据清洗，范凡共得到 943 条著作书目。

第二步，分析样本。根据需要，我们以不同的口径对样本进行整理、计算和分析，得出抽象、客观的数学结果，就可以从一定程度上反映真实世界的本质。范凡选择了民国图书馆学著作的篇幅、出版者、出版年代、图书内容、核心作者、作者群等特征进行数据分析。以著者分析为例，范凡发现 943 种著作中共有 502 种有个人著者，出版 2 种以上著作的共 77 人，最高者杜定友共有著作 63 种。结合洛特卡定律，范凡进一步将出版 5 种以上著作的 13 位学人列为高产著者，包括杜定友、吕绍虞、桂质柏、钱亚新、陈子彝、蒋复璁、金敏甫、陈独醒、马宗荣、沈祖荣、徐旭、蒋镜寰、刘咸炘。

第三步，做出结论。数学只是抽象的表达，我们还必须结合研究的背景和语境，用文字进行描述。范凡在书中最终得出了五个结论：一是图书馆学著作的篇幅小，可能研究深度不足；二是图书馆学著作与其他学科学者无关，说明图书馆学的影响力还很低；三是图书馆学著作出版与图书馆事业发展的起伏密切相关；四是研究全面，为图书馆工作奠定基础；五是存在高产作者群和核心作者群。

由此例可见，尽管统计方法并没有深入论著的文本和内容，但通过对一批图书的外部特征的总体分析也可以得出一些相当有价值的结论，能反映一个群体的某些倾向和趋势。因此，统计是很多群著研究中不可或缺的手段。

（6）网络分析

在一种论著之中或多种论著之间，可能存在着各式各样的联系。比如，论著中可能提及了丰富的人际交往关系，使这些论著的文本下隐藏着一个"社会网络"。我们通过分析具体主题（如人名、地名、时间、事件名）下名词之间的关联方式、共现强度等特征，可以揭示该主题的中心、层次和结构等深层信息。

以严承希和王军《数字人文视角：基于符号分析法的宋代政治网络可视化研究》一文为例①，作者利用了中国历代人物资料库项目（China Biographical Database Project，CBDB）中的宋代传记资料，共获得 1788 位宋代历史人物及其构成的 2882 个政治关系。通过对关系强度的人工标引和网络分析，文章找到了 20 位宋代核心政治人物，并在结论中印证了宋代政治是"以士大夫为主体的党争对抗关系"这一判断。从研究方法而言，该文章体现出数字人文研究的跨学科优势，以客观数据补充了过去历史研究的主观性评价；但从史学角度而言，该文在材料选择上仍然存在一定局限，因为存世传记本身就是士大夫阶层书写历史的话语产物，已经隐含了士大夫阶层的历史观和价值观。又如，宋雪雁、钟文敏《数字人文视角下〈谭延闿日记〉人物关系挖掘及可视化研究》一文，通过对《谭延闿日记》人物共现的分析和可视化处理，揭示了日记中的核心人物和核心人物群体②，有助于帮助我们更直观地理解谭延闿个人视野下的人物交往圈。类似的研究方法也可以移植于图书馆学人及其论著研究之中。

---

① 严承希，王军. 数字人文视角：基于符号分析法的宋代政治网络可视化研究 [J]. 中国图书馆学报，2018，44（5）：87 - 103.

② 宋雪雁，钟文敏. 数字人文视角下《谭延闿日记》人物关系挖掘及可视化研究 [J]. 情报科学，2022，40（6）：25 - 35.

（7）引文

引文分析也是一种很常用的方法。引文古已有之，在中国古代称为引书。近代以来，引文的概念有所变化，逐渐从"引语"转向"引文出处"，或称为"参考文献"，是指作者在引用他人作品后，以注释、附注、参考书目、参考文献表等形式列出来源文献的书目信息。引文是引用文献和被引文献之间的纽带，而大量引文就形成了许多论著之间复杂的引文网络。自尤金·加菲尔德（Eugene Garfield）创立 SCI 以来，图书情报学界广泛使用引文分析方法来实现对论著学术质量和学术影响力的评价。单论图书馆学领域，过去我们多使用传统的人文研究方法对引书开展研究，"着重于研究知识传承、学术脉络等，忽视了引书在'量'（如引文量、共引量、共现量等）方面的特征"①。随着自然语言处理、机器学习等技术的发展，引文分析方法应用的深度和广度都有明显提升。例如，黄水清等分析了《论语注疏》、《毛诗正义》、《春秋左传正义》三部古代典籍的引文网络，尝试性地探讨了古籍文本之间的关联和影响力。② 相信类似方法在今后会更多地运用到图书馆学论著研究当中。

---

① 黄水清，周好，彭秋茹，等. 引书的自动识别及文献计量学分析 [J]. 情报学报，2021，40（12）：1325-1337.
② 同①.

8 中国图书馆史研究阅读书目

编写说明

本书目主要收录研究中国图书馆史的专著及英文博硕士论文。因中国图书馆事业受欧美影响较大，因此兼收少量外国图书馆史著作。限于篇幅，中国古代藏书史、出版史、阅读史、各图书馆史志、史料整理类等相关文献暂不在收录之列。全目分为中文与英文两大部分，以中文著作为主，又分为综论、人物研究与机构研究（人物部分侧重于图书馆学人），每部之下按书名音序排列。需要指出的是，本目并非"推荐书目"，仅为力求反映当下图书馆史研究现状。近年间图书馆史研究成果迭出，因此本书目难免"挂一漏万"，敬祈方家指正。

8.1 中文部分

8.1.1 综论

1.《"17年"图书馆事业与学术思想史研究》（吴稌年、顾烨青，国家图书馆出版社，2020年）

该书对图书馆界"17年"（即自新中国成立至1966年5月的"文化大革命"开始前这一特定的历史阶段）开展了系统性的研究。全书根据先有图书馆事业、后有图书馆学理论的发展规律，分为事业篇和思想篇两部分。事业篇以时间为序，对"17 年"间图书馆事业发展的四个阶段以及图书馆学教育和人才培养进行了系统的阐述。思想篇以问题为核心，以该时期的学术研究成果为据，分析并阐述了这一时期的理论研究、代表人物、发展阶段和研究领域等问题。

2.《20 世纪西方与中国的图书馆学——基于德尔斐法测评的理论史纲》（范并思 等，北京图书馆出版社，2004）

该书对 20 世纪中西图书馆学理论史进行了系统研究。全书分为 20 世纪西方图书馆学史、20 世纪中国图书馆学史、课题说明三大部分，试图对 20 世纪图书馆学的理论遗产进行一系统挖掘。该书运用德尔斐法筛选出 20 世纪图书馆学理论史上的重要文献、人物与事件，以年代为线索对其进行纲要式点评，考察它们在理论史上的定位及对图书馆学的影响，并站在当代高度，从图书馆学基础理论角度对其加以评价，形成一份对 20 世纪图书馆学理论史较为全面和深刻的考察清单。

3.《20 世纪以来中国的图书馆事业》（张树华、张久珍，北京大学出版社，2008）

该书以 20 世纪以来中国图书馆事业的两次大变革为主线，以历史时期为次序，分别论述各时期我国图书馆的办馆观念和方针政策、各类型图书馆事业的发展、图书馆各项业务工作的进展、图书馆学研究和图书馆学教育的开展、图书馆协作组织的建立及各图书馆间的资源共享等。全书共 15 章，分为两大部分，即 20 世纪前半叶与 20 世纪后半叶至 21 世纪初期中国图书馆事业的发展，重点梳理了 20 世纪 80 年代中期以后我国图书馆自动化、网络化、数字化的发展历程。

4.《从藏书楼到图书馆》（吴晞，书目文献出版社，1996）

该书旨在论述我国近代图书馆萌芽、产生和最后形成的历史，主要着眼于我国近代图书馆从无到有、从萌芽到成熟的过程，以及在这个过程中起过关键作用的人和事。全书所覆盖的年代大致从 19 世纪中叶至辛亥革命前后的半个多世纪，以中国人接受和实践西方图书馆的思想方法的程度为主要考量标准，以中国的文献收藏从封闭到开放以及开放的程度作为最主要的衡量尺度，所论及的实质是在中国社会中所发生的从藏书楼到图书馆的转变，是旧式藏书楼消亡、新型图书馆产生的历史过程。

5.《近60年来中国公共图书馆思想研究（1949—2009）》（潘燕桃，中山大学出版社，2011）

该书以公益、平等、自由等公共图书馆核心价值为基石，从历史和现实两个方面系统而全面地阐述1949年至2009年中国公共图书馆思想的发展脉络、主要思想和核心价值观念，重点研究20世纪90年代中期以后的公共图书馆思想及其实践，探讨近60年来公共图书馆思想发展的历史特点与存在问题。

6.《抗战时期中国图书馆界研究》（刘劲松，商务印书馆，2018）

该书将研究对象"中国图书馆界"设定于学界极易忽略的全面抗战背景中，其研究紧密围绕"中国图书馆界参与全面抗战"展开，将开阔的历史视野和具体个案相结合，梳理中国图书馆界与中国全面抗战的历史线索并构建了逻辑关系，汇聚成一套饱满的抗战时期中国图书馆界自觉投身民族救亡的学术话语，论证了战时图书馆界立足本位工作，支持全面抗战的"文化救国"模式的社会历史定位、价值取向和精神意义。全书按照战前、战时、战后的时间脉络，针对战前图书馆事业状况、战时转型、战时损毁调查、向国际社会征集书籍、战时西部图书馆建设、战后事业规划等问题展开详尽论述，对深化抗战时期的中国图书馆界研究具有重要意义。

7.《美国公共图书馆思想研究（1731—1951）》（郑永田，社会科学文献出版社，2015）

中国图书馆事业受美国图书馆思想影响至深。该书首先以美国公共图书馆发展历程为主线，系统论述了各个时期公共图书馆思想的演变，包括早期公共图书馆思想的萌芽、19世纪中期公共图书馆思想的发展、

19 世纪末公共图书馆思想的成熟、20 世纪上半叶公共图书馆思想的传播与扩展。继而，分民众教育、藏书建设、馆员素质、儿童服务等专章，讨论了代表性图书馆学家的公共图书馆思想。

8.《美国图书馆学教育思想研究（1887—1955）》（周亚，学林出版社，2018）

该书利用哥伦比亚大学、芝加哥大学、伊利诺伊大学厄巴纳-香槟分校等机构所藏档案等史料，分"杜威时期的实用主义教育思想""'百家争鸣'时期教育思想的分化补充""威廉姆森时期教育的制度化思想""'芝加哥学派'时期图书馆学的科学化思想""新模式重塑时期的教育思想"等五个阶段，系统考察了 1887 年至 1955 年美国图书馆学教育思想的历史演变。作者认为，图书馆学教育发展的历程是人文性、科学性、技术性三种力量不断推动并取得平衡的过程。书后附有"美国图书馆学教育年表（1887—2018）""美国图书馆学教育家名录"。该书有助于全面客观地认识美国图书馆学发展历程及中美图书馆学的内在关系。

9.《民国时期四川图书馆业概况》（任家乐、李禾，四川大学出版社，2013）

该书介绍了清末至 1949 年四川图书馆业各方面的情况，是研究四川图书馆业史的重要参考著作。全书共分十章，涵盖民国时期四川本地公共图书馆、高校图书馆，抗战时期内迁公共图书馆、学校图书馆和图书馆学校，教育部在渝期间暨四川省教育厅发布涉图书馆法律法规命令，四川图书馆学、档案学教育以及四川平民教育运动时期的读书情况等内容。全书对四川各地图书馆照片及报道进行整理，并编撰有清末暨民国时期四川图书馆业大事记。

10.《民国时期图书馆学教育研究》（任家乐，国家图书馆出版社，2018）

该书既从纵向的角度研究了民国时期图书馆学教育的历程，也从专题的角度研究了民国时期教育领域各个层面和机构，包括高等教育、中等职业教育、短期教育及图书馆学教育的课程设置、教学和招生、就业与深造，并研究了民间组织、政府对图书馆学教育的影响以及日本在华图书馆学教育。该书参考大量档案等一手资料，数据翔实可靠，是研究这一时期图书馆事业的重要参考。

11.《民国时期图书馆学著作出版与学术传承》（范凡，国家图书馆出版社，2011）

该书以民国时期出版的图书馆学著作为研究对象，从其产生背景、研究内容及对当时和后世产生的影响，考察民国时期图书馆学的发展历程，总结其在学术史上的独特地位，明辨其是非得失，以鉴古知今、继往开来。全书共分为三大部分，第一部分主要论述研究民国时期图书馆学史尤其是图书馆学著作的重要意义；第二部分论述民国时期图书馆学著作出版的背景；第三部分总结民国时期图书馆学著作的时代特征和学术成就。该书首次从著作出版和学术传承角度入手研究民国时期图书馆学史，全面调查了民国时期图书馆学著作及期刊的出版情况，梳理了民国时期重要图书馆学著作之间的发展脉络，厘清了作者群体之间的学术传承关系，从整体上分析了民国时期图书馆著作与图书馆学发展之间的关系，为民国时期图书馆学学术史的建立做出了基础性贡献。

12.《清代图书馆事业发展史》（宋建成，花木兰文化出版社，2006）

该书以甲午战争为界将清代官方图书馆事业分为前后两个时期：一、保守时期。除承续明人所藏典籍外，清代积极从事《四库全书》等图书纂修，并以七阁等处收藏。在该部分尤其关注各时期的官方图书编纂工作。二、启发时期。甲午战争之后，日渐重视民众教育，新式图书馆出现，在这一部分也讨论了韦棣华对于中国新图书馆事业的贡献。除官方图书馆事业，该书亦设专章论述了清代的私人图书馆及教会书院藏书。

13.《日本公共图书馆思想的形成与发展（1853—1970）》（李易宁，国家图书馆出版社，2020）

该书系统考察了1853年至1970年日本公共图书馆思想的传入、本土化及其发展成熟的历程，具体分为公共图书馆思想的传入（1853—1880）、日本本土公共图书馆思想的形成（1880—1945）、外力对日本本土公共图书馆观念的改造（1945—1950）、日本公共图书馆思想的完善（1950—1970）等四个时期。每一阶段详论代表性思想的来源、主要内容及其特点。在梳理历史的基础上，总结了日本公共图书馆思想的形成与发展模式。

14.《图书馆：不落幕的智慧盛宴》（默里，胡炜 译，南方日报出版社，2012）

该书生动而具有说服力地叙述了图书馆从最初的雏形到当代现状的发展脉络，从书写的起源到早期记录和书籍，再到信息资料的全球化，涵盖了较长的时间范围，囊括了众多地域与民族传统。全书首先介绍了15世纪前后世界各地的图书馆发展状况；接着，作者依照大多数图书馆史学家的划分方式，按年代的先后顺序对世界各地图书馆的历史进行叙述；最后，简单介绍了全世界具有代表性的50多所著名图书馆。

15.《图书馆的故事》（马修·巴特尔斯，赵雪倩 译，商务印书馆，2013）

该书介绍了世界图书馆的简明历史，系一部面向大众读者的知识性、思想性读物。全书主要讲述了图书馆在古埃及、中国的汉代、西方古典时代和中世纪以及文艺复兴时期等各个时期所起的重要作用。书中还介绍了殖民时期美国的图书馆、美国国会图书馆、大学图书馆和现代的大型公共图书馆系统。该书通过富有可读性的史实铺陈，反映出图书馆在古今历史中别具特色的重要文化意义，展现了图书馆两相矛盾的文化本质。

16.《图书馆活动高潮与学术转型——古近代》（吴稌年，兵器工业出版社，2005）

该书选定领衔人物、著名图书馆、先进管理思想作为衡量图书馆活动高潮与活动中心的三个标准和要素，对图书馆与图书馆学的发展史进行解读。全书旨在分析古近代图书馆活动高潮与学术转型脉络，对西方与中国图书馆活动高潮的孕育、产生与转移分别展开论述，并在此基础上详细剖析中国近代图书馆与图书馆学的形成、学术转型的实现、新图书馆运动及主要学术成果。

17.《晚清图书馆学术思想史》 （程焕文，北京图书馆出版社，2004）

该书对晚清图书馆学术思想史进行了系统研究，将晚清图书馆学术思想研究放在该时期剧烈动荡变革的社会背景下进行观察，采用全方位、多视角的研究方法，阐述了晚清时代中国近代图书馆学术思想的产生、发展和演变过程，从而首次清晰地展示出中国近代图书馆学术思想的系统样貌。全书以西学东渐对晚清图书馆学术思想的影响为考察对象，在大量史料爬梳的基础上，立足于二者间的密切关系，抓住晚清图书馆学术思想与近代中国从藏书楼到图书馆的转型紧密相关这条主线，从西方传教士的宣传介绍、中国人对西方图书馆的考察、中国人创办近代图书馆三大基本途径，对中国近代图书馆学术思想的产生、发展及内部关系进行了系统阐述，厘清了中国近代图书馆学术思想生发的过程，凸显出该时期在中国图书馆学学术史上的奠基性地位。

18.《西方图书馆史》（杨威理，商务印书馆，1988）

该书以西方图书馆事业发展为主干，涉及政治、军事、经济、文化、教育、科学、技术、艺术、民俗与宗教等诸多方面。全书以时间为序，介绍了从古代两河流域的泥版文书开始，到现代化的西方图书馆事业发展概况。

19.《照管图书》（约翰·威利斯·克拉克，杨传纬 译，浙江大学出版社，2014）

该书是一部西方图书馆史名著，其吸收了档案、建筑和考古的研究方法，用大量文献资料和第一手的考察记录，详细研究了西方世界两千五百年间（从公元前 8 世纪到公元 18 世纪）图书馆及其设施的发展演化。全书注重运用图片史料辅助文本论述，所收大部分照片反映 18 世纪后期欧洲大学图书馆的馆舍与藏书，图文并茂地展现出西方图书馆绵延千年的成长史。

20.《制度与范式：中国图书馆学的历史考察（1909～2009）》（李刚 等，科学出版社，2013）

该书以学科制度演变为研究对象，系统考察了 20 世纪中国图书馆学学科制度的概念、内容、变迁、动力与机制，论述其价值层面与制度结构之萌芽、嬗变与发展。该书创造性地提出"学科制度史"的研究路径，将被看成是制度的学科分为价值层面和制度结构两大部分，并分别以学科制度的"软体"与"硬体"命名之。全书共九章，分上下两篇：上篇"学科制度之发育与成长"主要考察硬体部分即学科制度的演变，分别对百年来图书馆学的教育教学、期刊、学术组织、中外学术交流进行专题研究；下篇"学科范式之萌芽与嬗变"主要讨论软体部分即研究范式的转型，分别对不同范式的形成、类型、影响、代表人物、变迁、动因等进行系统研究。

21.《中国近六十年来图书馆事业大事记》（张锦郎、黄渊泉，台湾商务印书馆，1974）

该书按年月日记述了中国 1911 年至 1949 年以及中国台湾地区 1949 年至 1971 年的图书馆事业重要事件，收录范围包括图书馆法令、制度、标准、设馆、建筑、教育、技术（含分类、编目、馆际互借、索引编制等）、图书馆学书刊、会议、统计、人物、协会等，以及出版业等相关行业的重要事件。凡有参考，皆注明出处，以供查考。

22.《中国图书馆发展史——自清末至抗战胜利》（严文郁，台湾"中国图书馆学会"，1983）

该书系统搜集自清末至抗战胜利期间中国图书馆发展史料，介绍了近代中国图书馆事业产生的社会背景与时代分期。全书将该时期划分为三，分别为萌芽时期、成长时期、抗战及复员时期，详述各时期图书馆事业发展情况后，辟专章分别论述图书馆立法、图书馆教育与科研、图书馆团体与国际关系。书末附有《中华图书馆协会组织大纲》、《中华图书馆协会职员录》、《中美文化关系中关于图书馆事业的计划草案》三则附录。

23.《中国图书馆史》（四卷本）（韩永进，国家图书馆出版社，2017）

该书为目前中国图书馆界的一部大型史书类著作，内容涵盖范围全面、广泛。全书分为四卷：古代藏书卷（王余光主编），是对先秦到清代的藏书史及图书馆发展史的记录，主要内容包括先秦两汉藏书、魏晋南北朝藏书、隋唐五代藏书、宋代藏书等；近代图书馆卷（程焕文主编），是对近代藏书史及图书馆发展史的全面记录，主要内容包括西方图书馆观念的传入（1840—1894）、维新变法时期的藏书楼（1895—1900）、清末新政时期的公共图书馆运动（1901—1911）等；现当代图书馆卷（肖希明主编），是对现当代藏书史及图书馆发展史的全面记录，也是对我国图书馆事业发展成就及经验教训的深刻总结，主要内容包括新中国成立初期的图书馆（1949—1956）、新中国全面建设时期的图书馆（1957—1965）、"文化大革命"时期的图书馆（1966—1976）等；附录卷（汪东波主编），是对先秦迄今三千多年藏书史及图书馆发展史的首次全面记录，内容包括大事记、重要人物传略。

24.《中国图书馆事业史》（卢荷生，文史哲出版社，1986）

该书是以我国传统史学研究方法撰著的一部中国图书馆事业的通史专著，以历史及图书馆事业之经营管理为经纬，历述各朝代藏书、文献整理及利用情形，最终归结至我国图书馆事业之特点。书末附有《秘书监考》、《汉主要书藏考》二则附录。全书通过对历史的研究总结，发现今古图书馆事业之联系，体现了我国传统的实证史学和西方兰克学派史学的"实证"和"科学化"特点。

25.《中国图书馆事业政策研究（1978—2008）》（范兴坤，红旗出版社，2011）

该书在宏观上将我国 1978 年至 2008 年 30 年间的图书馆事业政策作为考察对象，以政策科学理论和方法作为研究工具，在对我国图书馆事业发展政策进行总体评价的基础上，对图书馆事业发展的政策主体、政策客体、政策环境及政策特点进行全面的考察和研究。

26.《中国图书馆学的起源与转型：从校雠学说到近现代图书馆学的演变》（龚蛟腾，国家图书馆出版社，2013）

该书首先依据我国古代图书馆事业及目录、版本、校勘等方面的发展史料，总结古代图书馆学术思想，探讨古代图书馆学（校雠学说）的起源与演变；然后结合近现代"西学东渐"的大趋势，通过研究晚清以来我国图书馆学的演变情况，概括民国时期"中国的图书馆学"的理论体系，分析我国近现代学术体系的建立过程，阐释我国古代博大精深的校雠学向近现代"科学"的图书馆学的转型与发展。该书旨在深入考察我国图书馆学的起源与转型，全面揭示图书馆学的内在演变规律，切实推动图书馆学学术研究与促进图书馆学学科发展。

27.《中国图书馆学史》（吴仲强 等，湖南出版社，1991）

该书为系统、全面论述中国图书馆学史的专著，叙述范围上起东周、下至 20 世纪 90 年代，全书分为绪论、中国图书馆学史、中国图书学史、中国藏书学史、中国图书分类学史、中国目录学史、中国版本学史、中国文献学史、中国图书馆学教育史等九个章节，其中第一、第二章是全书的重点。该书厘清了中国图书馆学史的研究对象、研究内容、分期、研究意义、研究原则和研究方法等重要问题，其一大特色是对中国古代到当代的图书馆学进行了系统总结，特别是对中国当代的图书馆学家进行了系统研究和客观评价，由此凸显了当代图书馆学史研究应当具备的学术自信精神。

28.《中国图书馆学学科史》（中国科学技术协会、中国图书馆学会，中国科学技术出版社，2014）

该书研究的重点主要落在三方面：一是图书馆学理论研究的发展演变规律；二是中国图书馆学教育的发展历程；三是中国图书馆学的价值和对社会的贡献。全书共分三编：第一编中国图书馆学的孕育，包括中国古代藏书思想和中国古代图书馆学知识的积累；第二编中国图书馆学的萌芽、建立与初步发展；第三编中国图书馆学在当代的发展，包括中国图书馆学理论的繁荣与发展、中国图书馆学教育的发展历程、学术社团成长推动学科发展、中国图书馆学的价值与社会贡献。

29.《中国图书馆学研究史稿（1949 年 10 月至 1979 年 12 月）》（周文骏、王红元，北京大学出版社，2011）

该书记述 1949 年 10 月至 1979 年 12 月中华人民共和国成立 30 年来图书馆学研究和发展的成就，将图书馆学知识按照当时的一般认识归纳成 11 个专题，分列为革命导师与图书馆、图书馆学基础理论、图书馆事业建设、图书馆藏书建设、图书馆图书分类、图书馆目录、图书馆读者服务等 12 个篇章。其中，第 1—4 章偏重理论，第 5—8 章偏重方法，第 9—12 章偏重历史，各章中的问题与材料大致以时间为序进行介绍和排比。全书记述的具体对象包括著作、观点、事件、人物，并将上述四项归结为记述问题和记述成果两大方面，对历史事实采取真实和客观的基本态度。

30.《中国图书和图书馆史（第三版）》（谢灼华，武汉大学出版社，2011）

初版（1987 年）：该版是高等学校图书馆学和相关专业的基础课教材。全书以图书和图书馆的历史发展为主线，以图书和藏书研究为基石，较为全面地探讨了图书的形式、流传、收藏与利用等内容，考究了不同时代的政治、经济、文化和科学发展状况对图书及图书馆发展的影响，总结了中国图书和图书馆的历史发展脉络。全书理论阐述充分，资料翔实，是一部成熟的专史。

修订版（2005 年）：该版是同名教材的修订本，在吸收近年来考古发掘和文献考据工作最新成果的基础上，按照初版设想和体系安排，在中国文化史发展的基本线索上，从中国图书（经籍、典籍、图书）和图书馆（藏书、馆阁、图书馆）发展相互依存、相互促进的关系上加以说明。修订版在初版基础上进行了内容调整和补充，将中国文化发展划分为数个阶段，每个阶段分为图书生产过程和表现形态、图书内容发展和品种演变、藏书的整理和利用三个层面，进而说明中国文化发展的脉络，叙述中国文化遗产的积累和传承。

第三版（2011 年）：该版在 2005 年修订版的基础上，结合学界最新成果和教学实际需要调整原版内容，补充原版缺失部分，并调整了原版部分篇章。全书将中国图书和中国图书馆的发展划分为古代和近代两个阶段，基本序列涵盖七编：典籍的产生和收藏、简帛书时期的图书和藏书（先秦—两汉）、写本书时期的图书和藏书（魏晋—隋唐五代）、印本书兴起时期的图书和藏书（宋—元）、印本书发达时期的图书和藏书（明—清）、机械印刷兴起时期的书刊和图书馆（1840—1911）、机械印刷发展时期的书刊和图书馆（1912—1949），系统叙述了我国自商周至近现代的图书和图书馆的历史。

31.《中日图书馆学交流 65 年（一八九九—一九六四）历史探微》（范凡，海洋出版社，2020）

该书从 19 世纪末到 20 世纪 60 年代中期中日两国图书馆学的发展历史入手，从它们产生的背景、研究内容以及对彼此的影响，来考察中日图书馆学之间的交流与联系。此研究在中国图书馆史研究中开拓了一个新领域，即从中外图书馆学交流史的角度来观察中国图书馆学取得的成就和产生的国际影响。

8.1.2 人物研究

1.《"中国现代图书馆运动之皇后"韦棣华研究》(郑锦怀,中国海洋大学出版社,2021)

该书在广泛挖掘国内外第一手档案资料的基础上,介绍了"中国现代图书馆运动之皇后"——韦棣华(1861—1931)的家庭背景、早年履历与在华活动,重点考察其为何来华,如何在文华书院创办文华公书林与文华图书科,如何返美进修及宣传其图书馆事业,如何资助学生赴美进修图书馆学,如何通过写信、撰文或参会沟通中西图书馆界,如何推动美国退还庚款余额用于发展教育与文化事业等,具有一定的史料价值和可读性。

2.《杜定友和中国图书馆学》(王子舟,北京图书馆出版社,2002)

该书对中国近现代图书馆学家杜定友(1898—1967)的学术思想进行了全面系统研究。全书抱持"历史同情"的态度去认识杜定友及其学术思想,力图保持客观,围绕当时的历史条件对杜定友的理论和实践建树进行评价。该书首先介绍近代图书馆学之背景,阐述杜定友生平事迹及其学术分期,并在此基础上评述了杜定友在图书馆观念、图书馆学基本要义、图书分类学、汉字排检法、地方文献等方面的理论建树,最后将杜定友图书馆学的特征归纳为理论与实践完美结合、擅于继承尤能创新、博宏与专精相容并重。书末附有《杜定友年谱初编》。

3.《奋斗一生——纪念施廷镛先生》(施锐,南京大学出版社,2008)

该书系一部叙述中国近现代图书馆学家施廷镛(1893—1983)生平事迹的回忆录,由施廷镛之子施锐(煜华)执笔和编辑,叙述了施廷镛的成长历程、各个时期的学术活动、社会活动和家庭生活等内容,反映了其先进的政治思想觉悟、深厚的学术研究功力和有重要价值的学术贡献,用饱含深情的笔调抒发了对其的深切怀念。书末附有《施廷镛年谱》及《施廷镛著述目录》。

4.《顾廷龙年谱》（沈津，上海古籍出版社，2004）

该书特为纪念中国近现代图书馆学家、古籍版本目录学家顾廷龙（1904—1998）一百周年诞辰而编纂，其内容主要取材于顾廷龙著述（《顾廷龙文集》）、师友信札、日记、笔记及有关文档记录等。全书反映出顾廷龙在时代的变化和发展过程中的事业、著述、思想等，折射出顾廷龙在图书馆学、目录学、版本学、文字学、书法艺术等诸方面之贡献，以及为保存、整理、研究、开发历史文献等所做出的贡献。书末附有《顾廷龙著述系年》及人名索引、人物小传。

5.《回归与传承：钱亚新图书馆学学术思想论稿》（谢欢，科学出版社，2021）

该书在梳理钱亚新生平事略和学术分期的基础上，从索引思想、图书馆学教育思想、图书馆经营管理思想、目录学思想等方面，系统研究了钱亚新的图书馆学学术思想，并对其学术思想的特点、成就及局限进行了评价。该书认为，钱亚新是中国近代索引运动的集大成者、"中国图书馆学"的重要建设者、中国"新古典目录学"的重要奠基者，同时作者也指出钱亚新思想存在着"切切于政治""焦虑"与"急进"的局限性。书后附有钱亚新论著编译系年、钱亚新未刊《大学出版组的理论和实际》及钱亚新家人、学生访谈札记。

6.《金女大图书馆人物传》（朱茗，南京师范大学出版社，2018）

该书在梳理展示金女大不同发展时期图书馆的建设背景下，重点以人物为主线，对30位金女大图书馆前辈人物进行——考证，将分散在世界各地的零散历史资料和信息组织起来，厘清了目前已知曾经在金女大图书馆工作过的教职员情况，对相关人员信息进行了深度挖掘和全面揭示。

7.《李燕亭图书馆学著译整理与研究》（翟桂荣，中国社会科学出版社，2016）

该书对中国近现代图书馆学家李燕亭（1893—1964）进行了系统研

究，收录了李燕亭的专著——《图书馆学讲义》和早期图书馆学教育的译作——美国学者佛里特尔（J. A. Friedel）编著的《图书馆员之训练》，辑录了其散见于报刊的文稿、诗稿、译稿、演讲稿、通信及后人回忆文字等。该书初步论证了李燕亭作为中国图书馆事业开拓者与奠基者的历史贡献、其图书馆学术思想的历史意义，以及其对中国近现代图书馆学教育方面的贡献。书末附有《李燕亭先生年谱》。

8.《毛坤先生纪念文集》（党跃武、姚乐野，四川大学出版社，2010）

该书特为纪念中国近现代图书馆学家毛坤（1899—1960）诞辰 110 周年所作，收录了毛坤先生纪念研讨会上的讲话、会议收到的学术论文及回忆文章。全书分为会议发言、人生缅忆、学术评述、相关研究和附录（《毛坤先生遗著》、《毛坤先生年谱简编》）五部分。

9.《钱亚新年谱》（谢欢，上海古籍出版社，2021）

该书是继《裘开明年谱》、《顾廷龙年谱》之后，中国大陆图书馆界正式出版的第三本图书馆学人专著，以编年形式记录了中国近现代图书馆学家钱亚新（1903—1990）的一生。全书围绕三个部分展开：第一部分，钱亚新及其家人活动；第二部分，钱亚新交游情况，包括与三代图书馆学人及诸非图书馆界人士的交往；第三部分，钱亚新治学及图书馆实践活动，主要涵盖其学术研究及从事图书馆实践情况。书末附有主题、人名、机构、文献索引。

10.《裘开明年谱》（程焕文，广西师范大学出版社，2008）

该书系对中国近现代图书馆学家裘开明（1898—1977）的生平事迹编年。全书收录了与裘开明和 1966 年以前的哈佛燕京图书馆相关的史料，一一陈述从裘开明出生至去世每天的重要学术事件，对开展裘开明等华人图书馆学家研究、北美东亚图书馆事业以及汉学研究提供了翔实的史料参考。

11.《图书馆人物志（一）》（"中国"图书馆学会出版委员会主编，台湾"中国图书馆学会"，2003）

该书是台湾"中国图书馆学会"为庆祝该会成立五十周年而编纂的，选取了 50 位图书馆学人的传记，所收人物根据出生年月先后排列，最长者为韦棣华，最幼者为顾敏。

12.《图书馆人物志》（黄元鹤、陈冠至，五南图书出版股份有限公司，2014）

该书分上下两编，上编论述了中国近百年图书馆事业、图书馆学研究、图书馆学教育发展史；下编为"人物志"，收录了民国以来故世的图书馆学界、业界重要人物 41 人的生平事迹，包括生于 19 世纪的王云五、何日章、蒋复璁等 3 人，20 世纪的苏芗雨、刘金狗、严文郁、吴光清等 35 人。另外，文末附录中收入韦棣华、山中樵、费士卓等 3 人。该书所收人物与 2003 年出版的《图书馆人物志（一）》有部分重合，但内容上更为详细，两书互为补充。

13.《王重民先生百年诞辰纪念文集》（北京大学信息管理系，北京图书馆出版社，2003）

该书是"纪念王重民先生诞辰一百周年学术研讨会"所收学术论文的汇编，是关于中国近现代图书馆学家、文献学家王重民（1903—1975）的纪念文集。全书所收论文记述了王重民的生平事迹，反映了其在学术领域的重要贡献，特别反映出其在敦煌学方面的特殊贡献，并收入反映版本学、图书馆学与文献学方面的研究文章。该书还首次收录了王重民未经发表的 13 篇遗作。书末附有《王重民先生著述目录》。

14.《一代宗师：纪念刘国钧先生百年诞辰学术论文集》（北京大学信息管理系、南京大学信息管理系、甘肃省图书馆，北京图书馆出版社，1999）

中国近现代图书馆学家刘国钧（1899—1980）百年诞辰之际，北京大学信息管理系、南京大学信息管理系、甘肃省图书馆联合发起"刘国

钧先生百年诞辰学术研讨会"，该书系该研讨会的征文汇编，收文 52
篇，另有摘要 20 篇。全书共分为五部分：第一部分为刘国钧的生平及
有关纪念性文章；第二部分为学习论述刘国钧在图书馆学基础理论、分
类编目、中国书史等图书馆学各相关领域学术成就的论文；第三部分为
图书馆学领域更加广泛的论文（部分节略）；第四部分为部分征文的摘
要；第五部分为刘国钧的著译系年目录。该书反映出刘国钧不断勤奋努
力、创新进取的一生，体现着他坚定的使命感、严谨求实的学术精神及
对图书馆学事业的厚爱与忠诚，并折射出其业绩和著作对中国图书馆学
界广泛深远的影响。

15.《袁同礼纪念文集》（国家图书馆，国家图书馆出版社，2010）

该书系国家图书馆"袁同礼纪念座谈会"的会议论文集，全书收录
纪念中国近现代图书馆学家袁同礼（1895—1965）的纪念文章与学术论
文 30 余篇，包括《傅振伦记忆中的袁同礼先生》、《袁同礼与国立北平
图书馆的西文建设》、《袁同礼存札中清末女学资料浅析》等，从怀念、
回顾、专题研究等方面展示了袁同礼对学术文化的突出贡献。书末附有
人名索引。

16.《袁同礼与中国图书馆事业》（潘梅，花木兰文化事业有限公
司，2020）

该书在梳理袁同礼生平事略的基础上，从图书馆经营、图书馆事业
发展、文献采访编纂、国际图书交流与文化交流、目录编制与目录学等
方面，系统研究了袁同礼对于中国图书馆事业的贡献及其学术思想。书
后附有袁同礼先生年谱初编、著述目录及往来书信目录。

17.《造就个人与造福社会——李国鼎和他的长兄李小缘》（李永
泰，李国鼎科技发展基金会，2011）

该书是根据中国近现代图书馆学家李小缘（1897—1959）的胞弟李
国鼎（1910—2001）有关道德观的原著加以编辑的文集，收录有译作、
序跋、演说词、访谈录、回忆录等多种文献。全书共七篇，其中第二篇

为"李小缘——李氏家族腾起的一颗新星",涉及李小缘的思想、成就、事业与交游,第七篇附有李小缘主要著作目录。

18.《赵万里先生年谱长编》(刘波,中华书局,2018)

该书共分十卷,比较全面地勾勒了赵万里的一生(1905—1980),全书最后附有《赵万里先生纪念与研究文章简目》,该书史料翔实,但是有一些遗漏及错误,相关可参考刘波《赵万里传》前言及该年谱出版后的一些论著。

19.《赵万里传》(刘波,国家图书馆出版社,2021)

该书以时代为序,将赵万里一生分为"从海宁到南京:1905—1925""清华园:1925—1928""北海之滨:1928—1937""苦守故都:1937—1945""鼎革之际:1945—1948""新中国、新气象:1949—1966""病榻岁月:1966—1980"七个时期,全书共计十章,展示了赵万里生平、事业、学术和交游,展现了赵万里人生轨迹与学术思想发展历程。书后附有人名索引。

20.《中国图书馆事业开拓者:杜定友》(黄增章、杨恒平,广东人民出版社,2009)

该书勾勒出中国近现代图书馆学家杜定友(1898—1967)作为中国图书馆事业开拓者的成长历程和他为这一事业服务近50年的生活和工作轨迹,以及他在图书馆学方面的重大贡献。该书属于文化普及性读物,全书共分五章,内容涵盖杜定友青壮年时期的理论建树和实际贡献、中年时期在抗战烽火中保护我国图书馆事业的功绩以及晚年为推动新中国图书馆发展做出的新努力。书后附有杜定友生平大事年表。

21.《中国图书馆学教育之父——沈祖荣评传》(程焕文,学生书局,1997;国家图书馆出版社,2013)

1997年版:该书借助翔实史料,考察了中国近代图书馆学先驱沈祖荣(1883—1977)的图书馆学理论著作与图书馆活动实践。全书分期概述了沈祖荣的生平事迹,从图书馆学研究观、图书分类学思想、图书编目学思想等七个方面剖析其学术思想，书末附有《沈祖荣先生著述目录初编》、《沈祖荣先生年谱初编》、《沈祖荣研究书目初编》三则附录。

2013 年版：该书系根据台湾学生书局 1997 年 8 月初版排印。

22.《中国图书馆学情报学档案学人物大辞典》（吴仲强，亚太国际出版有限公司，1999）

该书是一部全面、系统记载从古至今图书馆学、情报学、档案学人物生平传记、学术著作、学术贡献和学术思想的大型学术性著作。该书以人为中心，分别介绍了我国各时期"图情档"代表人物及其生平、学术思想、学术道路、学术研究成果与研究方向。全书收录 900 余位人物，其中当代占比较大，古代、近现代占比较小。所收人物按学科划分，以姓氏笔顺排列，并附有姓氏汉语拼音音序、笔画二种人名索引。该书在为人物立传时，亦折射出中国"图情档"学科思想史发展的走向，对学科以史为鉴、接续发展具有启示意义。

23.《中国现代图书馆先驱戴志骞研究》（郑锦怀，中国海洋大学出版社，2017）

该书对中国近现代图书馆学家戴志骞（1888—1963）的生平事迹与专业成就进行了系统研究。全书注重中英文史料的挖掘利用和互见互证，在充分占有史料的基础上对现有的有关戴志骞研究的文献进行辨析，考证其在童年、少年、青年时期的学习情况以及在圣约翰大学、清华学校的任职经历，展现出民国时期图书馆发展的缩影，并提供了关于美国公共图书馆的丰富史实。

24.《坐拥书城 勤耕不辍：钱存训先生的志业与著述》（吴格，国家图书馆出版社，2013）

该书收录有关美籍华裔汉学家、图书馆学家钱存训（1910—2015）历年著述之中外评论及访谈文字 47 篇，依所涉学术领域分为访问报道、书于竹帛、纸和印刷、中美书缘及留美杂忆、综合书评五部分，首载照片、书影、钱存训教授百岁年表。书末有附录《钱桂森教经堂藏书知见录》。

8.1.3 机构研究

1.《〈申报〉视野下的中华图书馆协会研究》（郑爽，新华出版社，2019）

该书试图援引近代中国影响最为广泛的《申报》报道作为史料来源，对中华图书馆协会的初创、发展沿革、六次年会及余音等历程进行追踪，对中华图书馆协会历史上开展的国际交流进行总结，对中华图书馆协会在图书馆学教育及研究方面进行的探索进行归纳，并在对诸多文化现象的总结归纳基础上，讨论中华图书馆协会对中国近代图书馆事业的历史贡献，探讨中华图书馆协会对当代图书馆协会建设的启示。

2.《不朽的文华——从文华公书林到文华图书馆学专科学校》（周洪宇，华中师范大学出版社，2013）

该书突破性地立足于教育文化史尤其是教育文化活动史视角（包括基督教在华教育事业），对文华公书林和文华图书馆学专科学校开展整体性研究，并将其融入社会整体背景下加以考察。全书通过对"文华"的个案研究，考察基督徒、传教士和教会学校如何将现代图书馆学体系引进中国，并促进中国图书馆事业的发展；探讨基督徒、传教士和教会学校如何顺应时代变化与社会需求，日益走向世俗化、本土化和专业化的路径，在近代中国发挥西方文明传入中国的媒介和桥梁作用。

3.《近代中国教会大学图书馆研究》（孟雪梅，国家图书馆出版社，2009）

该书梳理了教会大学图书馆的形成条件、主要特点、发展历程，剖析了教会大学图书馆的藏书结构、馆藏特色，评述了教会大学图书馆的对外服务、内容管理、组织机构、规章制度等，阐明了教会大学图书馆的社会存在价值和文化交流意义以及在图书馆事业发展过程中的历史作用。

4.《岭南大学图书馆藏书研究》（周旖，广东人民出版社，2018）

该书在对大量零散史料加以系统梳理和组织的基础上，对广州岭南大学图书馆的藏书开展深入研究，全书回顾了岭南大学图书馆从初创、发展到停办的历史，论述了岭南大学图书馆的发展历程、各个阶段的藏书活动、藏书经费的来源与分配、馆藏政策、藏书源流及专藏建设等方面的问题。

5.《民国时期基层图书馆研究》（吴澍时，国家图书馆出版社，2017）

该书从民国时期对基层图书馆的认识、民国时期基层图书馆发展概况、民国时期基层图书馆的业务及管理、民国时期基层图书馆藏书及整理、民国时期基层图书馆政策法规等方面对民国时期图书馆事业概况做了梳理与总结，通过史实梳理与论述归纳出民国时期基层图书馆展现出的特点及对现代的启示。

6.《民国时期图书馆社团研究》（王阿陶，国家图书馆出版社，2022）

该书在梳理民国时期43个图书馆社团的成立及发展梗概的基础上，以中华图书馆协会为个案，对民国时期图书馆社团的管理与运行机制进行探究。着重对民国时期图书馆社团的学术成果进行梳理和研究，对图书馆社团开展的图书馆事业发展活动进行剖析，展示这些社团对图书馆学术研究和图书馆事业发展所起到的推动作用。在此基础上，该书围绕有关重要人物对于图书馆社团的贡献、与图书馆社团的工作往来等进行刻画，丰富了对民国时期图书馆人观察的视角。最后，该书总结民国时期图书馆社团的主要贡献及其在中国近代图书馆史上的地位，指出了当时多数图书馆社团功能发挥不全的问题。

7.《文华图书馆学专科学校的创建与发展》（彭敏惠，武汉大学出版社，2015）

该书讲述了文华图书馆学专科学校的发展过程，共分九章，内容包括中外对文华图专研究的现状、文华图书科的创建、文华图专持续办学的条件、文华图专的教学、文华图专师生的专业服务和交流、文华图专学术研究的组织、文华图专学术研究成果和风格、文华图专对当今的启示。

8.《中国近代民众图书馆研究》（张书美，江西人民出版社，2020）

该书运用总体（整体性）研究、个体（地方民众图书馆）研究、人物研究、专题研究与著作研究等研究方法，对中国近代民众图书馆的基本情况进行了介绍，并按组织管理、藏书建设、阅读推广事业、社会功效四个部分对民众图书馆的历史做了较为深入的研究。全书从"有教无类、平等服务"的精神、"因时因地因需"的服务举措、"一切工作便利民众"的理念这三个角度，对中国近代民众图书馆给出了高度评价。

9.《中华图书馆协会史稿》（李彭元，国家图书馆出版社，2018）

该书全面系统地研究了中华图书馆协会（1925—1948）的历史，包括中华图书馆协会的成立及背景，中华图书馆协会的宗旨、会员和组织机构，发展时期的中华图书馆协会，非常时期的中华图书馆协会，学术年会、国际交流与编辑出版等内容，书后附有中华图书馆协会大事记、组织大纲、组织机构及执行部细则等。该书体现了作者对中华图书馆协会的历史作用、历史地位和历史影响的独到见解，对于系统地构建民国时期中国图书馆事业的历史体系具有较为重要的参考价值。

10.《中华图书馆协会研究》（霍瑞娟，国家图书馆出版社，2018）

该书通过史料深入研究中华图书馆协会（1925—1948）的产生、发展与衰退。全书立足于专业社会组织的视角，共分三篇：第一篇中华图书馆协会发展综述，主要综合分析中华图书馆协会的产生、成立、发展与衰退；第二篇中华图书馆协会研究，通过史料真实反映中华图书馆协会的组织结构、规章制度、内交外联、学术研究、年会等情况；第三篇附录，将中华图书馆协会大事记、相关人物、年会报告、周年报告等重要文案进行整理。

8.2 英文部分

1. *A Historical Survey of Chinese Libraries*（John C. B. Kwei，Columbia University，1928）

该文是桂质柏在哥伦比亚大学图书馆服务学院的硕士论文，系桂质柏在其前期发表的 "A short sketch of the Chinese library development"（*Library Journal*，1926 年第 51 卷）、 "China's Stone Libraries"（*Library Journal*，1928 年第 53 卷）等文章基础上写成，并参考了戴志骞、沈祖荣等人论著。全文共分为 "图书馆思想的演变" "石经" "皇家图书馆的发展" "现代图书馆运动" 四章。在第四章，桂质柏分别论述了政府（发起并立法）、韦棣华及戴志骞等图书馆学教育家（加速其发展）、全国的教育家（支持）、图书馆界同仁（积极参与）在现代图书馆运动中的贡献，并表达了对中国图书馆未来前途的信心——"我个人认为，现代图书馆运动要获得真正的成功是困难的，但绝非不可能"。

2. *A History of Chinese Library Classification：1949—1991*（Liya Li，Southern Illinois University at Carbondale，1991）

该文是作者在南伊利诺伊大学课程与教学系的博士论文，考察了图书分类 "三性" 理论的形成与发展过程，并以 "中国人民大学图书馆图书分类法" "中小型图书馆分类法" "中国科学院图书馆图书分类法" "中国图书馆图书分类法" 四大分类法为中心，剖析了 "三性" 对于图书馆分类法编制的影响。

3. *A History of Libraries in the People's Republic of China, Including Some Aspects of College and University Library Development，1949—1974*（Polly-Ann Brumley Proett，The George Washington University，1974）

该文是作者在乔治·华盛顿大学教育学院的博士论文，重点讨论了

1949 年至 1974 年新中国图书馆及相关教育出版事业的发展情况，尤其是注意考察图书馆为政治服务和为经济科技服务两种使命之间的关系及其对于图书馆事业的影响。同时，作者也花费了不少笔墨叙述民国时期的图书馆与出版史，包括 1929 年至 1949 年的共产主义书籍出版活动。该文认为，大学图书馆系统是中国最好的图书馆系统之一，对于图书馆事业发展产生了很大影响。文后附有 1952 年至 1957 年中国公共图书馆统计数据、1949 年至 1948 年图书出版类型统计等 6 个统计表格。

4. *American Impact on Modern Chinese Library Development* (Chih-Chun Tien Au，The University of Chicago，1964)

该文是作者在钱存训和 Leon Carnovsky 指导下完成的芝加哥大学图书馆学研究生院硕士论文，论文在比较中国传统藏书楼思想与美国现代图书馆理念的基础上，从以下三大方面考察了 20 世纪初至 1945 年前后美国对中国图书馆事业的影响：第一，图书馆学专业教育，包括文华图专的建立、其他职业教育形式、留美学人及其对现代中国图书馆的影响；第二，中国现代图书馆建设，包括庚子赔款与鲍士伟来华、现代公共与大学图书馆发展、战时图书馆与美国援助；第三，美国方法与中国现代图书馆实践，包括对中国现代分类法、编目、主题词与著者号码表等方面的影响。作者主要依据中美公开出版的书刊，部分信息来源于中国现代图书馆运动的实际参与者。

5. *Dictionary of American Library Biography* （George Sylvan Bobinski、Jesse Hauk Shera、Bohdan S. Wynar，Libraries Unlimited，1978)

该书 1978 年出版初编，后于 1990 年出版补编 （Wayne A. Wiegand 主编），2003 年出版二次补编 （Donald G. Davis 主编）。该系列辞典是目前最为全备的美国图书馆名人传记工具书，对于图书馆史研究具有极为重要的参考价值。三编辞典共收录 430 位对全美产生了影响力的图书馆人物，其中初编 302 人、补编 51 人、二次补编 77 人，被收录者或推动全美图书馆发展，或其著作影响了图书馆发展趋势与活动，或曾担任具有全国影响力的职务（如 ALA 主席、国会图书馆馆长），或在图书馆学的专门领域取得突出贡献，或在学术、慈善、立法、政府支持或活动方面影响了美国图书馆。该传记辞典的编纂吸纳了美国图书情报学领域学者的广泛参与，包括 Jesse H. Shera、Michael H. Harris、Edward G. Holley、Peggy Sullivan、Laurel A. Grotzinger、D. W. Krummel 等重要图书馆史家。传记作者均为对传主有精深研究者，如 Laurel A. Grotzinger 撰写了凯瑟琳·夏普的传记，或与传主有密切交往，如 Robert D. Leigh 传记作者 Alice I. Bryan 就曾参与 Leigh 主持的公共图书馆调查。

6. *Educational Reform and the Emergence of Modern Libraries in China：with Special Reference to the Metropolitan Library of Beijing，1909—1937*（Jinhong Tang，University of Western Sydney，2004）

该文是作者在西悉尼大学的博士论文，论文在教育改革、思想革新与国家重建的历史背景之下，考察了 19 世纪 40 年代至 20 世纪 30 年代中国现代图书馆的起源与发展历程，并以京师图书馆作为个案，考察了 1909 年至 1937 年该馆的兴办、早期发展及存在的问题。论文认为受到教育改革等因素的影响，现代图书馆在中国的建立是一个复杂而长期的过程；20 世纪 20 年代之前，无论是对图书馆发展有益的宏观因素还是微观因素均不存在，即便是到 20 世纪 20 年代和 20 世纪 30 年代以后，中国现代图书馆的发展仍然很难令人满意，其中一个重要因素是图书馆意识薄弱（low library consciousness）——这一不利因素在作者看来直到今天依然存在。

7. *History of Libraries in the Western World*，4th Edition（Michael H. Harris，Scarecrow Press，1995）

该书最初为艾利莫·D. 约翰逊（Elmer D. Johnson）为图书馆学、文化史专业学生编写的教材，初版出版于 1965 年，题作 *A History of*

Libraries in the Western World，1970 年改为现名。1976 年约翰逊与哈里斯（Michael H. Harris）对该书进行了彻底修订，1984 年出版哈里斯改写的简明本，1995 年为第 4 版。全书展现了西方图书馆的起源与发展历程及其对于社会和文化的影响，共分为三编：一、古代图书馆。述及图书馆的起源问题、巴比伦与亚述人图书馆、埃及图书馆、希腊与罗马图书馆。二、中世纪图书馆。包括拜占庭帝国与伊斯兰图书馆、修道院与教堂图书馆，1500 年之前大学兴起、文艺复兴、印刷术发明与欧洲图书馆的发展。三、西方现代图书馆发展。包括 1917 年之前欧洲图书馆的拓展与多样化、1950 年之前的美国图书馆、现代欧洲图书馆及现代美国图书馆。1989 年，书目文献出版社出版了吴晞、靳萍根据 1984 年简明本的选译本《西方图书馆史》，共分古代图书馆、中世纪图书馆两编。

8. *Libraries and Librarianship in China*（Sharon Chien Lin，Greenwood Press，1998）

该书是对中国图书馆和图书馆事业的综合性系统研究，尤其重在近现代图书馆发展史，希望能够借此向西方世界全面展现中国图书馆事业发展的历史与现状。作者将中国图书馆事业发展史划分为藏书楼时代（1905 年以前）、为了公众的图书馆（1905—1949）、图书馆与政治（1949—1976）、图书馆与现代化（1976—1992）、图书馆与市场经济（1992—至今）五个阶段，注重从政治和社会发展的视角考察 19 世纪晚期以来的图书馆事业进程。除宏观研究外，该书还对图书馆立法、公共图书馆、书目控制与服务、图书情报学教育、图书情报自动化等具体领域的发展史进行了回顾。书中不少资料来自作者在中国的实地走访，或由时任文化部图书馆事业管理局局长杜克、国家图书馆副馆长孙蓓欣等中国图书馆人士提供，如杜克主编的《当代中国的图书馆事业》。

9. *Libraries and Society in Shanghai 1840—1949*（吴建中，上海大学出版社，2010）

该书系统研究了 1840 年至 1949 年上海地区的图书馆发展史，主要内容包括：政治文化组织对于传统藏书楼向现代图书馆转型的贡献，如格致书院、国学保存会；五四运动对于现代图书馆运动的影响；商务印书馆与东方图书馆；上海图书馆协会；图书馆管理；抗日战争对图书馆造成的巨大损失；等等。全书着重在宏观社会文化、思想运动的背景之下考察图书馆事业发展。

10. *Library Development in China*，*1905—1949*（Yiu-Chung Lo，Library Association，*1972*）

该书讲述了 1905 年至 1949 年中国公共图书馆、大学图书馆与国家图书馆的发展史，尤其着重考察政治、社会、文化与文学传统、历史因素对图书馆事业的影响。[①]

11. *Part of Our Lives*：*A People's History of the American Public Library*（Wayne A. Wiegand，Oxford University Press，2015）

该书被《图书馆季刊》（*Library Quarterly*）评价为"里程碑式的著作"。它用用户的视角和自下而上的分析方式，以图书馆的阅读功能与空间功能为中心，分十个时期叙述了自 19 世纪中期以来公共图书馆在美国人民生命中所起到的重要作用，并借用批判文化理论等理论工具对历史做出恰到好处的阐释与剖析，带有明显的新史学特色。该书有助于深化人们对于图书馆在社群中的多重价值的深度理解，正如作者在开篇所说"而不仅仅是信息"。2021 年国家图书馆出版社出版谢欢、谢天翻译的中译本《美国公共图书馆史》。

---

① 备注：未见到原书，存目备考。

12. *Popular Library Movement in China in the Last Thirty Years* (Hsiu-chin Wang，University of Washington，1952)

该文是作者在华盛顿大学图书馆学院的硕士论文，回顾了 1905 年至 1945 年中国通俗图书馆运动的发展，并探讨了二战后中国图书馆发展问题。[①]

13. *Scholarship，Book Production，and Libraries in China (618—1644)* (Kwang Tsing Wu，The University of Chicago，1944)

该文是吴光清在皮尔斯·巴特勒指导下完成的芝加哥大学图书馆学研究生院博士论文，论文结合不同时期的社会政治环境，对唐代至明末（618—1644）中国的学术研究、书籍生产与图书馆发展情况进行了系统研究和探索，重点放在对于古代藏书事业的考察。该文并不是孤立地研究图书馆发展史，而是将其置于学术文化、图书生产与出版以及社会政治的大环境之下进行考察，体现出 1940 年代芝加哥学派从社会角度研究图书馆问题的学术风格。

14. *The Development of Chinese Libraries Under the Ch'ing Dynasty，1644—1911* (Cheuk-Woon Taam，The Commercial Press，1935)

该文是谭卓垣在芝加哥大学图书馆学研究生院完成的博士论文，1935 年由上海商务印书馆出版，并冠以中文书名《清代图书馆发展史》，1988 年徐雁、谭华军将其译为《清代藏书楼发展史》并详加校注，与《续补藏书纪事诗传》一起由辽宁人民出版社出版。该书共分五章，简明扼要地梳理了清代皇家藏书、私人藏书等藏书事业的历史发展轨迹，并评价了其贡献与得失，尤其注意在学术研究的时代背景之下考察藏书之发展，如《四库全书》之编纂，体现出中国古代图书馆与学术文化的密切关联。

---

① 备注：未见到原文，存目备考。

15. *The Genesis of Youth Services in Public Libraries In China，1912—1937*（Yang Luo，University of Illinois at Urbana-Champaign，2015）

该文是作者在伊利诺伊大学厄巴纳-香槟分校的博士论文，论文主要从两方面对 1912 年至 1937 年民国公共图书馆少儿服务的起源与发展史进行了系统研究：一方面，梳理了少儿服务政策、阅览室与设施、儿童文献、儿童阅读兴趣、图书馆馆藏、少儿服务与活动、少儿图书馆员等相关要素的出现及其历史影响；另一方面，选取了国立北平师范大学附属第一小学儿童图书馆等四家代表性图书馆进行个案研究。

16. *The Imperial Library in Southern Sung China，1127—1279*（John H. Winkelman，American Philosophical Society，1974）

该书为 John Winkelman 在其于 1968 年在芝加哥大学图书馆学研究生院的博士论文基础上修订而成，主要内容亦发表于 1969 年 *Library Quarterly* 第 4 期，被吴光清认为是图书馆史和宋史研究的一部力作。Winkelman 根据陈骙《南宋馆阁录》等史料，对南宋秘书省的管理与人员、馆藏建设、运行与藏书利用等问题进行了系统研究。作者认为，秘书省负有文献保存、学术研究的综合职能，有着高素质的工作人员队伍，促进了政府运行效率与国家学术文化发展。书后附有秘书省官员的工资表及秘书省建设计划。

17. *Transformation and Dissemination of Western Knowledge and Values：the Shaping of Library Services in Early Twentieth Century China*（Kuang-Pei Tu，University of California，Los Angeles，1996）

该文是作者在加州大学洛杉矶分校的博士论文，论文借用罗杰斯的创新决策过程理论，将 1949 年以前的中国图书馆事业分为创新的知识（Knowledge of Innovation，1900 年以前）、创新的劝导（Persuasion of Innovation，1900—1911）、创新的决策（Decision of Innovation，

1912—1925）、创新的实施（Implementation of Innovation，1926—1938）、创新的最终确定（Final Confirmation of Innovation，1938—1949）五个阶段，论述了各个阶段的重要事件与发展历程，包括图书馆总体情况、图书馆学教育、图书馆立法、图书馆服务等，尤其重在西方特别是美国对中国图书馆的影响及中美图书馆交流史。文后附有早期重要图书馆人传记、1885 年至 1949 年大事记。

主要参考文献

1. E. H. 卡尔. 历史是什么？［M］. 陈恒，译. 北京：商务印书馆，2017.

2. 安托万·普罗斯特. 历史学十二讲［M］. 王春华，译. 北京：北京大学出版社，2012.

3. 北京大学图书馆学系，武汉大学图书馆学系. 图书馆学基础［M］. 北京：商务印书馆，1981.

4. 布洛克. 历史学家的技艺［M］. 张和声，译. 北京：北京师范大学出版社，2014.

5. 曹之. 中国古籍编撰史［M］. 武汉：武汉大学出版社，2006.

6. 陈寅恪. 元白诗笺证稿［M］. 北京：商务印书馆，2015.

7. 程焕文. 中国图书馆史（近代图书馆卷）［M］. 北京：国家图书馆出版社，2017.

8. 戴维·芬克尔斯坦，阿利斯泰尔·麦克利里. 书史导论［M］. 何朝晖，译. 北京：商务印书馆，2012.

9. 邓正来. 研究与反思——关于中国社会科学自主性的思考［M］. 北京：中国政法大学出版社，2004.

10. 杜维运. 史学方法论［M］. 北京：北京大学出版社，2006.

11. 范并思，邱五芳，潘卫，等. 20 世纪西方与中国的图书馆学——基于德尔斐法测评的理论史纲［M］. 北京：国家图书馆出版社，2016.

12. 范凡. 民国时期图书馆学著作出版与学术传承［M］. 北京：国家图书馆出版社，2011.

13. 傅斯年. 史学方法导论〔M〕. 北京：中国人民大学出版社，2009.

14. 格奥尔格·伊格尔斯，王晴佳，苏普里娅·穆和吉. 全球史学史（第二版）〔M〕. 杨豫，王晴佳，译. 北京：北京大学出版社，2019.

15. 葛剑雄，周筱赟. 历史学是什么〔M〕. 北京：北京大学出版社，2015.

16. 沟口雄三. 作为方法的中国〔M〕. 孙军悦，译. 北京：生活·读书·新知三联书店，2011.

17. 哈特穆特·凯博. 历史比较研究导论〔M〕. 赵进中，译. 北京：北京大学出版社，2009.

18. 韩永进. 中国图书馆史〔M〕. 北京：国家图书馆出版社，2017.

19. 黄宗忠. 图书馆学导论〔M〕. 武汉：武汉大学出版社，1988.

20. 翦伯赞. 史料与史学〔M〕. 北京：北京出版社，2004.

21. 蒋永福. 图书馆学通论〔M〕. 哈尔滨：黑龙江大学出版社，2009.

22. 金毓黻. 中国史学史〔M〕. 北京：商务印书馆，1999.

23. 李凡. 国家图书馆参考工作史研究〔M〕. 北京：国家图书馆出版社，2018.

24. 李刚，等. 制度与范式：中国图书馆学的历史考察（1909～2009）〔M〕. 北京：科学出版社，2013.

25. 李零. 简帛古书与学术源流〔M〕. 北京：生活·读书·新知三联书店，2004.

26. 李彭元. 中华图书馆协会史稿〔M〕. 北京：国家图书馆出版社，2018.

27. 梁启超. 中国历史研究法〔M〕. 北京：中华书局，2009.

28. 梁启超. 中国历史研究法补编〔M〕. 北京：中华书局，2010.

29. 梁启超. 中国近三百年学术史（新校本）〔M〕. 夏晓虹，陆胤，校. 北京：商务印书馆，2011.

30. 林·亨特. 历史学为什么重要〔M〕. 李果，译. 北京：北京大学出版社，2020.

31. 刘国钧. 图书馆学要旨 [M]. 上海：中华书局，1934.

32. 刘绍铭. 文字还能感人的时代 [M]. 香港：三联书店（香港）有限公司，2005.

33. 卢震京. 图书馆学辞典 [M]. 刘国钧，李小缘，校. 北京：商务印书馆，1958.

34. 罗新. 有所不为的反叛者：批判、怀疑与想象力 [M]. 上海：上海三联书店，2019.

35. 罗志田. 经典淡出之后：20 世纪中国史学的转变与延续 [M]. 北京：生活·读书·新知三联书店，2013.

36. 钱穆. 国史大纲（修订本）[M]. 北京：商务印书馆，1996.

37. 丘东江. 图书馆学情报学大辞典 [M]. 北京：海洋出版社，2013.

38. 丘东江. 新编图书馆学情报学辞典 [M]. 北京：科学技术文献出版社，2006.

39. 荣新江. 学术训练与学术规范——中国古代史研究入门 [M]. 北京：北京大学出版社，2011.

40. 桑兵. 治学的门径与取法——晚清民国研究的史料与史学 [M]. 北京：社会科学文献出版社，2014.

41. 斯特凡·约尔丹. 历史科学基本概念辞典 [M]. 孟钟捷，译. 北京：北京大学出版社，2012.

42. 图书馆·情报与文献学名词审定委员会. 图书馆·情报与文献学名词 [M]. 北京：科学出版社，2019.

43. 王笛. 街头文化：成都公共空间、下层民众与地方政治（1870—1930）[M]. 李德英，谢继华，邓丽，译. 北京：商务印书馆，2013.

44. 王晴佳. 人写的历史必须是人的历史吗?：西方史学二十论 [M]. 上海：上海人民出版社，2020.

45. 王续琨，冯欲杰，周心萍，等. 社会科学交叉科学学科辞典 [M]. 大连：大连海事大学出版社，1999.

46. 王子舟. 图书馆学基础教程［M］. 武汉：武汉大学出版社，2003.

47. 王子舟. 图书馆学是什么［M］. 北京：北京大学出版社，2008.

48. 韦恩·A. 威甘德. 美国公共图书馆史［M］. 谢欢，谢天，译. 北京：国家图书馆出版社，2021.

49. 吴慰慈. 图书馆学基础［M］. 北京：高等教育出版社，2004.

50. 吴晞. 图书馆史话［M］. 北京：社会科学文献出版社，2015.

51. 武德运. 图书馆通论［M］. 西安：陕西人民出版社，2005.

52. 谢欢. 回归与传承：钱亚新图书馆学学术思想论稿［M］. 北京：科学出版社，2021.

53. 谢欢. 钱亚新年谱［M］. 上海：上海古籍出版社，2021.

54. 谢灼华. 中国图书和图书馆史［M］. 3 版. 武汉：武汉大学出版社，2011.

55. 徐召勋. 图书评论学概论［M］. 开封：河南大学出版社，2006.

56. 许纪霖. 一个民族的精神史［M］. 香港：三联书店（香港）有限公司，2019.

57. 严昌洪. 中国近代史史料学（增订本）［M］. 北京：北京大学出版社，2018.

58. 严耕望. 治史三书（增订本）［M］. 上海：上海人民出版社，2016.

59. 杨家骆. 民国以来出版新书总目提要（一）［M］. 南京：中国辞典馆，1936.

60. 叶继元. 学术规范通论（第二版）［M］. 上海：华东师范大学出版社，2017.

61. 于良芝. 图书馆学导论［M］. 北京：科学出版社，2003.

62. 张光忠. 社会科学学科辞典［M］. 北京：中国青年出版社，1990.

63. 张岂之. 大学的人文教育［M］. 北京：商务印书馆，2014.

64. 张舜徽. 中国文献学［M］. 郑州：中州书画社，1982.

65. 张玉法. 历史学的新领域［M］. 台北：联经出版事业公司，1978.

66. 赵世瑜. 眼随心动：历史研究的大处与小处［M］. 北京：北京师范

大学出版社，2019.

67. 中国大百科全书总编辑委员会《本卷》编辑委员会，中国大百科全书出版社编辑部. 中国大百科全书（图书馆学·情报学·档案学卷）[M]. 北京：中国大百科全书出版社，1993：503，583.

68. 中国科学技术协会，中国图书馆学会. 中国图书馆学学科史 [M]. 北京：中国科学技术出版社，2014.

69. 周文骏. 图书馆学情报学词典 [M]. 北京：书目文献出版社，1991.

70. BOSTWICK A E. The American public library [M]. 4th ed. New York：D. Appleton and Company，1929.

71. HARRIS M H. A guide to research in American library history [M]. 2nd ed. Metuchen：The Scarecrow Press，1974.

72. RAVEN J. What is the history of the book? [M]. Cambridge：Polity Press，2018.

73. WIEGAND W A，DAVIS D G JR. Encyclopedia of library history [M]. New York：Garland Publishing，Inc.，1994.

278

后　记

　　图书馆史是图书馆学专业核心课程之一，近年来随着图书馆史研究的勃兴，图书馆史的价值愈发得到学界和业界的重视。但是如果审视现有的图书馆史研究成果会发现，关于图书馆史研究本身的理论思考不是很多，有感于此，笔者一直想编纂一部关于图书馆史研究理论与方法的著作，这一想法在中山大学肖鹏博士、北京大学周亚博士、成都大学任家乐博士、西南大学张麒麟博士等好友的支持下终于变成了现实。这几位好友都是目前活跃于图书馆史研究与教学第一线的优秀青年学者，他们的支持让我信心倍增，最后由我拟定提纲初稿，经大家商讨之后对提纲进行了修改，并确定分工如下：

　　第 1 章：谢欢

　　第 2 章：谢欢

　　第 3 章：谢欢、肖鹏

　　第 4 章：任家乐

　　第 5 章：谢欢

　　第 6 章：肖鹏

　　第 7 章：张麒麟

　　第 8 章：周亚

　　"众人拾柴火焰高"，本书可以说就是这样的产物。书中的不少内容或已发表于学术刊物，或作为讲义在课堂上讲授过，此次编纂成书，我们也做了一些修改，但是在此还是要感谢发表过本书中部分内容的各大学术期刊以及上过我们图书馆史有关课程的同学们，尤其是南京大学图书馆学专业的同学（我连续多年为南大图书馆学专业研究生开设"图书馆史专题"课程，为图书馆学专业本科生开设"中外图书与图书馆史"课程），他们在课堂上的反馈让我充分体认到了教学相长的乐趣，他们的不少意见我也吸收进讲稿。在成书过程中，南京大学图书馆学专业研究生陶婕、栾心萍，中山大学图书馆学专业研究生刘冰灵、曾斯钰参与了部分资料的搜集整理、文字的校订等，在此一并致谢。

本书的顺利出版还要感谢南京大学研究生院以及南京大学信息管理学院的支持。

南京大学出版社吴汀主任和巩奚若老师在出版统筹、编辑校对等方面给予了帮助，在此一并致谢。

谢　欢
2023 年 4 月 9 日于金陵江畔味斋